优质班会课设计

YOUZHI
BANHUIKE
SHEJI

主编／汪秀丽　李雪梅

zjfs.bnup.com | www.bnupg.com

北京师范大学出版集团
BEIJING NORMAL UNIVERSITY PUBLISHING GROUP
北京师范大学出版社

京师职教
Jingshi Vocational Education

图书在版编目(CIP)数据

优质班会课设计 / 汪秀丽,李雪梅主编. —北京:北京师范
大学出版社,2017.12 (2018.3重印)
(优秀班主任手札)
ISBN 978-7-303-21340-5

Ⅰ.①优⋯ Ⅱ.①汪⋯ ②李⋯ Ⅲ.①班会—中等专业学校
—教学参考资料 Ⅳ.①G635.5

中国版本图书馆 CIP 数据核字(2016)第 243920 号

营 销 中 心 电 话	010-58802755 58800035
北师大出版社职业教育教材网	http://zjfs.bnup.com
电 子 信 箱	zhijiao@bnupg.com

出版发行:北京师范大学出版社 http://www.bnup.com
　　　　　北京市海淀区新街口外大街 19 号
　　　　　邮政编码:100875
印　　　刷:北京玺诚印务有限公司
经　　　销:全国新华书店
开　　　本:730 mm×980 mm 1/16
印　　　张:21.75
字　　　数:380 千字
版　　　次:2017 年 12 月第 1 版
印　　　次:2018 年 3 月第 2 次印刷
定　　　价:38.80 元

策划编辑:林　子	责任编辑:戴　轶　肖　寒
美术编辑:高　霞	装帧设计:高　霞
责任校对:陈　民	责任印制:陈　涛

《优质班会课设计》
编写指导委员会

主　任：汪秀丽

副主任：李雪梅

编　写　组

主　编：汪秀丽　李雪梅

副主编：任宝全　孙少英

参　编：平　洁　任　洁　李佳慧　金　晶

　　　　郭婷婷　庞晓婷　薛建明　李永青

　　　　邢晓鹏　于忠波　边利军　田　鹤

　　　　陈　慧　李　波　范荣辉

序 言

　　班会课是落实学校规章制度，班级规则和组织活动，开展班级管理，凝聚班级力量的课，是进行爱国主义、集体主义教育，进行公民观念、法制观念教育，进行职业道德、职业价值观教育，养成良好的行为规范的德育渗透教育课，可以说好的班会课是一个班级的灵魂，是整个教育教学活动的保证，是学生思想品德教育的保证。把握好班会课，也就在一定程度上把握好了班级的整体，把握了学生发展的方向。班会课应该围绕着特定的主题对学生进行思想、品德、心理教育，目的在于促进班集体正确舆论的形成，推进学生自我教育、自我管理、自我发展，在学生中实现更广泛的思想交流，达到心灵撞击后的相融。因此，班会课的落脚点要在班级问题上。既要实际，贴近学生，又要结合家庭、社会、今后就业等方面的知识对学生进行引导，才能让学生信服、起到作用。同时，一定要注意，一次主题班会，无论组织得怎样好，都不能将全部问题一次解决，更不能认为一个主题班会的结束，就是某方面教育的终结。因此，班会主题要有连续性、系统性。

目　录

班会课程设计

一、课程目标

班会课作为德育教育的主课堂，是对学生进行思想道德教育最有效的阵地。就业专业班会课围绕《中等职业学校德育大纲》的主要内容，根据不同年级分层、分解渗透学校的育人目标，它能推动学生自我教育、自我管理，引导学生树立正确的人生观、价值观。同时，还能促进学生思辨能力、口头表达能力、组织能力以及创造性思维的发展。

二、课程结构

本课程包括一年级、二年级、三年级三个序列，每个序列根据相应的要求安排不同的专题内容。

三、课程方法

围绕理想信念教育、爱国精神教育、道德品行教育、法治知识教育、职业生涯教育、心理健康教育六个内容，召开主题班会课。

四、课程内容

见各篇章具体安排。

五、课程时间

本课程就业专业时间长度为 2 个学年，需要 18 个课时，每节课时长 45 分钟；高考专业时间长度为 3 个学年，需要 30 个课时，每节课时长 45 分钟。

六、课程评价

通过推门听课、阶段展示课、期末评优课等形式，每学期评出优秀班会课 10 节。

班会文案集锦

——高考篇

一年级

"规范行为，严守纪律"主题班会课文案

一、班会背景

学生向往自由，而纪律又是以约束和服从为前提的，因此学生们产生了误解，认为遵守纪律和个人自由是对立的。通过学生们在校的行为举止，能够得出学生们并没有从根本上理解行为规范，严守纪律的重要性。因此召开班会。

二、班会目的

(1)教育学生遵守课堂纪律，遵守课间活动秩序，规范个人行为，做一名文明有礼貌的中学生。在这个阶段教会他们学习固然重要，但教会他们生活，教会他们做人一样重要。

(2)为了使全班同学进一步理解我校《一日常规》要求，增强班级凝聚力，使学生能把规范的要求内化为自己自觉的行动，做一个遵规守纪、诚实守信、勤奋向上的中学生。

三、班会流程

(1)全体起立唱《职教中心校歌》。

(2)主持人讲话并宣布活动开始。

(一)明确班会主题

欣赏《国庆阅兵》，2009年的国庆盛典参加徒步阅兵的方阵以零失误完成了阅兵，外国媒体高度赞扬了这次国庆盛典，尤其是人民解放军徒步方队，他们的整齐、威武，让世界看到了中国大国风范。

思考：是什么保证了他们奇迹般地完成任务？

参考答案：是纪律。遵守纪律，服从命令，一切行动听指挥。

(二)明确班会主题

主持人：同学们，你们知道什么是纪律吗？纪律就是规则，是要求人们遵守业已确定了的秩序、执行命令和履行自己职责的一种行为规范，是用来约束人们行为的规章、制度和守则的总称。若没有这种行为规则，人们就无法协同活动，无法同自然抗争，也无法有秩序地生活下去。任何一个社会、一个国家、一个政党、一个军队都有维护自己利益的纪律，古今中外，概莫能外。

(三)第一环节——纪律的含义

纪律有三种基本含义，一是指惩罚；二是指通过外来约束来达到纠正目的的手段；三是指对自身行为起作用的内在约束力。这三层意思概括了纪律的基本含义，同时反映了良好的纪律的形成过程是一个由外在的强迫纪律逐渐过渡到内在自律的过程。

主持人：古往今来就有很多遵守纪律的名言和典故。例如，曹操割发代首、孙武三令五申等，同学们还知道哪些有关遵守纪律的名言和故事呢？

活动设计：

(1)分组讨论这两个故事带给大家的思考。

(2)反映学生抱怨纪律严格的心态，摆正学生的心态。

班长：对于大家而言，纪律是学习的保证，也是安全的保证。不要一提纪律就只想到罚站、停课，只想到对老师的愤恨，甚至认为纪律等于整人，纪律等于惩罚。换个角度想想吧，严格的作息时间保证了你多少学习时间，科学的生活方式使你的身体如何强健，全面的防范使你消除了多少安全隐患。总之，遵规守纪会给你带来很多的好处，你必须感激纪律、感激惩罚。

判断下面说法是对还是错。

①要考试了，我的钢笔不见了，小龙不在，我拿他的用一下。（×）

②不入"二厅"是指不入游戏厅和舞厅。（√）

③同学之间互相尊重、团结互助、理解宽容、真诚相待、正常交往，不以大欺小，不欺侮同学，不戏弄他人，发生矛盾多做自我批评。（√）

④吃饭时要做到边吃边聊，这样才越吃越香。（×）

⑤手中有废纸或其他垃圾随手丢在路边，反正没有人看见。（×）

⑥按时到校，不迟到，不早退，不旷课。（√）

⑦上课太累人了，我趴在桌子上睡一会儿再说。（×）

⑧别人不小心踩到你的脚，立即给你道歉了，你说没关系。（√）

⑨认真值日，保持教室、校园整洁优美。不在教室和校园内追逐打闹喧哗，维护学校的良好秩序。（√）

⑩晚上休息时间到了，我睡不着，干脆出去散散步回来再睡。（×）

⑪前面是我们的老师，我们赶紧绕道而行吧，免得给他打招呼。（×）

⑫不说脏话不骂人不打架不赌博。不涉足未成年人不宜的活动和场所。（√）

⑬这些作业我不会做，不如拿同桌的来抄抄吧。（×）

⑭排队时可以大声喧哗、勾肩搭背，只要不被老师看见就行了。（×）

主持人：学校的基本纪律规范是为了维持学校正常的教学工作和生活秩序，使学校的教育管理工作规范化，秩序化，同时也为了给广大学生创造一个良好的成才环境，培养学生良好的行为习惯，促进德智体诸方面发展而制定的，这是每一个学生必须了解和必须遵守的行为准则。没有规矩，不成方圆。

（四）第二环节——校园规范

主持人：下面我们要做一个现场调查，请同学们说说我们班有哪些不遵守纪律的现象。

参考答案：例如，上课铃响之后，有的同学还在教学楼外磨磨蹭蹭，教室里还没有保持安静，课前的准备工作还没有做好；又如，个别同学上课不认真听讲、注意力不集中，集合队伍时讲话，做操动作不认真、懒散；课间休息时，有的同学教学楼内互相追逐打闹，大声喧哗，或是随意乱抛纸屑等。

班长：请全体同学起立，齐声诵读《学生课堂纪律要求》。

为保证课堂教学的顺利进行，提高教学效果，学生要遵守如下纪律：

(1)在教学过程中，学生要尊敬教师、尊重教师的劳动，接受教师的指导。

(2)学生在课堂上应认真听讲，做笔记。应穿着得体，保持课堂严肃安静。

(3)学生在课堂上不得随意讲话，如提问或发言，应先举手示意，课堂讨论时应注意控制音量，不影响他人学习或讨论。

(4)学生不得随意迟到、早退，进出教室时不得影响他人学习和教师讲课。

(5)学生在上课时不应带手机等电子产品进教室，更不能在课堂上接听电话，影响教师讲课和他人听讲。

(6)学生在教室不得随地吐痰、乱扔废弃物，更不能在教室内打闹、喧哗。保持教室的良好环境和卫生。

(7)学生要爱护教室内的公物、设备，遵守实验室的纪律。损坏公物、设备要照章赔偿。

（五）第三环节——班级责任感，集体荣誉感

主持人：下面请欣赏歌曲《童年》。

团支书："一寸光阴，一寸金，寸金难买寸光阴。"同学们，请珍惜你们生命中最美好的年华，不要等到失去才后悔莫及。请欣赏诗朗诵《再别康桥》。

学习委员：同学们，高中时期是你们学习知识，接受纪律教育最重要的一个阶段，学校纪律教育是不可缺少的教育内容，没有严格的学校纪律，必然会影响学习。当你也日益将纪律变成一种自律的时候，学校就是你求知成人的真正乐园了。

(六)班主任总结

纪律如山，它巍峨而坚实；纪律如河堤，它雄伟而牢固，江河依靠它才得以汇入大海；纪律如镜子，它明亮而客观，有了它我们可以改正不足，有了它我们可以不断进步。同学们，昨日的习惯，造就了今日的我们；今日的习惯决定了明天的我们。让我们从现在做起，从自身做起，严格遵守纪律，做一个有修养、守纪律的高中生。同学们，让我们用实际行动来证明我们是道德高尚，意志坚定的人。

四、活动反思

(1)以学生学习行为规范为中心，通过生活实例窥探、行规讨论交流、反面案例启示、文明倡议书签名等一系列程序活动对本班学生进行行为规范教育。

(2)良好的行为影响你的一生，如果播种行为，收获的是习惯；播种习惯，收获的是性格；那么播种性格，收获的将是人生。

"我和班级一起成长"主题班会课文案

一、班会主题

我的班主任我的班。

二、班会目的

通过本次主题班会，进一步增强学生的日常文明礼仪意识，规范学生的行为；增进班主任与学生的情感，使学生树立班荣我荣，班衰我耻的观念，能在今后的学习生活中以实际行动为班集体增光添彩。

三、班会准备

多媒体课件：班级荣誉奖状和学生在军训中的照片PPT。

四、班会流程

(一)开场

主持人甲：我代表全班同学欢迎各位来宾的光临。我们每个人都是一滴小水滴，来自四面八方，一个"缘"字让我们聚集到这条美丽的河流，我们要齐心协力让这条河流长流不息，闪亮动人。下面我宣布"我的班主任我的班"主题班会现在开始。

　　下面请听诗朗诵:《我的班》。

　　(二)朗诵诗歌

　　　　我们

　　　　来到了一个崭新的世界

　　　　我们

　　　　曾经素不相识

　　　　但命运把我们紧紧相连

　　　　我们

　　　　相聚在这里

　　　　彼此渐渐加深理解

　　　　新的世界

　　　　新的希望

　　　　同学们手挽手

　　　　荣获一张张奖状

　　　　高高地挂在墙上

　　　　仿佛是一个个生命

　　　　活力无限

　　　　运动会上

　　　　又洒下了多少同学奋力拼搏的汗水

　　　　你可知

　　　　他们课后的辛勤训练

　　　　为了什么

　　　　只为我的班光明耀眼

　　　　其实，还有许多同学

　　　　日夜不停地努力

　　　　也在做着贡献

　　　　啊，我们的班

　　　　一天天在进步

一天天变得优秀

我们在这里

锻炼出坚强的翅膀

飞向属于自己的那一片蓝天

我们带着不同的梦想

相聚在课堂

风雨中我们携手并肩

为了让梦想插上飞翔的翅膀

主持人乙：我们班是一个大家庭，在这个大家庭里，我们共同走过了风风雨雨，共同分享着成功给我们带来的喜悦，共同承担着失意带给我们的痛苦。它永远是我们心中的最爱，我们永远爱你——××班。

(三)学生心声《我爱我的班级》

我爱我的班级

在这个世界上，大家都知道这样一句话："在家靠父母，出门靠朋友"。的确如此，自从我懂事以来，每年绝大部分时间都是在学校里度过的，所以对于我来说，在一个什么样的班级里就非常重要。我很庆幸自己生活在一个温暖的班集体中，在这里，我逐渐学会了如何去关心他人、尊重他人，学会了如何去做一个勤奋、勇敢、正直的人。

每一个班级都是由来自各地的同学组成的，世界那么大，我们能够从茫茫人海中走到一起就是缘分，彼此都应该好好珍惜这样一分难得、珍贵的友情，尽心竭力，关爱他人，使我们的集体充满温馨充满爱。在我们相处的日子里，肯定会有一些不尽如人意的事情发生，我们一定要讲团结，要学会忍耐。"人非圣贤，孰能无过"，宽容是一种美德，我们何不让这种美德在自己的身上存在呢？忍一时风平浪静，退一步海阔天空，如果人人都有这样的胸襟，我们的社会、我们的集体就会和睦、友好、团结、上进，就像一个大家庭一样，我们每个人都是这个大家庭中的一员，为她付出、为她争光，让她为我们而骄傲！

光阴似箭，日月如梭，不知不觉中我们已经在一起生活了一年的时间，老师们的关爱，同学们的关心，良好的人际氛围，优雅的学习环境，使我倍感温暖。本来我以为自己适应不了这里的生活，可现在我是真的喜欢上了这里，喜欢上了这里的楼、树、花、草，这里的一切，我更喜欢我的老师、我的同学……我相信："只要人人都献出一点爱，世界将变成美好的人间。"

我现在才发现，自己其实很幸福，这美丽的校园，就是我幸福的源泉！我愿意为她付出、为她奉献！我希望能和所有的同学一起快快乐乐地成长，求得真知，报效社会！

(四)学生讨论，自由发言列举本班成绩

主持人甲：在课堂上，活跃的课堂气氛，使我们感到学习并不是一份苦差事，而是一件轻松愉快的事情。在学校的各项活动中全班同学团结一心，努力拼搏，取得了不少的成绩。请大家回顾一下这一年来我们这个家庭所取得的成绩。

主持人乙：正因为我们的家庭成员的上进心才使得我们的家庭取得了这些荣誉。这一切使我们更爱我们的家，我们要奉献出更多的爱让家更美好。但是，金无足赤，在这个家庭中，仍有一些同学在破坏家庭的形象。

主持人甲：我们全班同学生活在××班这个大家庭里，我们日常的一言一行、一举一动都将影响到这个家的形象，在我们班还有许多不尽如人意的地方，下面请大家说一下我们班存在的问题。(大家踊跃发言)

主持人乙：感谢各位同学的精彩发言。这些问题，我们的班干部也是看在眼里，急在心上，他们也提出了许多合理的建议。下面请×××代表班干部说出他们的心声。(×××发言)

主持人甲：我们中职生在学校要讲文明，讲礼仪，在社会生活中也要用文明礼仪约束我们的行为，做一个讲文明懂礼仪的公民。

(五)学生活动

下面我们进入紧张激烈的文明礼仪和专业知识竞猜活动。

宣布规则:

(1)活动分为四组,每组两个人。

(2)一人背对屏幕,一人根据屏幕上的内容可以通过语言、动作进行描述,直至猜对为止。

(3)在描述过程中不得出现屏幕上的字,否则示为无效。

(4)每组内容限制在一分钟之内完成,猜多者获胜。

(5)在活动中其他同学应保持安静,不准提示。

(6)记时员应严格控制时间。

主持人甲:我想不论是在班级,还是在学校,为了我们这个家庭能和谐美满,为了我们美好的明天,也为了我们的学校生活蒸蒸日上,让我们全体成员携起手来,为我们的大家庭奉献一份爱。尽管我们之间曾有过不快,曾有过摩擦,但是它丝毫不会影响我们彼此的友谊,因为我们是朋友,是这个大家庭的一员。

下面我们跟着音乐一起唱响歌曲《朋友》。

主持人甲:听到这优美的旋律,相信我们每个同学都会有一种莫名的感动,班级进步离不开每一个人的努力。

下面请每一位同学说出自己曾为班级做的一件有益的事。

(六)学生自由发言(背景音乐《爱的奉献》)

也许你们已经忘记,但是我们怎能忘记。忘不了,军训基地飒爽的英姿;忘不了,运动场上努力拼搏的身影;忘不了,学习上的你追我赶,团结互助;更忘不了,班级活动大家献计献策,勇于争先。

主持人乙:今天,我们学校的领导和老师在百忙中抽出时间来参加我们的主题班会,在这里,让我们再次以热烈的掌声表示衷心的感谢,下面请校长讲话。

(校长讲话环节)

刚才校长给我们提出了许多期望,我们一定会在各方面严格要求自己,争取成为一个优秀的班集体。

(七)班主任总结(略)

主持人合：下面我宣布××班"我的班主任我的班"主题班会到此结束。

五、班 会 反 思

学生在准备中收集了大量的资料，进行了充分的构思、演练。班会效果比较好，学生活动比较充分，但是也有一些不足，如目的理解不够深入，学生回答问题不够大胆等，需要加强这方面的锻炼。

"我是集体一分子"主题班会课文案

一、班会目的

(1)树立集体观念，激发学生为集体共同目标而奋斗的热情，树立以集体观念为重的良好班风。

(2)通过小组活动，培养学生集体协作能力。

(3)通过班会活动，锻炼班干部，培养班级主持人。

(4)感恩教育，使学生感受到老师为集体的付出，尊重老师，并用实际行动回报班集体和老师。

二、班级学生简介

本班学生活泼好动，思维活跃，但是个性较强，有的同学较为散漫，缺乏主人翁意识，学生集体凝聚力不够。学生存在不以集体利益为重的现象，如迟到、不按要求穿校服、不认真做值日等。

三、班会重点

(1)使学生感受集体的力量，增强班集体荣誉感。

(2)加强集体凝聚力，并为班集体的美好未来付出行动。

四、课前准备

(1)布置黑板：我是集体一分子——维护集体荣誉，互助友爱。

(2)班委会成员针对班级近期存在的问题，准备发言稿。

(3)同学代表写给班主任老师的一封信。

(4)准备同学写梦想的小卡片。

(5)每位同学收集有关集体力量的名人名言。

五、班会流程

课前同学们按分组坐好，班级分为六个协作小组。

(一)班主任发言

亲爱的同学们，满载理想，满载憧憬，我们一同加入了 13 美术 1 班这个温暖的大集体。夜空是星星的家，森林是树木的家，大海是波浪的家，花园是花朵的家，13 美术 1 班是我们共同的家。高考目标，让我们大家相聚一堂。"我是集体一分子"主题班会即将开始，大家以热烈的掌声欢迎我们主持人×××。

(二)主持人带领全班同学宣誓

自信自强，比学赶帮，13 美 1，共创辉煌。

(三)主持人阐述集体的含义

学校是个大集体，班级是个小集体，为集体着想，就能汇成巨大的力量。一个人的成才，一个人的成功，都离不开集体。每一位同学都应该是关心班级，热爱集体的。同学们知道有哪些关心集体热爱班级名人名言吗？

一滴水只有放进大海里才永远不会干涸，一个人只有当他把自己和集体事业融合在一起的时候才能最有力量。——雷锋

一堆沙子是松散的，可是它和水泥、石子、水混合后，比花岗岩还坚韧。——王杰

个人之于社会等于身体的细胞，要一个人身体健全，不用说必须每个细胞都健全。——闻一多

一朵鲜花打扮不出美丽的春天，一个人先进总是单枪匹马，众人先进才能移山填海。——雷锋

活着，为的是替整体做点事，滴水是有沾润作用，但滴水必加入河海，才能成为波涛。——谢觉哉

一燕不能成春。——克雷洛夫

(四)同学分组讨论：我为 13 级美术 1 班做过些什么？可以参考以下方面内容

(1)每一天认真做好值日工作(无论卫生区还是教室)；(2)最后走，会关好门、窗以及电扇；(3)为班级活动付出实际行动；积极参与各项活动；(4)积极配合班干部的工作，做好本职工作；(5)配合好老师上课，遵守课堂纪律；(6)每一天认真学习，不迟到，不早退；(7)严格遵守学校、班级的规章制度；(8)自习课(或没有老师上课时)互相监督纪律；(9)认真组织班会、出板报；认真带领早读、出操、带操。

这些我们都做到了吗？班干部们都是否做好了自己的本职工作呢？

每个小组选一各同学发言，主持人对同学的发言做出总结。

(五)班委寄语：让我们听听班委们的心声，看看班级存在的问题

班长、学习委员、纪律委员、卫生委员、体育委员分别从学习、纪律、卫生、出操等方面，总结班内近期的表现。主持人小结，针对出现的问题，对同学们提出要求。

(六)激发每位同学的集体荣誉感，每位同学在小卡片上写奋斗目标。主持人选五张卡片，读同学定下的奋斗目标

主持人小结：哲学家说：团结是一种精神力量，是一种结合美；

作家说：团结是创意、笔、文字结合的精美诗篇；

舵手说：团结是大家力挽狂澜的默契配合；

画家说：团结是五彩缤纷颜色绘出的壮美图画；

13美1全体同学说：团结就是维护集体荣誉，就是互助友爱！

（七）主持人读全班同学写给班主任老师的一封信，全班同学起立，齐声说：老师，谢谢您！并送上给老师准备的礼物

（八）班主任总结

一个班集体需要每个班级成员来维护，一个人是一滴水，无数滴水汇聚在一起就形成了一条河，那条河就是班集体。我们应该互助互爱；应该用实际行动来证明：团结就是力量。

同学们，在我们的学生生涯中，每个人都希望自己生活在一个优秀的，积极向上的，令人自豪的班集体里。但是，一个良好的班集体的建设，离不开你我他！老师希望每一个同学都努力地提升自己，希望我们的班集体成为未来人生中最美丽的回忆！

让我们为13级美术1班而努力奋斗吧！

六、班会反思

现在的学生大多都是独生子女。部分同学存在着不关心他人，不热爱集体等缺点，而且个性张扬，不愿意被纪律约束。为此，在学校的号召下我们班组织了这次关于"我是集体一分子"的主题班会。在这次班会中，同学们都积极参与其中，这样不仅能得到相应的锻炼，而且通过小组协作增加了合作能力。这次主题班会让同学们懂得了，学校是个大集体，班级是个小集体，为集体着想，才能汇成巨大的力量。一个人的成才，一个人的成功，都离不开集体。每一位同学都应该是关心班级，热爱集体的。现在的班级就像是一个小小的社会，如果你热爱自己的班级，处处为自己的班级着想。那么你以后必定是一个处处想着集体，想着人民，能为国家贡献力量的人。每位同学都发现了自己在集体中的价值，以及自身不足的地方。他们认真写下了梦想，相信他们会在梦想的指引下，去奋斗拼搏，绽放精彩的青春。

这次班会课的设计，是师生共同完成的，写梦想、写给老师的一封信、班委寄语这些环节，都是学生们的创意，给了我很大的启发，也看到了学生们身上蕴藏的潜能，那么在以后的教学工作中，我会更加重视发挥学生的主体作用，力争创建出一个优秀的班集体。

"感恩亲情"主题班会课文案

一、班会主题

感恩亲情。

二、设计目的

以母亲节、父亲节为契机，使学生学会在接受父母关爱的同时主动关爱父母，学会爱的表达。引导学生体会父母的爱与付出，让学生学会感恩父母、善待父母、回报父母，努力承担作为子女的责任。

三、班会准备

准备给家长的一封信，多媒体视频。
满文军的《懂你》创作背景。

四、班会流程（本节班会，由学生主持，充分发挥学生的主观能动性）

满文军的这首《懂你》是中国电影《九香》中的插曲，由宋春丽主演的。该影片歌颂了伟大的母爱，电影中有一幕经典的镜头：母亲把窝窝头留送给了自己正在上学的孩子，而上学回家的孩子正撞见母亲正在舔自己吃完的饭碗。

（一）播放音乐电视《懂你》，引导学生入情境

女："把爱全给了我，把世界给了我，从此不知你心中苦与乐，多想靠近你，告诉你我其实一直都懂你。"同学们，这首《懂你》把目光投向我们的母亲，表达了对母亲的真挚美好情感。

男：让我们打开紧闭的心扉，诉说重归母亲怀抱的热望。

女：十多年前的某一天，我们的父母用泪水和幸福的笑容迎接了我们的到来。

男：当我们来到人世那一刻，便成为父母甜蜜而沉重的负担，为了抚养我们，他们辛辛苦苦，任劳任怨。

女：今天，让我们以一颗感恩的心走进成长岁月中父母为我们撑起的那片天空。

男：感恩亲情主题班会现在开始！

下面做一项调查，请看大屏幕。

（二）友情提问（幻灯片显示）

（1）父母的生日。

（2）父母爱吃的一道菜。

（3）父母的身体状况。

（4）父母的工作性质及劳累程度。

（5）父母对你的期望。

女：能回答上1～3个问题的同学很多，但能回答出4～5个问题的同学很少。看来同学们对父母有一定的了解，但也有不尽如人意之处。

男：我们多数人都是独生子女，都是家庭的中心，往往只知有自己。不知爱别人，我们应该记得他们的生日，体会他们的辛劳，懂得他们的心愿。

女：所以我们今天来探讨"感恩"这个话题。首先让我们欣赏《感恩的心》和它背后的故事。

（三）欣赏歌曲《感恩的心》及其背后的故事（故事由一名学生配乐朗诵，数名学生做手语舞蹈）

男：听完这个故事，我们能想到天下有多少这样的父母默默为儿女付出一切。

女：我们或许没有其他惊天动地的经历，但一定会有感人至深的亲情故事。下面就请同学们交流一下发生在自己身边的亲情故事。

（四）学生交流：让自己难忘的亲情故事（几名同学上台讲述自己的故事）

男：在同学们的故事中，点点滴滴都是父母对我们的关爱，在成长的过程中，我们不能忘记父母对我们的恩情，还要牢记他们对我们的期待。

（五）家长代表发言

班会前，学生已经邀请了两位跑校生的家长参加此次班会。两位家长作为家长代表发言，表达对子女的爱，以及对子女的期望。

男：感谢××家长，我代表全班同学向你们保证，一定不辜负你们的期望，牢记你们的教诲，感谢你们为我们付出的一切。下面请班长谈谈对班会的体会。

（班长发言）

女：下面请班主任老师为今天的主题班会做总结。

（六）班主任总结

这次班会主题很有意义，也感谢两位家长能在百忙之中抽出时间来参加我们的班会课。子女是父母心头的肉，父母也是子女生命中最重要的人。可当下许多孩子对于父母的一些话语，一些做法都会产生一种抵触情绪，认为自己长大了，不用父母管了。这次班会的目的就是要让学生们深刻体会父母对子女的爱，用自己的实际行动来表达自己对父母的爱。明白父母对自己的期望，不能辜负父母的付出。班会进行得很顺利，两位主持人也辛苦了。

(七)宣读誓言

男：感谢班主任总结发言，在班会接近尾声时，让我们铭记父母的爱，大声喊出对父母的爱。请同学们举起右手——我要牢记父母劳碌的身影和期待的目光，我要铭记追求的理想，实现人生目标，创造辉煌！

女：我承诺，感恩父母，感谢师长，回报母校，回报社会！

(八)签名承诺(配乐)

女：同学们请坐。下面请同学们带着笔到前面来，在这张写着誓言的条幅上郑重签下你的姓名。

女：春天的泥土中有我们播下的感恩的种子。

男：春天的和风中有我们年轻的诺言。

女：让我们记住今天，记住承诺。

合：让感恩之心与日月共久长。

男：感恩亲情主题班会圆满结束！

女：请同学们掌声欢送两位家长。

五、班 会 反 思

学生通过此次班会，更加深刻地认识到父母对自己的爱和期望，但将这份感动转化为实际行动还需要实践的考验。

"认识自己，展望未来"主题班会课文案

一、班会主题

认识自己，展望未来。

二、班会目的

通过班会使学生明确自己的学习目的，为未来的发展奠定基础。

三、班会准备

多媒体课件：问卷调查及汇总结果。

四、班会流程

(一)自我分析问卷调查

(1)家庭情况。

(2)自我评价：①我的气质；②我的职业兴趣；③我的意志力；④我的亲和力；⑤我应付困难的能力；⑥我的竞争意识；⑦我的成功雄心；⑧我的心理适应性；⑨我的时间管理能力。

(3)同学朋友对我的评价。

(4)家长老师对我的评价。

(二)典型发言

1.家庭情况

我来自农村，家里有爸爸、妈妈、姐姐和我四人，家人关系和谐融洽，家庭收入以务农为主，经济条件一般。

2.自我评价

(1)我的气质：自我感觉自己属于偏黏液质和抑郁质的人。我有较强的自制力，踏实认真，情感细腻，观察敏锐，情绪易低沉，有因循守旧的倾向。

(2)我的职业兴趣：根据美国职业发展理论专家霍兰德对职业兴趣的划分，我应该属于社会型职业兴趣的人，我关心自己和别人的感受，喜欢倾听和了解别人，愿付出时间精力帮助别人成长。

(3)我的意志力：我有较强的自我约束能力，可以说是意志力较强的人。

(4)我的亲和力：我与同学、朋友、家人、老师关系都很融洽，能够很好地处理分歧，算是具有一定亲和力的人。

(5)我应付困难的能力：我是一个敢于面对困难，敢于克服困难的人，虽然有时候我在困难面前表现得有些无奈，但我还是勇于直面困难，并且力争用自己的力量去解决困难。所以，我应付困难的能力是有的，但不能说是很强。

(6)我的竞争意识：我是一个相信命运的人，我感觉只要认认真真地做好自己应该做的每一件事就行了，该是谁的就是谁的，一切都不需要争。所以，竞争意识是我的一项缺失。

(7)我的成功雄心：就像上面说到的一样，我相信命运，所以我对成功的渴望还不能称得上是"雄心"。当然，我和大家一样，对成功有着向往，但是，我要做的是做好自己的本职工作，而不是单纯地期望成功。所以，我是一个渴望成功但是没有多大雄心的人。

(8)我的心理适应性：我适应环境的能力较弱，心理上也常常患得患失，所以心理适应性较差。

(9)我的时间管理能力：我能很好地管理自己的时间，并长期了保持一个很好的习惯——制订计划表。就是把第二天要做的事按时间顺序写下来，并尽力按计划完成。我不贪玩，从不在诸如网络游戏等方面浪费时间。可以说，我的时间管理能力还是很强的。

3. 同学朋友对我的评价

在生活方面，同学和朋友对我最一致的评价是：我是一个善良、真诚的人。一般刚认识的同学，会觉得我很文静，很不爱说话，甚至有些孤僻，有些"冷"，但是和我关系很好的朋友，一定觉得我很踏实，很贴心。在学习方面，他们对我的评价就基本一致了，那就是勤奋、踏实、认真、持之以恒。

4. 家长老师对我的评价

在父母心目中，我是一个十足的乖乖女，虽然个别时候我也会惹他们生气。但是在大多数情况下，我是听话、孝顺的。我体谅父母供我上学的不易，感谢他们这么多年的无怨无悔的付出。节假日在家的时候，我都尽量帮助爸爸妈妈干些力所能及的家务，减轻他们的负担；给他们买些小礼物，让他们开心。在老师们眼中，我是一个勤奋踏实、默默无闻的好学生。初中时我与老师关系很近，在学习之余，常常和老师谈谈生活，交流体会。那时我感觉老师像自己的父母，而老师也把我看成是最懂事的孩子，学习成绩优异，但却从不骄傲，是老师们心目中的希望。到了高中，与老师接触较少，但我相信，踏实认真的我给老师们的印象也绝对不坏。

(三)全班同学自由讨论

讨论的内容就是该同学完善自我的途径和方法。

(四)总结该同学完善自我的途径和方法

1. 短期目标及具体实施方案

在即将到来的期中期末考试中取得好成绩。

实施方案：制订每天的复习计划，按时完成老师布置的作业。每天上课认真听课，认真记笔记，课后认真复习，抓重点同时不放过任何小点。按照每天的学习生活计划，各门都要复习好。

2. 中期目标及具体实施方案

准备高考。

实施方案：高中三年认真学习各科知识，同时学习其他知识以扩展自己的知识面，这是十分重要的。平时好好学习，争取考到本科分数线，进入自己理想中的学校。

3. 长期目标

未来的人生规划。

(五)班主任小结

没有人可以预知未来，但我们可以根据自己的实际情况规划自己的人生。莎士比亚曾说过："人生就是一部作品，谁有生活理想和实现的计划，谁就有好的情节和结尾，谁便能写得十分精彩和引人注目。"做好职业生涯发展规划是个人职业生涯发展的加速器。没有好的规划，就没有好的未来；有了好的规划，就等于成功了一半。所以，正确认识自己，制订适合自己的人生规划，是我们每个中职生都应该做到的。

每个人的目标都不相同，有的远大，有的渺小。我的目标不算远大，但我相信通过自己的不懈努力，我一定可以做到。当然，每个人对成功和幸福都有自己的理解，所以，我不苛求自己或者自己的生活在别人眼中如何完美。客观环境也是不断变化的，上面我所制订的目标也会随着环境的变化而有所调整，但是这些可能的调整绝对不是对这个计划全盘的否定。所谓"立长志，不常立志"，我会以这个规划为指导，努力完善自己，一步一步地向目标迈进。我相信，我的未来不是梦！

五、班会反思

有些学生对自己的未来规划并不是很清晰，需要老师在教学的过程中给予一定的帮助，确立合适的目标。班会过程中学生积极发言，有些发言非常好，说明学生经过了认真思考，今后可以继续关注，做好后续的工作。

"让我们做文明、守信的人"主题班会课文案

一、班会主题

让我们做言而有信的人。

二、班会目的

为了帮助同学们更好地贯彻"文明、诚实、守信"的做人原则，结合我校诚信与不诚信现象谈谈自己的观点，同时发出倡议，希望大家做一名文明、诚实、守信的中职学生。

三、班会准备

(1)提前布置主题班会内容，安排同学们收集有关"诚信"的材料。
(2)安排同学们结合校园中诚信与不讲诚信的现象做好发言准备。
(3)安排两位同学准备诚信故事。

四、班会流程

(一)主持人

"无信则人危，无法则国乱。"我想问大家，你们诚信吗？我们谈谈身

边存在有哪些不诚信现象。

(二)同学们各抒己见,自由发言,主持人小结

甲:考试作弊现象。

乙:作业抄袭别人的现象。

小结:不诚信的现象和我们校园氛围十分不合,也会影响我们的健康成长,那么,让我们来听听下面这些故事。

(三)安排学生讲诚信故事

参考资料:

【曾子杀猪】有一次,曾子的妻子要去赶集,孩子哭闹着也要去。妻子哄孩子说,你不要去了,我回来杀猪给你吃。她赶集回来后,看见曾子真要杀猪,连忙上前阻止。曾子说,你欺骗了孩子,孩子就会不信任你。说着就把猪杀了。曾子不欺骗孩子,也培养了孩子讲信用的品德。

【季布重诺】秦朝末年有个叫季布的人,一向重诺言,讲信用。人们都说"得黄金百斤,不如得季布一诺",这就是成语一诺千金。言而有信,自然会得到大家的信任。

【诚实的晏殊】北宋时期著名的文学家和政治家晏殊,14 岁被地方官当做"神童"推荐给朝廷。他本来可以不参加科举考试便得到官职,但他没有这样做,而是毅然参加了考试。事情十分凑巧,那次的考试题目是他曾经做过的,得到过好几位名师的指点。这样,他不费力气就从千多名考生中脱颖而出,并得到了皇帝的赞赏。但晏殊并没有因此洋洋自得,相反他在接受皇帝的复试时,把情况如实地告诉了皇帝,并要求其另出题目,当堂考他。皇帝与大臣们商议后出了一道难度更大的题目,让晏殊当堂作文。结果,他的文章又得到了皇帝的夸奖。

【韩信守信】汉朝的开国功臣韩信,幼时家里很贫穷,常常衣食无着,他跟着哥哥嫂嫂住在一起,靠吃剩饭剩菜过日子。小韩信白天帮哥哥干活,晚上刻苦读书,刻薄的嫂嫂还非常讨厌他读书,认为读书耗费了灯油。于是韩信只好流落街头,过着衣不蔽体、食不果腹的生活。有一位当佣人的老婆婆很同情他，支持他读书，还每天给他饭吃。面对老婆婆的一片诚心，韩信很感激，他对老人说："我长大了一定要报答你。"老婆婆笑着说："等你长大后我就入土了。"后来韩信成为著名的将领，他仍然惦记着这位曾经给他帮助的老人。于是他找到这位老人，将老人接到自己的宫殿里，像对待自己的母亲一样对待她。

【华盛顿砍樱桃树】美国开国大总统华盛顿小的时候，是个诚实的孩子。他跟父亲之间曾有过这样一段故事。

一天，父亲送给他一把小斧头。那小斧头新崭崭的，小巧锋利。华盛顿可高兴啦！他想：父亲的大斧头能砍倒大树，我的小斧头能不能砍倒小树呢？我要试一试。他看到花园边上有一棵小樱桃树，微风吹得它一摆一摆的，好像在向他招手："来吧，小华盛顿，在我身上试试你的小斧头吧！"华盛顿高兴地跑过去，举起小斧头向樱桃树砍去，只听"咔嚓"一声，小树成了两截，躺倒在地上。他又用小斧头将小树的枝叶削去，把小树棍往两腿间一夹，一手举着小斧头，一手扶着小树根，在花园里玩起了骑马打仗的游戏。

一会儿，父亲回来了，看到心爱的樱桃树倒在地上，很生气。他问华盛顿："是谁砍倒了我的树？"

华盛顿这才明白自己闯了祸，心想：今天准得挨爸爸揍啦！可他从来不爱说谎，就对父亲说："爸爸！是我砍倒了你的樱桃树。我想试一试小斧头快不快。"

父亲听了华盛顿的话，不仅没有打他，还一下把他抱起来，高兴地说："我的好儿子，爸爸宁愿损失一千株樱桃树，也不愿你说一句谎话。爸爸原谅诚实的孩子。不过，以后再也不能随便砍树了。"

华盛顿点点头，把父亲的这些话牢牢记在了心上。

【无人售报摊】"丢下一枚五角钱硬币，拿走一份报纸。"报纸售完来取钱时，报款分文不少。江苏大学自去年 11 月在学生宿舍三区学生公寓门口摆出无人售报摊以来，半年下来总共销售了 2 万份报纸，却不曾出现一例拿报不付钱的事，无人售报摊上演了一个大学生诚信故事。

无人售报是江苏大学三区学生公寓中心刚刚推出的特色服务项目之一，不仅为学生就近买报提供了方便，而且凸显了校园文明新风。昨天下午4时，记者来到江大，见到了这个名声在外的无人售报点，只见木方凳上放着厚厚一叠当天的扬子晚报，旁边写有"无人售报，每份五角，自找零钱，欢迎购阅"字样的小黑板，另外摆了一只供买报人自付报钱的塑料盆。据无人售报发起人、该区学生公寓管理员张君霞介绍，半年来，这里的扬子晚报销售量每天都有120份左右，最高时达160份，没有一个同学拿报不给钱，有的口袋里钱不够，第二天拿报时再来补上，少数同学买报甚至从不找零。下午5时20分，管理员对一天的销售进行了统计，在无人监管的情况下，本该卖出89.5元，实际收回了95元！

"买报付钱，并不是区区几毛钱的问题，而是体现了一个大学生起码的素质。"一位买报的同学表示。信息系大二学生王同学也告诉记者，无人售报的确太好了，能够让大学生们充分感受到被信任的感觉，即使不买报也可以随意看报，不用看卖报人脸色。

江苏大学一些老师也反映，无人售报活动是建立在买卖双方相互信任的诚信基础上的，给同学提供了方便，同时也是对大学生诚信度的考验，半年售出2万份报纸不少一分钱，反映了同学们的诚信素质。据悉，该校将把卖报收入用于购买衣被，洗净后无偿捐赠给来自特困地区的新生。

（四）关于诚信名言大比拼

学生分组发言，小结如下：

言不信者，行不果。——墨子

民无信不立。——孔子

没有诚实哪来尊严。——西塞罗

真话说一半常是弥天大谎。——富兰克林

诚者，天之道也；思诚者，人之道也。——孟子

失信就是失败。——左拉

真诚是一种心灵的开放。——拉罗什富科

欺人只能一时，而诚信才是长久之策。——约翰·雷

诚信是一枚凝重的砝码，放上它生命不再摇摆不定，天平立即稳稳地倾向一端。

诚信是一轮朗耀的明月，唯有与高处的皎洁对视，才能沉淀出对待生命的真正态度。

诚信是一道山巅的流水，能够洗尽浮华，洗尽躁动，洗尽虚假，留下启悟心灵的妙谛。

当信用消失的时候，肉体就没有生命。——大仲马

如果要别人诚信，首先要自己诚信。——莎士比亚

隐瞒真实，就是骗自己。

君子一言，驷马难追。

(五)宣读诚信倡议书

亲爱的同学们：

诚信是中华民族的传统美德，是一切道德的基础，是为人处世的重要品质，更是一个社会赖以生存和发展的基石。诚实守信是一种道义，是一种准则，是一种责任，也是一种声誉，这些已成为评价人的必不可少的标准。诚实守信，已被人们广泛地实践到修身立业之中，"一诺千金""一言九鼎"，正是人们讲究诚信的高度概括和真实体现。俗话说："人无信则不立。"伟大的教育家、思想家孔子也曾说："人而无信，不知其可。"可见"有信"是做人的根本。身为未来中国特色社会主义事业的建设者和接班人的我们，应该让诚信根植于自己的灵魂。为此我们向全体学生发出如下倡议：

树立社会个人诚信形象：明理诚信，严守公民道德；实事求是，倡导良好社会风尚；真诚待人，恪守承诺；崇尚科学，追求真知，做一个有知识、有道德、守法律的公民。

树立家庭个人诚信形象：热爱家庭，孝敬父母、长辈，不做"小皇帝""小公主"；提倡俭朴的生活，合理消费；提倡自己的事自己做，为父母分

担力所能及的家务劳动；言行一致，勇于负责。

树立学校个人诚信形象：热爱学校和班级、热爱老师和同学；严格遵守《学生日常行为规范》，在学风、学习习惯、学习方法、考风和行为方面做到：不说谎，不抄袭，不作弊；不隐瞒自己和他人的错误，有错就改；说实话，做实事，言必信，行必果；不贪便宜，明辨是非；为人诚实，讲信用，重信誉。努力学习科学文化知识，积极参加社会实践，不断提高个人的综合素质，做一个对同学有帮助、对班级有益、对学校有贡献的人。

"对人以诚信，人不欺我；对事以诚信，事无不成。"我诚信，我美丽，我诚信，我自豪！让我们树立起"做诚信人、说诚信话、做诚信事"的诚信观念，培养诚信意识，珍视诚信价值，推动诚信教育。诚信是一面火红的旗帜，旗帜不倒，真情永驻，作为"新时代"的中学生，我们要像珍爱自己的生命那样珍爱自己的信誉，大家携起手来吧，将诚信进行到底！

(六)班主任总结

同学们，我们每个人在这里求学，都有追求，都有理想，都有志向，如果说职教中心是一片沃土的话，我们要在这里耕作，实现我们的追求；如果说职教中心是一支拐杖的话，我们要拄着这支拐杖攀登高峰，实现我们的志向；如果说职教中心是一只展翅飞翔的巨鸟，那她会承载着我们的希望。同学们要做一个文明的人，一个诚实的人，一个守纪的人，做一名文明的中职生，为学校树立良好的形象。学校是我们人生的起点，这里有青春的幻想，有未来的呼唤。让我们做文明的中职学生，用心中炽热的爱来歌颂她，赞美她。

五、班 会 反 思

班会形式多样，达到了预期效果，但存在不足。首先，老师的准备工作多，学生收集资料少，学生对"诚信"理解不深刻；其次，学生发言时，有关自身的例子太少；最后，缺少课件，许多资料不直观，学生印象不深刻。

"祝你平安"主题班会课文案

一、班会主题

学生的日常活动安全意识较差，当今社会安全指数不够高，校园安全问题频发。为了让学生平安度过三年的校园时光，特召开此次班会。

二、班会目的

培养学生的安全意识，提高自我保护能力。

三、班会准备

(1)组织学生分组调查身边的"安全隐患"，了解不安全因素所在。

(2)指导学生办一期"安全教育"手抄报，积累素材，提高对安全重要性的认识。

(3)安全案例展示。选择案例的原则：贴近学生生活，围绕交通安全、防火安全、校园暴力、宿舍安全、财产安全等选择。

(4)班主任准备歌曲：《祝你平安》。

四、班会流程

1. 播放歌曲《祝你平安》

2. 主持人引入班会主题——"祝你平安"

3. 安全案例回顾

可以通过 3 个网络上的贴近生活的短片表达树立安全意识的重要性。让学生懂得正确及时的自救互救方法，认识到应急能力在宿舍安全、交通、火灾等方面的重要性，加强同学们的安全防范意识。

也可以围绕我校学生实际，从我们身边的案例说起：比如，食堂打饭发生纠纷引起的打架事件，班里学生不能和谐相处引发的纠纷，宿舍财物丢失问题，交通意识淡薄引发的交通安全问题等。

4. 分组讨论

以小组为单位向全班列举身边的"安全隐患"的事例。同时大家畅所欲言，提出解决安全隐患的办法。

5. "安全教育"手抄报比赛

让学生向全体学生展示自己的"安全教育"手抄报，比一比谁办得好。优秀手抄报要进行长期展示，使安全教育深入人心。

6. 宣读安全倡议书，大家签名(倡议书后附)

7. 学习一些安全小知识

根据实际情况选择。

8. 班主任进行总结

首先对同学的积极表现给予表扬，我们这次主题班会开得很有意义，也很成功，希望通过这次班会能进一步增强大家的安全意识和自我保护意识。让安全系着你我他，让平安永远伴随着我们大家！

播放歌曲：《祝你平安》结束活动。

五、班 会 反 思

本次班会，形式多样，受到学生的欢迎。启发我们在以后的教学中也要改变传统模式，引起学生的兴趣；同时班会达到预期效果，大家对安全问题有了全新的认识。不足之处有：准备阶段给学生的任务不明确，资料重复，浪费了时间。

附件：倡议书

同学们：

安全是我们生存的前提条件，它是我们做任何事的前提，没有安全，任何事都无从谈起，它历来都是个人、家庭、集体、社会最基本的生命线，是维系个人享受生活和集体保持稳定的最重要的保障线。然而面对我们生活、学习中可能存在的隐患和潜在的意外，你是否做好准备加以防范了呢？为了远离伤痛与不幸，为了我们自身和他人的生命、财产安全得到充分保障，为了我们能有一个舒心、优雅、文明的学习环境，我向大家发出以下倡议：

一、加强自我教育，提高安全防范意识，做校园安全的使者。积极参加"构建和谐校园，健康安全成长"为主题的安全教育主题班会，提高我们的安全、文明意识，树立安全从自我做起，从身边做起，一丝不苟地落实学校的规章制度及各项安全防范措施，杜绝安全事故的发生，让安全走进我们的生活。

二、提高个人思想素质。团结同学，和同学和睦相处，善于化解同学之间的矛盾。不因小事和同学争吵，不打架斗殴并自觉同打架斗殴、敲诈勒索等违法违纪行为做斗争，积极维护校园秩序安全，争做文明的中职学生。

三、维护自身财物安全。防偷盗，现金和贵重物品不能随意丢放，不与不了解的人发生经济来往，住校生不到校外留宿。做好宿舍和教室安全，离开教室或宿舍要锁好门、窗，宿舍不留宿外人；宿舍钥匙不随意外借或乱丢乱放。

四、严格规范操作。体育活动、实训课、社会实践及其他户外活动要严格服从老师指挥，严守操作规程，不擅自行动，防止各种危害安全的问题发生。

五、遵守交通规则和交通秩序。重视交通安全，遵守交通法规，礼让三分，行走要走人行道，骑车要行慢车道，过马路要走人行横道线，养成"一停二看三通过"的习惯。不乘坐无安全保障的交通工具。

六、讲究饮食卫生，养成良好习惯。拒绝三无食品，不吃腐烂变质食品，不吃零良，不喝生水，不在校外摊点上吃饭，不偏食，不暴食暴饮；不随地吐痰，不乱扔果皮纸屑。

七、强化"防火灾、防触电、防侵害"意识。不吸烟、不玩火，不焚烧废弃物；不随意使用各种电器、热得快、电热毯等电器；住校生上下高层床铺注意安全。不接受陌生人的接送与来访，遇到形迹可疑的人要及时报告保安或教师。

八、学会自护自救，提高防御能力。学会简易的防护自救方法，遇到突发事件要冷静对待；敢于批评、指正一切违反安全要求的行为和现象，做维护校园安全的主人。

九、加强自我防范意识。注意公共场所的人身和财产安全，不把珍贵物品、现金放在教室和宿舍，上学放学不要独行，要走大路，和同学们结伴而行。如果遇到坏人坏事要冷静、机智，要敢于见义勇为、又要量力而行，要及时拨打110报案。

十、认真学习，珍惜时光。远离网吧，远离台球室，远离游戏厅，不吸烟，不喝酒，不赌博，不看不健康的书籍，不结伙、不谈恋爱，不同社会闲杂人员交往。

校园是我们的家！为了创建文明的校园，为了大家都能健康快乐地成长，关注安全，珍爱生命，维护我们的美好校园，是我们每个人应尽的责任。让我们携起手来，从现在做起，从自我做起，从点滴做起，严格要求自己，改正不良的行为，共同维护好我们的校园环境，为构建和谐校园贡献自己的力量。

"合作、信任"主题班会课文案

一、班会主题

合作、信任。

二、班会背景

现在的中学生大多数都是独生子女，家庭、社会很难给他们提供集体生活的机会，学生容易产生"处处以我为中心"的思想，缺少互帮互助、以大局为重的意识，这对学生良好的行为品质的形成和发展是极为不利的。对于学生本身而言，不懂得与别人恰当地交往、合作，不容易与别人和睦相处是健康成长的绊脚石，于是有关合作与信任的教育是必要的。

三、班会目的

本次班会，主要是让学生在各种合作活动当中认识到"合作的重要性"。结合学生的实际情况，让他们用自己的眼睛去发现，用他们的心灵去体会合作的重要性，真正体会到成长的喜悦。而整个班会的准备，都由学生自行组织，让他们在组织的过程中去学习、实践"合作精神"。并通过班会课为他们提供一次有益的成长交流的机会，再一次提高学生的创新精神、实践能力与综合素质。

四、班 会 准 备

提前一周召开班干部讨论会，对本次主题班会的内容进行动员、讨论和安排，确定班会具体准备工作和分工。

五、班 会 流 程

(一)引入主题

主持人：同学们，我们当中或许有些人已经习惯了独自一个人追求自己的目标，并且认为这都是理所当然的，但是大家有没有想过，在奋斗的路上不只有我们自己，还有很多其他人，我们的朋友，我们的伙伴。很多时候，并不是靠自己就能够完成所有的任务或者工作，我们必须学会合作，学会团结，让自己在团队当中成长。有句话这样说的：没有人能够离开别人而独立生存，既然如此，为何我们不尝试一起前进，一起追求同一个目标呢？或许尝试了之后你会发现这当中乐趣无穷。所以，今天我们召开以"合作、信任"为主题的班会。希望通过今天的班会，让我们每个人能更深入地认识到如何信任别人以及如何与别人合作，如何在和睦快乐中向同一个目标前进。事不宜迟，我们马上带大家进入体验之旅。首先说说活动规则：本次活动采用积分比赛的形式，最后有奖品分发，大家努力吧！

(二)"盲人贴鼻子"游戏环节

1. 准备活动

提供材料：贴鼻子用的图。

规则：

(1)请一名学生蒙上眼睛独自贴鼻子。(以抽扑克牌的方式来分组，四个不同的花色分为四组，每个人轮流上场进行，前一个同学蒙眼，后一个同学贴鼻子)

(2)学生两人一组，一人蒙上眼睛，另一学生用语言引导他为自己贴鼻子。

(3)再安排几组学生做游戏，体验对合作的需求。

(4)成功完成一个任务可加十分。

2. 操作程序

提供材料：蒙眼睛用的手绢或头巾。

规则：

(1)每人事先准备蒙眼睛用的手绢或头巾。

(2)班主任预先选好一条"盲人"路线，全体成员两人一组，先由一人当"盲人"，另一人做帮助者。

(3)"盲人"蒙上眼睛，原地转三圈(暂时失去方向感)，然后在帮助者搀扶下，沿着选定的路线活动。期间帮助者不能用手势、动作，只能用语言沟通，从而帮助"盲人"体验各种感觉。

(4)一人做完，"盲人"与帮助者互换角色再走这条线路。

(5)分成两队。(以前一个游戏为前提，红色花色为一组，黑色花色为另一组，不过要视具体情况而定)

(三)讨论

在小组成员全部表演结束后，展开交流讨论，谈谈自己的感受，可以选择任何一部分来谈。例如，"盲人"可以谈谈当"盲人"的体会，谈谈你帮助伙伴的体会，谈谈看不见后是什么样的感受。另外谈谈你当帮助者时怎么想，走完后有什么感受，你怎样理解你的伙伴，你是怎样提供帮助的，活动使你想起了什么？

(四)"数青蛙"游戏

1. 游戏规则

全班同学分成四个组，站成一个正方形，每组选一个组长站在正方形的中间，所有的同学进行词语接龙，哪个组的同学接错了，组长接受惩罚。

2. 游戏结果

所有同学都配合得很小心认真，都怕因为自己的失误让组长挨罚，配合异常默契。

(五)班主任总结

听了同学们心灵的表白，我真的非常感动，今天的班会也让我们明白了我们不可能独自生活在这个世界上，我们应该懂得去信任别人，与别人合作。只要我们懂得信任别人，就会发现生活中有很多平淡而温馨的故事，它们每天都在继续，只要我们学会去与别人合作，就能够感受到团结的力量！

六、班会反思

首先是时间问题，如果时间不足则讨论部分留在课后以文字方式进行。

其次是课堂秩序问题。全部过程都由学生自己掌握，有可能会放松过度，所以要注意做好相关工作，最好在此过程让那些容易出现问题的学生承担一些任务，并且与这些学生好好沟通，保证课堂秩序。

最后是要发动不太活跃的学生参与活动，尤其是"盲人"部分一定要混搭，让平时不太熟悉的同学一起合作。

"我的人生规划"主题班会课文案

一、班会主题

我的人生规划。

二、班会目的

使学生明确自己本学期的人生规划，学会制定长远规划和短期规划，并践行规划中的自我要求，学会对自己负责。

有人生规划的人，行动有方向、发展有动力。高中生正处在由依赖性向独立性过渡阶段，以"我的人生规划"作为本次班会的主题，有目的地制订人生规划，对他们既是一种约束也是一种前进的动力，有利于他们进行自我剖析，尽快摆脱依赖性，走向自立自强。

三、班会准备

分组准备自己对理想的设想，组长汇总。
分组准备辩论赛的内容，查找相关资料。

四、班会流程

(一)引入

播放背景音乐《云中漫步》,音量轻柔,目的是让学生进入一个洗涤心灵的空间,让学生在音乐营造的气氛里打开心灵,进入班会的意境,从而产生共鸣。

播放1~3张有关"美妙人生"的PPT。幻灯片交替更换,并由主持人简要介绍班会过程。

(二)合唱

演唱张雨生《我的未来不是梦》,旨在激发听众了解人生意义、规划人生、思索未来的热情,也为进入辩论环节热身。合唱形式不限。

(三)辩论赛,双方围绕辩题展开辩论

正方辩题:规划重于行动。

反方辩题:行动重于规划。

(参加辩论的选手由抽签决定,辩题在班会课之前已经给出)

1. 介绍辩论流程

开篇立论、攻辩、自由辩论、结辩陈词、评委、辩手、辩题。

2. 赛程安排及要求

(需要有计时员)

第一,开篇立论。正反方一辩分别立论陈词2分钟。要求陈词引据恰当,立论要求逻辑清晰、言简意赅。

第二,攻辩(每位辩手2分钟)。攻辩由正方二辩开始,正反方交替进行。正反方二、三辩参加攻辩。要求正反方二、三辩各有且必须有一次作为攻方;辩方由攻方任意指定,不受次数限制。攻辩双方必须单独完成本轮攻辩,不得中途更替。攻辩双方必须正面回答对方问题,提问和回答都要简洁明确。重复提问和回避问题均要被扣分。

第三,自由辩论(每方3分钟)。观众双方自动轮流发言。发言观众落

座为发言结束即为另一方发言开始的计时标志，另一方观众必须紧接着发言；若有间隙，累积时间照常进行。同一方观众的发言次序不限。如果一方时间已经用完，另一方可以继续发言，也可向主席示意放弃发言。自由辩论提倡积极交锋，对重要问题回避交锋两次以上的一方扣分，对于对方已经明确回答的问题仍然纠缠不放的，适当扣分。

第四，结辩陈词。反方四辩陈词3分钟，正方四辩陈词3分钟。要求结辩针对辩论整体态势陈词，不得脱离实际背诵稿件。

比赛主要选取班上的辩论高手组成四对四式的正反辩论双方，其余同学可分成正反双方支持阵营，在赛前参与辩题讨论和协助相关资料的搜集。比赛中，非参赛同学作为观众评委，认真观摩学习，客观公正评价。

辩论赛后，请班主任评出优胜方及一名最佳辩手，一名最佳台风奖。优胜方要求辩题中心明确、主旨突出，观点有创意，整体配合和谐；最佳辩手要求观点深刻有力，语言表达流畅准确，有层次性和条理性；最佳台风奖要求整体表现自然大方，回答从容自如，尊重对方辩友、评委和观众。（注：此环节若正方胜出，点明规划先于变化，当下高中生能及早做好人生规划，自我认识、自我了解、自我剖析、自我定位，树立正确的人生目标，自然过渡到下一环节，深化对人生规划的认识和了解；若反方胜出，表明变化先于规划，漫漫人生路上总有很多我们意想不到的事情，正因为有无法确定的变化，人生的完整和稳定更需要有恰当地规划，并随时随地就变化修改规划。顺着这一思路过渡到下一环节的讨论，思考在漫漫人生路中作为今天的高中生需要什么样的人生）

（四）讨论

以"我想要什么样的人生"或"我的未来不是梦"为主题分小组讨论，重心在于思考体会人生规划的意义，问自己：我想干什么？我能干什么？我该干什么？目的在于客观评价自己，给自己一个恰当的定位，明确并制订人生目标。讨论结束后，各小组各派出代表同学代表发表看法，交流想法。

(五)班主任总结

班主任就以上活动进行评价总结。

人生规划对于每一个人都至关重要。

五、活动反思

学生通过这次班会课认识到人生规划的重要性。他们已经结束了高一上半学期的学习任务，离高考又近了一步，从现在开始更应该明白自己不能整天得过且过，需要认真规划自己以后的生活。学生的积极性还有待提高。

"学会反思，珍惜时间"主题班会课文案

一、班会主题

学会反思，珍惜时间。

二、班会目的

学生从初中到高中的学习，还是没有很好地适应，部分同学还处于松懈状态，没有紧迫感。而部分同学存在着不会安排学习时间的现象，在高中阶段的课程学习任务急剧加重的状况下，学生感觉自己很努力，也很忙乱，但是学习效果并不理想，考试后感到有点焦虑，但是又不知道该如何调整自己的学习方法。我们想要通过这次活动，给同学一点启发。提高学生的学习动力，同时向优秀的学生学习，优化学习时间的安排。

三、班会准备

(1)回忆自己初中的学习情景，怎样使自己的成绩优秀。

(2)目前自己学习中的困惑，有什么样的困惑。

(3)在班级中你认为谁做得比较好。

(4)自己学习时间中有没有浪费时间的现象，能否优化。

(5)高中阶段，学到了什么，有什么困惑。

四、班会流程

1. 总结

总结班级上一月份在学习、纪律和卫生劳动等几方面的情况。

2. 设问

经过一学期的学习，是否自己主动思考过：我学到了什么？有什么困惑？（给1~2分钟的时间保持沉默，让学生学会思考）

3. 做关于时间的游戏

接下来我们来玩一个游戏，假如现在你个人的生命处于0~100岁，请准备一张长纸条用笔将它划成10份（中间部分刚好每两列一份代表生命中的10年，分别写上10、20等，最左边所谓空余部分写上"生"，最右边空余部分写上"死"字）。

下面我给大家出几个问题，请大家按我提的要求去做：

第一个问题：请问你现在几岁？（把相应的部分从前面撕掉）过去的生命是再也回不来了！请彻底撕干净！

第二个问题：请问你想活到几岁？（如果不想活到100岁的话就从后面把那部分撕掉）

第三个问题：请问你想几岁退休？（请把相应的退休以后的部分从后面撕下来，不用撕碎，放在桌子上）就剩这么长了，这是你可以用来工作的时间。

第四个问题：把高中三年的时间撕下来，（另外的时间保留着）这三年时间，你的安排是怎样的？

按照学校严格的时间安排，基本遵照学校规定执行。包括除去放假，每天吃饭、睡觉，真正的学习时间（包括上课）大概是一半。

第五个问题：高中三年后，你的生活要怎样过？

一般人通常是睡觉8小时（有人还不止呢！）占了1/3，吃饭、休息、聊天、看电视、游玩等又占了1/3，其实真正可以学习和工作的时间约8小时，只剩 1/3。所以请将剩下来的折成三等份。并把 2/3 撕下来，并放在桌子上。

第六个问题：比比看。

(1)把高中阶段的学习时间和以后的学习时间加起来，把退休那一段和刚才撕下的 2/3 加在一起，并请思考一下您要用左手的 1/3 学习工作赚钱，提供自己另外 2/3 的吃喝玩乐及退休后的生活。

(2)把高中阶段的学习时间和除去高中学习时间外的其他剩余的生命时间比较。并思考，高中这一点点的时间，它的意义有多大？

第七个问题：想一想你要赚多少钱、存多少钱才能养活自己上述的日子，这还不包括给父母、子女、配偶的哦！

第八个问题：请问你现在有何感想？

第九个问题：请问你会如何看待你的未来？

时间就是生命，有人说："浪费自己的时间等于慢性自杀，浪费别人的时间等于谋财害命。"你珍惜生命吗？你想在有生之年有所作为吗？生命是由分分秒秒的时间所组成，时间管理的实质就是生命管理。因此，让我们都成为时间的主人吧。

(1)每个人谈谈自己进入高中以来学习中的困惑。

(2)针对学生的学习状况，提出可供参考的学习方法。

(3)面对即将到来的期中考试，对学生提出小小要求，鼓励他们把握时间，去争取更高的成绩。

注意事项：

(1)在活动中多给学生发言机会，锻炼学生的表达能力和心理素质。

(2)活动是为了学生而设置的，要学生多谈自己的亲身体会，要的是真情实感，要学生得到心理释放和启发，这样才能自主地调节。

五、班主任总结

班主任就以上活动进行总结。

六、班会反思

　　学生通过真心的交流，释放了内心压抑的情绪，舒缓了压力；知道了自己学习环节中存在的问题，知道要向哪个方向调节。但班会内容相对单一，形式不够丰富，可以在活动中让学生加入设计。

二年级

"坚定目标，放飞理想，走进高二"主题班会课文案

一、班会背景

高一学生进入高二，新的学年，新的目标，坚持为理想奋斗尤其重要，因此在开学之初进行目标理想教育十分必要。

二、班会目的

通过多种活动形式，在热烈的气氛中，同学们开怀畅谈自己的理想，憧憬未来，同时下定决心要为自己理想的实现而努力奋斗；让同学们进一步明确高二学习目标，并以此为动力推动学生进步。

三、班会准备

(1)选好主持人。
(2)学生写出自己本学期的目标以及自己的理想。

四、班会流程

第一环节：播放歌曲《水手》，班会主题开始；
主持人甲：这首《水手》拉开了我们"坚定目标，放飞理想"主题班会的

序幕。

　　主持人乙：理想是个诱人的字眼。

　　主持人甲：理想是灯塔，指引人生前进的方向，照亮人生前进的路。

　　主持人乙：一个没有理想的人，就像鸟儿没有翅膀。

　　主持人甲：没有理想，就没有坚定的方向，没有坚定的方向，就没有生活。

　　主持人乙：人类的伟大不在于他们在做什么，而在于他们想做什么。

　　主持人甲：世界上最重要的事，不在于我们在何处，而在于我们朝什么方向走。

　　主持人乙：上面所讲的"想做什么""朝什么方向走"指的就是我们头上的一颗指路明星——理想。那么，什么是理想，你的理想是什么？（同学们讨论）

　　主持人甲：下面请同学们说说自己的理想，好吗？

　　第二环节：同学们畅所欲言，有的说长大后要成为科学家，有的说要成为美容师，有的要成为教师……

　　第三环节：主持人乙：当一个人达到自己的理想的时候，我们可以说他是一个成功的人，那么你对成功是怎么样看的呢？

　　同学1：我觉得要像邓小平先生那样做时代的伟人才是成功的人。

　　同学2：我认为努力去实现自己的理想的人就是成功的人。

　　同学3：我觉得凡是能在自己平凡的工作岗位上做出贡献的人都可以算是成功的人。

　　主持人甲：同学们说得很好，下面我们请×××同学们谈谈"成功的人"。

　　（×××同学发言）。

　　主持人乙：对，只要我们从小便树立远大的理想，并为之不断地努力，我们的理想就一定能实现！

　　主持人甲：下面我们来看看，二十年后的我们是怎么样的。

　　第四环节：小品《二十年后的我》。

主要内容：二十年后的一群中学生实现了自己的梦想，二十年后回来探望自己的老师，并诉说自己二十年前的理想和成长的经历。

主持人乙：啊，真叫人热血沸腾，羡慕不已。

主持人甲：但是世事变幻不定，二十年后的事更是难以预测。

主持人乙：哎，你是想说"把握今天"吧。

主持人甲：是啊，今天的收获才是最重要的，明天的收获有赖于今天的播种和辛勤的耕耘。

主持人乙：那要怎样才能在今天为实现自己的理想而努力奋斗呢？

主持人甲：我想我们的同学们心中早就有答案了，请同学们说说好吗？

同学 1：珍惜每一分每一秒的时间，不让自己有后悔的一刻。

同学 2：树立远大的理想，并为之不断地努力。

同学 3：要有吃苦耐劳的精神，不被困难吓倒。

主持人乙：是啊，我们必须从今天做起，为自己理想的实现而努力。

主持人甲：不仅是这样，我们还要把自己的理想和前途与祖国的命运和前途结合起来，为中华民族的伟大复兴而贡献自己的青春与才华。

主持人乙：据我所知，我班就有这样的人才！

主持人甲：不错，请欣赏他们的小品：《垃圾大王》。

主持人乙：真是有趣极了，你们知道小品说明了一个怎样的道理吗？

（同学们答：略）

第五环节：

主持人甲：是啊，18 岁的刘欧已是北京大学化学与分子工程系的一名学生，15 岁的他是首批进入国家重点实验室的中学生，他一直以"机遇对于每个人都是均等的，而成功者往往善于抓住机遇"自勉，这是他获得成功的重要因素之一。那么，在座的同学们，你们的座右铭是什么呢？

主持人乙：请同学们踊跃回答。

（同学们自由回答）

主持人甲：同学们的发言是认真的，是对理想追求的一种执著，我相信，同学们有了时时激励自己的座右铭，理想就一定可以实现。

主持人甲：班会无限好，只是近铃声。

主持人乙：我想，大家通过这次班会，定会树立远大理想，创世纪辉煌，为自己的人生书写一首不朽的诗篇。

主持人甲：现在有请我们的班主任总结，掌声欢迎。

五、班主任总结

本次班会同学们都表现得很积极、主动，能大胆地畅谈自己的理想，树立自己的信心，看你们自信的表情，听你们充满豪情的语言，我相信，你们的理想一定能实现。是的，理想是还没有实现的东西，是对未来的美好憧憬和希望，这要求我们好好把握今天，努力学习，打下坚实的知识基础，才能拥有美好的明天。

但是，理想实现的前提是把握人生。把握人生，不是一天两天，也不是一年两年，它需要一个人用一生的时间，需要有几十年如一日的耐力、恒心与毅力。更多的时候，把握人生的关键是要培养自己的习惯，坚持自己的原则。顽强的毅力可以征服世界上任何一座高峰，恒心与毅力，在征服的过程中必不可少。

命运靠自己主宰，人生由自己把握。

"珍爱生命，健康成长"主题班会课文案

一、班会主题

珍爱生命，健康成长。

二、班会目的

使学生学习安全知识，增强安全意识。认识到生命的可贵性，珍爱生命，健康成长。

三、班会流程

(一)谈话导入

我们是祖国的花朵，是祖国的未来和希望，我们在爱的滋润下茁壮成长，幸福生活。可是，在我们的生活中，不时有灾难降临。现在我们一起里欣赏一首歌《天堂里有没有车来车往》。

同学们，听了这首歌，你们的心情怎样？

(学生同情小姑娘的不幸遭遇，体会到生命的重要意义，引出课题)

(二)真情体验

珍爱生命健康成长——安全

安全，能让我们幸福地生活，那你们对安全有多少了解呢？下面让我来考考大家吧，让我们一起进入"安全知识知多少"环节。（详见 PPT）

安全问题无处不在，那你们知道日常中有哪些常见的安全问题呢？

（学生自由发言）

珍爱生命健康成长——人生

（1）让我们来听一听演讲《让生命灿烂如花》，用心感受一下自己如花的生命。

生命如花。如果说，人生如花开四季，那么，我们少年儿童就是春天。春天，是阳光明媚的季节，是万象更新的季节，是倾听花开的季节，是青春绽放的季节，更是孕育希望的季节！

生命如花。是花，就要让自己开得更艳。风华正茂的青少年，正如盛开的鲜花，有着张扬的青春，悦目的色彩，醉人的芬芳！

生命如花。是花，就要经得起风吹雨打。我们的人生道路也是荆棘丛生，困难重重。所以，我们也要经得起考验，笑对人生，做生命的强者。

（2）人的一生在历史长河中多么短暂，生命因短暂才弥足珍贵，可是，有人却漠视生命。投影出示一组材料：失落的花季。

①成都市一个 13 岁少年因与父母就学习问题发生争执后纵身跳下了 7 楼，结束了生命。

②16 岁学生陈某用亲人给的压岁钱长时间打电子游戏。当晚，在家人对其进行教育时，陈某进入家中卫生间，久久不出。家人发现情况不妙，冲入卫生间发现陈某已用两条毛巾将自己吊死在水管上。

③河南一高三考生，高考成绩估分不理想，竟在家自杀，而高考成绩揭榜时，她的高考总分超过本科分数线 33 分。

同学们，看完上述材料，大家是什么样的心情？

（采访几个同学）

是啊，生命是宝贵的，我们又怎能轻言放弃？

投影出示：不屈的人生。

在 2008 年 5 月 12 日 14 时 28 分，四川汶川发生了里氏 8.0 级大地震。这是自中华人民共和国成立以来最为强烈的一次地震，直接严重受灾地区达 10 万平方公里。我们来看一看在地震中顽强不屈的生命。

①女生废墟中为同学唱歌，被埋 18 小时后获救。

②叔叔，我在！

同学们，看完上述材料，你又有何感想呢？

（采访几个同学）

学生讨论：

(1)在成长的过程中，你曾遇到过什么困难或挫折？

(2)你是如何面对的？

老师根据学生的讨论情况归纳：

面对挫折，我们无须害怕，更无须逃避、退让，而应勇敢面对。

(1)增强自信、蔑视挫折——知道挫折的双重性，从战略上蔑视它，从战术上重视它。

(2)升华目标、淡化挫折——树立远大的志向，胸怀大志，不为小的困难羁绊。

(3)自我疏导、请求帮助——多与家长、老师、同学谈心，及时化解不良情绪。

（三）感情升华

人的生命，似洪水奔流，不遇着礁石，又怎能激起美丽的浪花？人的生命，似天空辽阔，不经历风雨，又怎能出现绚丽的彩虹？请听朗诵《给生命一个笑脸》，相信我们每个同学都能给生命一个坚强、勇敢、自信的笑脸，创造一个独一无二的精彩人生。

给生命一个笑脸

没有嫣然绽放的花蕾，便没有四季宜人的温馨；没有潺潺流动的微笑，便没有漫漫人生的洒脱；我们虽然哭着来到世上，但应该用微笑面对人生。给生命一个坚强、勇敢、自信的笑脸，创造一个独一无二的精彩人生。

印度洋海啸——坚强的笑脸

当狂风席卷海岸，摧毁了房屋和农田，吹不走的是人们求生的信念；当暴雨肆虐港湾，冲垮了堤坝和建筑，冲不散的是人们坚强的微笑。

忘不了当地人民手拉手，肩并肩地与洪水抗争时的团结，忘不了来自世界各个角落前来援助的仁人志士的友爱。尽管肤色不同、种族各异，不变的是人人脸上的那一缕微笑，如阳光般灿烂。

给生命一个坚强的微笑，沉着冷静地去面对，去解决暂时的障碍，去迎接雨过天晴的那一天。

闾丘露薇——勇敢的笑脸

她，凤凰卫视的一个战地记者，一个弱女子，却用肩膀扛起了众人瞩目的重担。在那些道貌岸然却临危退缩的人面前，她用誓言和生命承受了常人认为不该承受的重压。硝烟弥漫，战火冲天，闾丘露薇冒着生命危险，一次又一次地向世界观众展现了最新、最真实的新闻资料。她用镜头直面现场，用勇敢直面危险……当她站在"全国十佳青年"的领奖台上，人们又看到了那熟悉的笑脸，一个象征着勇敢的微笑！

给生命一个勇敢的微笑，为自己、为他人开拓一条平坦宽阔的新路。

刘翔——自信的笑脸

刘翔，一个黑头发黄皮肤的中国青年，一个怀揣着梦想的炎黄子孙，他创造了奇迹，实现了中国几代人的愿望。

当五星红旗伴随着中华人民共和国国歌高高飘扬在雅典的上空，全世界的华夏儿女眼噙激动的泪水，因为这个可爱男孩冲过终点的那一刻，我们的心也随他一起飞翔了。他高喊："中国有我，亚洲有我！"他敢以"初生牛犊不怕虎"的斗志迎接挑战，他身披着国旗，代表一个民族站在世界的前列。

给生命一个自信的笑脸，敢于超越自我，超越极限。自信的微笑让生命闪耀出无限光彩。给生命一个笑脸吧！有了笑脸，生命才有宽容和理解、自信与豁达、坚强与洒脱；有了笑脸，生命才拥有与命运抗争，向困难招手的力量！

四、班会总结

希望大家学会在挫折中奋起，在挫折中走向成功。只要你不失去对美好事物的追求并坚持奋斗，命运必将回报给你以幸福的微笑。通过这节主题班会，我想大家今后会更加珍爱自己的生命，同时也会珍爱别人的生命，会热爱生活。遇到困难和挫折，我们要正确面对，要坚强地面对，努力实现自身价值。

五、班会反思

随着时代的日日进步，我们学生却面临更多的危险，火灾，溺水，交通事故，网络犯罪，毒品侵害等时有发生。面对屡屡发生的安全事故，我们不应只是掉下同情的眼泪，更要考虑如何避免悲剧再度发生。只是理解生命，知道生命给予我们的意义还不行，还需言行一致，去热爱生命，热爱生命需要用一颗炽热的心去迎接生命，感受生命。有些人把一切看得都那么遥远，不明白一生该怎么去过。而有些人却不是如此，他把每天都看成人生中新的一天，他抱着这种心态去努力生活每一天，这样他会发现，自己为每天的生活倾注了无限的热情，用很多有意义的事情充实生活。有些同学面对学习，面对作业，感到生命平淡无奇、似乎是一口枯井。其实这些压力多半是自己给的，所以热爱生活吧，快乐地生活会使人生充满激情。

六、课外延伸

课外阅读《假如给我三天光明》《活着真好》《轮椅上的梦》等书。

"诚信与我同行"主题班会课文案

一、班会主题

围绕"诚信——为了每个学生成功"的德育核心理念，加大对中职生"诚信"教育的宣传力度，提高学生的诚信意识，开展"诚信与我同行"主题班会活动。

二、班会目的

(1)通过本次活动，让学生懂得分辨是非，懂得做人要诚实的道理。

(2)让学生明白敢于承认错误，做到"言必信，行必果"。

三、班会准备

(1)收集古今中外的关于诚信的名言和故事并落实好讲故事的人选。

(2)让有绘画特长的学生在彩纸上画好一幅"诚信列车图"，制作一张"乘坐诚信列车的签名单"。

(3)写一篇以"诚信"为主题的演讲稿。

(4)人人动手，制作诚信卡。

四、班会流程

(一)谈话质疑，激发兴趣

在漫漫人生路上，什么不可丢弃？在我们遇到艰难困苦时，什么要永留身边？它就在我们身边，离我们那样近，又那样远。它就是诚信，这次班会的主题是——诚信与我同行！

(二)引导讨论，了解诚信

(1)对于诚信相信每个人都有自己的理解？那么，同学们又是怎么理解的呢？

(2)中华民族自古就是一个诚信的民族，诚信之事不胜枚举。

(三)学生表演，受到启发

早在古代，人们就赞美、追求、传承中华美德。《无人小店》就是讲的一则守信的美德故事，大家一起来听一听吧。

学生1：讲《无人小店》故事。

(1)同学们听了《无人小店》故事，一定会产生许多感想，下面请你们小组讨论，然后请各小组派选代表把自己的想法告知同学们。

学生讨论、交流、汇报。

(2)下面让同学们再来听一个袖珍故事《诚实的华盛顿》小故事。说不定会给你更加深刻的启示！

学生2：讲《诚实的华盛顿》小故事。

(3)同学们听了这两个故事，一定会产生许多感想，下面哪一位同学愿意把自己的感想和启示说出来，与同学们一起分享，请上来谈。

学生分享自己的感想和启示。

过渡：两个小故事都具体生动的教育了我们做人做事都要讲诚实、守信用，让我们从现在开始做起。下面欣赏小品《拍卖会》。

小结：现实中珍贵的人格是不能用金钱买到的，我们只有坚定自己的信念，才能拥有高尚的人格。

(4)演讲：《诚信与我同行》。

(5)学生轮流读收集的有关诚信内容的格言。(出示同学们搜集的诚信格言并配乐)

(6)集体大声诗朗诵《天使·翅膀·诚信》。(配乐)

(7)在"诚信列车图"上集体签名。(配乐)

(8)同学之间相互赠送自己制作的诚信卡。

在我们今天的班会即将结束的时候，请把你亲手制作的诚信卡片相互赠送，让我们把诚信装在心中，一路走好！

五、班会反思

我们中职生应当从小事做起，自觉维护信用。牢记：一个有信誉的人，面容上有自尊，目光里有自信，生活中有朋友。

附件：

无人小店

东西随便挑，付款找零全凭自觉。一年多来，这家小店每天的销售额都分文不少，在山东交通学院无影山校区，一家无人看管的小店传出了一段校园佳话，一群朝气蓬勃的大学生所谱写的关于诚信的故事，让这个平凡的小店如投湖的石子，迅速在社会上荡起了阵阵涟漪……

几千年来，我国一直流传着"一诺千金""一言九鼎""言必信、行必果"等古语，这些古语历来成为志士仁人崇尚的美好道德境界。

改革开放30多年来，中国经济取得了飞速发展，但以诚信为核心的社会道德建设却跟得"气喘吁吁"，"道德滑坡"现象时常见诸报端。在这同时，我们身边又不时演绎着一些平凡人物的不平凡故事，这些源自诚信的感动，浸润着人们的灵魂，普照着每个人的心田，呼唤着传统美德的回归，并督促着每一个人从我做起，从点滴做起，构建"诚实守信"的和谐社会。

东西随便挑，付款找零全凭自觉。一年多来，小店每天的销售额都分文不少。此事件引起了全国各大媒体的高度关注和竞相报道，也引起了社会一片叫好声。在关注和叫好的背后，应该引起我们怎样的思考？让我们一起走近这家"无人小店"，感受这个"现实样板"背后的文化和精神。

在山东交通学院无影山校区内的一条道路旁，我们找到了这家"诚信驿站"。说是驿站，其实就是一个5层的铁皮柜，里面摆放着笔芯、橡皮、本子等十几种学习用品，没有收银台，也没人看管，只是放置了一个用来收钱的箱子和一本"顾客"留言册。小店里的所有的商品都标有价格，购物者在挑选商品后，完全凭着自觉，将钱投进箱子里并找零。

在驿站里，我们看到一位女同学正挑选着自己需要的笔芯，按笔芯上的价钱把钱投入盒内并没找零，然后离开。挑选、付款、找零……熟练的动作，显得如此自然。时下，"诚信有没有"似乎成为一个让人纠结的话题。若说诚信消失殆尽，中国历来不缺"一诺千金"的君子，若说诚信还在，为何扶不扶老人却成了"技术难题"？

信守承诺，诚信做人，这本是天经地义、理所应当的为人处世原则。可在当前社会，不断频发的诚信缺失事件告诫我们，在物质财富增长、经济发达的背后潜伏着国民道德、诚信的危机。一个在各个领域没有道德约束，为达个人目的不择手段的私德盛行的社会是不健全的；一个缺乏了共同信仰、理想、道德长久支撑的民族，表面的物质繁荣也绝不会持久，人的精神危机会导致经济的危机。

正值此时，"诚信驿站"的大学生们用自己的行动践行着承诺，这份诚信如同冬天里散落的阳光，带给大家震撼和希望。透过这件事情，引起的巨大的社会反响，也许应该让我们看到更多的令人痛心的缺失。

就是这样一个小小的店面，为社会诚信的大文章提供了一个现实样板。有人建议将这种模式推广到全社会。但有人也提出了质疑，认为"诚信驿站"之所以能立住脚、火起来，这主要得益于校园这样一个比较特殊的环境。如果把这种做法推广到校外，普通的百姓能否经得住诚信的考验呢？

在诚信似乎成为稀缺资源的当下，这种担心不是没有道理的。"诚信驿站"不是在开张几天的时间，就遭遇了校外老大爷的"洗劫"吗？但这次意外也正是引发我们思考的原因，社会中的"不诚信"行为也无形之中加速推进了道德的"滑坡"、社会的倒退。从"彭宇案"到"小悦悦"事件，生活中流失的信任与温暖已经越来越多了。道德严重滑坡、诚信严重缺失已是不争的现实。此外，"不守信"之人通过违背社会诚信、危害社会道德的行为在为自己获得利益的同时，也违背了社会公平的原则，使社会诚信体系岌岌可危，更会对他人的向善之心造成极大的伤害，长此以往，最终也会伤及自己。

人无信不立。诚信是我们中华民族的优良传统，即便是在物欲横流、浮躁喧嚣的今天，诚信依然是为人之本、行事之基。可能现在有不诚信的人暂时得益了，甚至坚守诚信的人吃亏了，诚信就成了社会大问题。因此，构建道德、诚信的防线，全民都要振作起来"补缺补差"。

重塑社会诚信并非一朝一夕就能做好，但要毁掉却是举手之劳。在一个秩序良好的社会，人人讲诚信，并将诚实守信泛化为日常行为中的一种自觉，不管有没有外人在身旁，都时时用自己心底的道德感约束自己的行为，这才是"诚信"精神的最高境界。

"诚信驿站"是道德"加油站"，在这里，人们体验信任，感受温暖，举手投足间完成了一次道德"救赎"和信任重构。它也是一面镜子，这面镜子值得我们每一个人照，值得我们整个社会照。也许，这只是一个"诚信"的个案，无法立竿见影、从根本上改变当前的社会风气，但是他们的诚信和坚守让大家明白，不仅要在得到他人信任时以诚信相报，而且更应主动施信任予人。

一颗沙里看出一个世界，一朵花里有一座天堂，一滴水里同样隐藏着大海的博大。三五层的柜台、几块钱的货物，"诚信驿站"是那样的微不足道，他们的平等交易原本是普通的，因为信守诚信才显得弥足珍贵，具有特别的意义。"诚信驿站"这种尝试，虽只是涓涓细流，但同样可以润物无声。

诚实的华盛顿

华盛顿是美国的开国大总统。

小时候他是一个顽皮的孩子，一刻都不想闲着，见到什么都感兴趣。

有一天，爸爸外出了，华盛顿一个人在家里，把爸爸用惯了的一把小斧头紧紧握在手里，乱砍乱舞着。一会儿在这儿试试，一会儿又在那儿砍砍。玩着，玩着，他又来到了花园里，在一棵小树面前停下来。

他举起小斧头，眼睛盯着小树，嘴里说道："来吧，我的朋友！我要在你身上试一试，看看这把斧头锋利不锋利！"说着他使足劲，一抡胳膊，便一斧头砍下去，只听"喀嚓"一声，那小树成了两截，躺倒在地上了。嘿，华盛顿好似打了个胜仗，美滋滋地一蹦一跳跑远了……

谁知，华盛顿这一砍不要紧，可惹了祸。这株小树是一株樱桃树，是爸爸出高价买来的优良品种，用它来搞试验的。

这时候，爸爸迈着步子由外面回来了。当他望见心爱的小樱桃树被砍倒时，非常气愤。"是谁干的好事？竟然把樱桃树给毁了！"爸爸要弄清这是谁在搞破坏，大声嚷着，"只要让我发现谁砍这树，我就要，嗯，我就要……"他脸色铁青，嘴唇都在哆嗦。

华盛顿从未见过爸爸发这么大的火，一下惊呆了。他万没想到，自己惹了这么大的祸。

怎么办？是向爸爸承认过错，说明情况呢？还是……华盛顿心里激烈斗争着。

终于，他恭恭敬敬地走到爸爸面前，一五一十说明了事情的经过。"爸爸，请你处罚我吧？这错是我做的。我主要是想试一试这把斧头利不利，所以就，就……"华盛顿说着，喉咙哽咽了，他惭愧地低下头去，不知如何是好。

爸爸见是自己儿子干下了这种蠢事，真想发作一番；可是转念一想，孩子在错误面前是这样诚实，不说谎话，知错认错，便转怒为喜了。他一把搂住华盛顿，激动地说："我的好孩子，爸爸非常喜欢你的诚实，爸爸宁愿损失一棵可爱的樱桃树，也不愿我的孩子说一句谎话！"

"迈好成人的第一步"主题班会课文案

一、班会主题

让我们迈好成人的第一步。以学校"成人礼"为契机,进一步培养学生成人成才的信心。

二、班会目的

(一)情感目的

通过本次主题班会,旨在提高学生对责任问题的认知能力、自我教育能力和实践能力,为形成正确的世界观、人生观、价值观打下基础。

(二)认知目的

通过本次主题班会,使学生明确自己已经成人,明确一名公民对自己、对他人和集体、对家庭、对社会与国家应尽的责任行为,并懂得在细节中努力履行责任。

三、班会准备

(1)提前布置主题班会内容,安排同学们收集有关"责任"的材料。

(2)安排同学们唱《壮志雄心》。

(3)安排两位同学主持。

四、班会流程

(一)导入(以时事关注焦点引入"责任")

从以前的三鹿奶粉事件，到今天的胶囊事件谈责任的承担(详细)。

总结：这些事件的教训是惨痛的，它们使我们明白，有一样东西比钱更重要，那就是责任。你对别人负责，别人才会对你负责；你维护别人的安全，别人才会维护你的安全。

(二)主题：我把责任告诉你

1. 大事小事显责任(初步了解责任的范围)

请学生交流自己搜集的有关责任的事例，引出何谓"责任心"。

值日生——对值日事务十分尽责，擦黑板、扫地、擦瓷砖等丝毫不马虎……

责任心——是指每个人对自己和他人，对家庭和集体，对国家和社会承担应有的责任和履行义务的自觉态度。

2. 名家名言说责任(感受责任)

请学生交流自己收集的名家名言，了解伟大哲人们对责任的理解。

雷锋说：一个人的责任，就是使别人获得快乐。

高尔基说：天才就是善于工作，热爱工作，对工作有责任心。

……

3. 七嘴八舌谈责任——如何肩负起自己的责任(学生讨论，代表发言)(新的理解和认识)

(1)对自己负责：自理、自尊、自爱、自信、自强。

如何才能对自己负责？

第一是自理，即自己管好、料理好自己，不要依赖别人。第二是自尊，即自己尊重自己。第三是自爱，即爱惜自己的名誉，珍惜自己的生命，爱护自己的身体，保护好自己。第四是自信，即自己相信自己，相信自己的能力，相信"天生我材必有用"。第五是自强，以顽强的意志来面对学习上和生活上的各种困难，要给自己树立高标准、严要求。

（2）对他人和集体负责：班级事务争着做。

如何才能对他人和集体负责？

在一个班集体中，不只有班委才能领导班级，大家都是集体的主人，应该有当家做主的精神，每一个班级成员应当自觉承担起自己的一份责任和义务，显示自己在一个集体中存在的价值。通过处理班级的琐碎事务（值日生、财产保管员），让别人了解你、承认你、接受你和信任你。这样的集体才能显示出团结友爱、朝气蓬勃的精神面貌，才能为自己提供良好的学习和生活的环境。

（3）对家庭负责。

如何才能对家庭负责？

父母的爱是博大无私的，长大后我们应当负起对父母的赡养扶助的义务，但现阶段切实能做的就是做好自己该做的事，无论是学习上和生活上都努力做到不让父母操心和担心，对自己负责，就是对父母的回报。

（4）对社会与国家负责。

如何才能对社会与国家负责？

①树立远大的理想，立志做有益于他人、有益于社会的人。

②立足现在，努力学好科学文化知识，提高自身的素质和修养，为社会做出贡献。

③明确自己的历史使命，做支撑时代大厦的栋梁。

（5）合唱《壮志雄心》。

（6）实际行动尽责任。从身边的小事做起，切实地培养责任心。

①热爱祖国，热爱人民，拥护中国共产党，努力学习，准备为社会主义现代化贡献力量。

②遵守学校纪律，遵守公共秩序，遵守国家法律。

③热爱集体，爱护公物，不做对人民有害的事。

④按时完成作业，无抄袭、杜绝考试作弊现象。

⑤认真值日，保持教室、校园整洁优美。

⑥尊敬师长，团结同学，对人有礼貌，不骂人，不打架。

⑦体贴帮助父母长辈，主动承担力所能及的家务劳动，关心照顾兄弟姐妹。

(7)班主任总结。

水因为有了岸，才会优美地汇成河流。

责任之于人就像水有了岸一样。责任是承担忧患的力量；是解决纠纷的机智；是宽容别人的度量；是不斤斤计较，能屈能伸的气度。责任不仅能给予他人以满意和快乐，而且会使自己更美丽、更高尚。

同学们，你长大了，成人了，不再依靠父母、师长，你要有一个独立的人格、自主的能力，你知道了自己的不足，明白了前进的方向，你要对自己的行为负责，为明天加油。让我们的青春在这里印下一个深深的脚印。你们是祖国的未来，任重而道远，唯有树立责任意识，才能取得更大的进步，才能拥有更好的未来。就让我们从捡起自己脚下的纸屑开始，从每天的清晨开始，做一个有责任感的人！脚踏实地拼搏奋斗，成为对祖国有用的人才！

五、班会反思

青春期的学生，正在走向成熟，我校安排的学生成人礼非常及时。在成人礼中，孩子们激情飞扬。在成人礼之后，我们要深化成人礼的教育效果，召开相关的主题班会，通过这样的班会，使同学进一步明确身上所担负的责任，增强使命感。

"法伴青春成长"主题班会课文案

一、班会目标

(1)通过本次活动，使学生了解一些必要的法律知识，能用所学的法律知识解决实际问题，加深学生对学法重要性的认识。

(2)让学生了解法制的重要性以及今后法制的发展方向，联系实际，认识法在身边，同时通过主题班会的开展，培养学生团队协作能力和对法制建设的热情。

(3)通过本次活动，让学生明白法律和我们生活密不可分，我们应该把"法律"两个字真正融入自己的学习、生活之中，努力通过自己的实际行动去创造一个美好、和谐的社会。

二、班会背景

高二年级学生年龄一般在 16 岁左右，都还不是很懂事，容易受到周围生活环境的影响，沾染不良习气，严重的可能走上违法犯罪的道路。所以，要尽早在他们心目中树立法制观念，严格地以法律和道德为准绳约束自己的行为。

三、班会前的准备

(1)利用网络、报纸等媒介收集青少年与法相关问题的资料和实例资料，结合学生的实际情况进行分析，为班会主题服务。同时，让同学联系周边实际案例，自演并自主分析，引以为戒。

(2)查阅《中小学生自我保护必读》《中小学生法制教育通用读本》。

四、班会流程

(一)导语

同学们，法律离我们并不遥远，发生在我们身边的许许多多的鲜活事例清楚地告诉我们，法律与我们的生活息息相关、密不可分。学法、懂法、用法，是青少年素质的重要组成部分。同学们都有十六七岁了，相信大家都会判断是非，可是，为什么又有那么多的未成年人因为一时的糊涂而走上犯罪的道路呢？现在，随着社会的发展，未成年人犯罪率有增无减，面对这个问题，我们是不是应该去深思呢？

(二)法律知多少

(1)说出你所知道的有关青少年的法律、法规的名称。(《中华人民共和国未成年人保护法》《中华人民共和国预防未成年人犯罪法》)

(2)请你举例说说哪些是未成年人不能做的事情？(如旷课、夜不归宿、参与赌博或者变相赌博、偷窃等)

(三)法律知识大比拼

(1)请各小组选题号，然后做四道有关法律的题目。

(2)请学生解释其中的信息。(答对小组加分)

(四)案例表演与分析

1. 请每个小组演示案例小品

第一组：《校园暴力——勒索》；第二组：《行差踏错》。

第三组：《曲折人生》；第四组：《买卖》。

2. 其他各组同学仔细思考表演组同学的问题，并回答问题(答对小组加分)

(五)讨论：身边的违法行为

(1)发现有人跟踪怎么办？

(2)收到匿名信、匿名电话怎么办？

(3)当有人公然抢劫你的物品时，应采取怎样的自卫措施？

(4)小伙伴溺水后怎么办？(分组讨论：各组选其中一题进行讨论，各小组组长代表本组发言)

(六)布置社会实践作业

(1)这堂课你学到了什么？写为周记。

(2)以小组为单位，到当地派出所调查。内容为：介绍近年来当地未成年人违法犯罪的情况，未成年人违法犯罪的主要原因是什么？我们应当从中吸取什么教训？

(七)班主任总结

愿同学们从小树立法律意识，让幸福快乐与我们永远相伴！

五、班 会 反 思

保护未成年人健康成长，已成为全社会的共识。然而，社会各方面的保护和帮助还要未成年人的配合才能收到良好的效果。其中一个重要原因是家长、教师和社会不可能时时刻刻呵护着未成年人，未成年人只有自己长本事，才能有效防范来自社会生活中的侵害。所以，在加强来自家庭、学校、社会保护的同时，未成年人尤其是未成年中学生应认真学习法律知识、依法自律，正确对待父母和学校的教育，运用法律武器保护自己的合法权益。

"感恩父母"主题班会课文案

一、班会背景

高二家长会之后，同学们继续了他们的学习之旅，在那几天中，班内的气氛有些凝重，我觉得是孩子们又一次感受到了学习的压力，开始自觉调整，但是又感觉有些不对。后来我在同学们的日志中发现很多孩子都写到了家长们给他们的回信中表达了浓浓的爱意和殷切的希望，有些家长回去后跟孩子促膝长谈，这让孩子们感受到了爱的关怀，有很多孩子有些手足无措，不知道怎样去回应这种爱，那么如何让孩子们做到感受爱，用好爱，回馈爱呢？

二、班会目的

(1)让学生感受父母之爱的伟大。

(2)学着用感恩来回馈父母之爱。

(3)明确今日的努力就是最大的感恩。

(4)身边的老师同学、社会、大自然也是我们感恩的对象。做一个懂得感恩的人。

三、班会流程

第一环节：重温那一天(10分钟)

设计意图：利用图片、视频，让同学们直观地感受到家长们对他们有多么重视、多么关心。宣读家长回信，让同学们感受到家长们是多么关爱他们。

视频：《我的成长》《参会家长集锦》。

(1)教师播放的视频。

(2)全班分享：大家刚看了我们从入校到军训以及参加各种学习活动的场景，也看到了家长会上家长的喜悦面容。想到了什么？

总结家长无论平时怎样严厉，但是他们是真的挂念和在关注我们的。

(3)教师点评：从孩子们的语言中让孩子们学会总结与反思。体会到家长平时在表达爱的方式上不尽相同或者可能不太让人接受，但是出发点都是爱。

第二环节：重温那10年(15分钟)

设计意图：利用中央电视台公益广告。(共三个，分别是《传承》《Family》《筷子》)

让孩子们回忆、体会自己从小长到大家长的不容易，触动孩子的内心。

播放视频。

老师提问："大家感受到了什么？"

甲同学："老师，我现在发现我爸妈把我养大真得很不容易。原来我觉得我很有能耐，想在看来，要不是家里人栽培，我什么都不是。"

乙同学："我爸妈也和视频里的一样努力，现在看到我爸妈也都变老了，我还老气他们，真是太不应该了。"

丁同学："我觉得我妈就跟广告里面那个妈一样，有什么苦都不让我知道，我慢慢长大了，该是感恩父母的时候了。"

老师："同学们都说得非常好，我们做儿女的吃喝不愁、生活无忧，这些都是我们的父母努力来的，而父母现在要求我们学习，要求我们成人成才为的是他们自己吗？不是，是为我们的未来操心，面对父母的养育之恩，我们无言以对，我们现在长大了，应该让父母知道我们虽还不能自立，但是我们已经可以用一些行动来感恩他们了。"

第三环节：畅想现在(10分钟)

设计意图：趁热打铁，帮助同学们制订一份可行的感恩父母计划，用自己的行动让父母放心，用自己的行动来感恩父母。

(1)利用头脑风暴法集思广益，收集感恩父母的方式方法，并列成计划。

感恩计划：姓名：张明(虚构)。跟父母有隔阂的地方：父母老说他学习差，他很烦说教。

改进方法：主动跟父母沟通，使家庭气氛安定不紧张。

中期目标：主动尽孝，不让父母太操心了。

远期目标：各方面能力都能拓展，让父母放心、高兴。

学业要求：必须前进，到高三顺利毕业并考取自己喜爱的专业。

激励自己：相信自己，鼓励自己，勤能补拙，永不言败。

(2)明确我们要想父母之所想，急父母之所急。同学们的学业就是父母当前最关心的问题。告诉同学们努力学习、努力成才本身就是对父母的感恩，是对父母关爱的最好的表达方式。

第四环节：身边多美好

设计目的：知识扩展，身边的一些人包括老师同学，朋友，修电线的工人师傅，做早点的阿姨，所有的人都应该是我们感恩的对象。

播放图片，让同学们发现原来身边的每个人都或多或少地在帮助着你，近到父母老师，远到扫地的阿姨。是与人为善、互相扶持、感恩彼此才把大家联系在了一起。

现在的努力成长、努力学习从更宽泛的角度上来说，应该是为了大家更美好的生活。所以，同学们让我们为了父母、老师、朋友和身边所有爱你的、帮助过你的人而努力学习吧。

结束语：我们是幸运的一代，正因如此，我们才应该努力感恩身边的一切，让我们少一些不满、少一些抱怨，高高兴兴地开始每天的学习生活。

作为中职生，我们应该时刻紧绷脑子里的弦，分秒必争，学好专业知识。

同学们，期末考试又将来临，怎样才能打一场漂亮的胜仗呢？

同学们，元旦晚会即将开始，你准备好了吗？

四、班会反思

本节课从回忆到反思让学生明白，我们应该感恩父母，因为他们是我们最亲的人；我们应该感恩老师，因为他们是对我们最无私的人；我们应该感恩朋友同学，因为他们是陪伴我们渡过困扰的人；我们应该感恩社会，因为大家让我们感觉到活着真好。

"我与班级一起成长"主题班会课文案

一、班会主题

让我们与可爱的班级一起成长，将个人的成长、进步与班级的发展结合在一起，让班级成为个人进步的摇篮，增强学生的集体荣誉感。

二、班会目的

培养学生的主人翁意识，让学生知道自己是班级的一员，热爱班集体，愿意为班集体做贡献。

三、班会准备

(1)课前提前录制一些学生们当家的场面，现场播放。

(2)收集一些与本节活动课相关的信息：包括诗朗诵、歌曲等。

(3)课前收集一些自己为班级所做的好事以及班级对你的帮助的事件。

(4)与家长沟通，让家长配合教师的工作。

四、班会流程

依据章节主题，开展活动，分为三个章节："我们的过去""我们的现在""我们的未来"。

(一)质疑引入,激发兴趣,调动情感

师:家,一个多么亲切而又温馨的字眼啊!同学们,你们看,多么美丽的蓝天啊!蓝蓝的天空是白云的家;清清的河水是鱼儿的家;辽阔的草原是牛羊的家;茂密的森林是小鸟的家;那大家看这儿,(出示教室情景)你们知道这儿是谁的家吗?我们的家。

课件出示蓝天白云、森林小鸟等美丽的画面,配上优美的旋律,之后,出现班级的景象(提前录制),在美丽的画面上出现这些问题,教师边问,学生边答。

师:你为什么认为班级是咱们的家?你能说说吗?(学生自由回答:可以从以下几方面回答,如:班中教室的布置、同学之间互相关心、教室的摆设等),对于咱们的家你有什么感受呢?

在学生发言时,教师不多点评,让学生自由发挥。

(二)依据章节,回顾想象,开展活动

第一章:我们的过去。

女:是啊!我们的班级就像我们的家一样,每个同学都非常爱我们的家。

男:"班级是我家"主题班会。

合:现在开始。

女:一年前,37名活泼可爱的孩子,也就是我们,和亲爱的老师,一起组成了这个大家庭。

男:在这一年中,我们共同悲伤、共同欢笑、共同失败、共同成功。共同走过了一年美好的日子。

合:共同感受着家,给我们带来的无限亲切与温馨。让我们一起来看看我们的过去吧!

女:哎!×××你知道吗?在过去的一年,我们班开展了许许多多的集体活动,可惜你是今年才转过来的,没能亲眼目睹其中的精彩。

男：那好办啊！让大家介绍一下吧！这样，我们不就都能了解了吗？

女：对啊！好主意，同学们，你们还记得你都参加过哪些集体活动吗？（学生自由介绍，如：军训，跳绳比赛、课间操比赛、板报比赛……）

在学生介绍过程中，让学生说说当时参加活动时的感受，在学生说到跳绳比赛和课间操比赛的时候，教师将奖状贴出，在学生说到班会的时候，适当地播放一段班会中的现场画面。在说到写生的时候，进行一些照片的投影展示。

男：看来，去年大家参加的活动真是不少，我真羡慕你们，如果我早一点来到咱们班该多好啊！

师：是啊！去年我们班在各个方面都取得了非常棒的成绩，不论是各项比赛还是各种活动，大家都有非常出色的表现，那我想问问大家，当各项比赛我们都取得了第一名的时候，当各种活动都以成功结束时候，你心里是什么感受啊？（学生自由发言：高兴、激动、自豪等）那大家思考，我们这些成绩的取得靠的是运气吗？那靠的是什么呢？我们是怎样取得了这么优异的成绩的呢？

女：在大家的共同努力下，我们的昨天、我们的过去是如此辉煌，正是有了每位同学的真心付出，真心为班级做着每一件事，我们的班级才会建设得如此美好。

男：那么，在去年的一年中，你都为班级做过哪些好事呢？你为什么要做这些好事呢？（学生自由介绍）

女：是啊！同学们做的好事数也数不尽，说也说不完，我们的光荣簿上，记载着每一个同学的名字，下面，我们就让×××同学，简单地为大家介绍介绍吧！（简单介绍光荣簿上记录的好事）

男：每个同学，为了我们这个班，为了我们这个家，都无私地奉献着自己的一切，然而家对我们每个子女都是公平的，你还记得老师和同学对你有过什么帮助吗？（学生自由发言）

女：无论是老师还是同学，我们生活在班集体这个家中，要互相帮助，就像白杨和小河一样，你帮着我，我帮着你。（集体唱：《相亲相爱的

一家人》)

师：去年，我们取得了这么优异的成绩，这个成绩的取得离不开大家的共同努力，更离不开各位家长对我们的支持，那在去年整个一年的活动中，各位家长对我们的活动有什么想法呢？您能谈谈吗？（家长发言）

女：在我们的共同努力下，我们在这个家中幸福而又快乐地走过了一年，让我们一起来歌唱我们的班集体，歌唱我们的家吧！（诗朗诵《歌唱我们的班集体》）

歌唱我们的班集体

我们爱大地，爱蓝天；

我们爱江河，爱山峦。

我们最爱的是我们可爱的班集体，我们温暖的家。

你盛满欢笑，盛满向往，盛满多少火热的情感。

你那么平凡，那么灿烂，你朴素而又庄严。

当太阳从东方冉冉升起，你便绿意葱茏生机一片。

一棵棵小树挺直身腰，一朵朵鲜花扬起笑脸。

上课，有整齐的队列等待检阅。

下课，有放飞的鸽群扑向蓝天，

我爱你满载知识的黑板，

我爱你整齐洁净的桌椅，

我爱你放声歌唱的震撼，

我爱你俯首深思的宁静，

我爱你晴天飘动的国旗，

我爱你雨水滴水的屋檐……

啊，朴素无华的教室，就是我们远征的起点，我们火热的理想，闪着耀眼的光焰。

你是一座洪炉，多少钢铁在这里冶炼，

为了明天，去铺轨，去架桥，去做闪光的车轮隆隆旋转。

你是一个摇篮，多少人才在这里成长。

为了明天，去采矿，去航天。去向全世界宣布新的发现。

我们爱大地，爱蓝天。

我们爱江河，爱山峦。

我们最爱最爱的，是我们无比可爱的家！

第二章：我们的现在。

女：送走了一年级的学习生活；

男：我们迎来了新的一年。

女：历史已经走过，成绩也属于过去，让我们一起来看看我们的现在吧！

男：我们三十七个人，共同走过了一年，今年，又有两名同学走进了我们的大家庭，那让我们听听他们在来到这个新的家庭后的感想吧！（新来的两名同学自由发言：说出自己在来到这个集体后的感受）

女：为了使我们的班级建设得更加美好，今年，我们班开展了今天我当家的主题活动，让我们一起看看，×××当家时的表现吧！（提前录制好一名学生当家时的情境，现场播放）

男：我们每个同学几乎都当过家了，你能谈谈你在当家时有什么感受吗？（学生自由发言：说说自己当家时的感受）

女：是啊！每天当家都会遇到不同事情，有一天×××要当家了，结果发生了这样的事情，我们一起来看看吧！

片段：今天×××该当家了，他非常高兴地去上学，可是这时，妈妈告诉他，今天是爷爷的生日，他每年都去给爷爷过生日，可是今天轮到他当家了，他非常犹豫。问大家，我该怎么办呢？（学生自由发言）

师：每天的小当家早早来到学校，将班里的一切打理好，为了使每个孩子更好地当家，家长对我们的工作也是十分支持，早早将孩子叫起，那么对于我们现在的活动，您有什么建议或者意见吗？（家长发言）

男：为了使我们这个家建设得更加美好，同学们都在班集体做着自己的贡献，都在努力为班集体争光，可是你们看，这位同学他做了一件怎样的事情呢？

片段：一名同学来到学校，结果忘记了戴小黄帽，值周生问他："你怎么没戴小黄帽啊！"他说自己忘了，问他是哪个班的，他为了不给班里抹黑，随便说了一个班，心里还在为自己的小聪明而高兴。

女：同学们，看完这个片段，你有什么想法吗？（学生自由发言）是啊！他这样不但没有给班级争光，反而给班级抹黑了，因为他没有做到诚实，同学们，你们说我们应该怎样做才是为班集体，为我们这个家争光呢？（学生自由发言）

第三章：我们的未来。

女：我们仍在继续的长大。

男：我们的班级还要继续发展。

女：我们的家的未来又是怎样的呢？同学们让我们一起来展望我们的未来吧！

男：同学们，为了使我们的明天更加美好，在今后的日子里，你打算怎样做呢？（学生自由发言）

女：班级活动能够使我们的集体更加团结，能够使我们的家更加丰富多彩，课前，我们已经以小组为单位，设计了一次班级活动，下面，我们就请代表将他们的方案给大家介绍介绍吧！（学生派代表汇报方案）

男：同学们，你们最喜欢哪个方案呢？你最希望参加哪个活动呢？（下面，我们就请大家投票选举吧！将你手中的星星送给你最喜欢的活动设计小组的手中）

师：大家都做了选择，那让我们听听在做的老师或者家长认为哪个活动最好最有意义呢？谁来说说？（请老师或家长发言）那么，今后我们就去完成×××这个活动，让我们以热烈的掌声邀请各位老师和家长今后再来参加我们的活动！

男：班级是我家，老师像妈妈一样关心、呵护着我们，作为家中的成员，下面，让老师也来谈谈他的感受吧！（教师发言）

女：班级是我们的家，我们未来的路还很长很长，让我们携起手来，共同建设我们的集体，共同建设我们亲切而又温馨的家吧！（诗朗诵：新

集体向未来）

男：送别了去年的春花、秋月。

女：告别了已经过去的夏雨和冬霜。

合：我们迈开脚步，走向光辉的明天，走向崭新的未来。

男：未来带着笑颜，向我们走来，走进我们的集体，走进我们的家，走进每个成员的心房。

女：于是，花坛前的小松树，增添了一圈年轮；于是，篱笆旁的迎春花，摇动着枝条开放。

男：于是，我们也长大了一岁，体魄更强壮，思想和智慧也在成长。

女：班集体的光荣簿上，又出现了新同学的名字。

合：学习赖宁走英雄的道路，新一代的赖宁在成长。

男：三十七名成员。

女：××班的集体。

合：将在新的起跑线，奔向新的目标，去迎接新的太阳！

男：我们相信，未来的路，还很漫长。

女：我们相信，晴朗的天空，还会有风霜。

男：但，我们的家是团结、坚强的。

女：任何困难，都挡不住我们前进的脚步。

合：我们的歌声迎着春风飘舞，我们的理想伴着白鸽飞翔。我们的集体同春天一起成长，我们的目标就是美好的未来！

（边朗诵，边播放《明天会更好》的歌曲。在歌声中，学生宣布班会结束）

(三)班主任总结

同学们，我们在这里求学，带着追求，带着理想，班级是我们共同的家。通过本次班会的召开，我希望能培养同学们的主人翁意识，让大家更深刻地体会到自己是班级的一员，更加热爱班集体，愿意为班集体做贡献，班荣则我荣。通过美丽的画面，让每位学生都乐意并努力为班级服务，保护我们的家。

五、班会反思

班会由学生主持，锻炼了学生的表达能力和组织能力，通过回忆一年来组织的各项活动使学生心灵再次产生共鸣，达到了预期效果，但也存在不足。首先，老师的准备工作多，学生收集资料少，有的主持人语言表达较好，有的还有待于提高；其次，学生发言时，自己的例子太少；再次，缺少课件，许多资料不直观，学生印象不深刻。

"学会时间管理，做时间的主人"主题班会课文案

一、班会背景

高二的学习质量直接影响高三的复习质量，也就直接影响高考的成绩，其重要性不言而喻。同时，高二的生活中既没有高一的新鲜感，也没有高三的紧迫感。高二学生，大多是十七八岁，处于一个脆弱、敏感的年龄阶段。心理和生理都在经历着巨大的变化，再加上学习任务日渐繁重，家人的关注相对减少，外界诱惑加大，他们大多数都不能合理地安排自己的学习时间，无法进入学习状态，甚至因此形成贪玩、厌学的思想。针对高二学生，开展有关时间管理的主题班会具有现实性和必要性。

二、班会目的

(1)通过班会活动，让学生明白时间是宝贵的，它稍纵即逝，既不能复制，也不可以倒流。

(2)我们要充分利用每一分、每一秒去做有意义的事。帮助学生科学地管理自己的时间，提高学习效率，不虚度光阴。

三、班会流程

(一)活动准备

1. 为每个学生准备一条有刻度的绳子和一把剪刀

2. 让学生填写下列表格

姓 名		年 龄	
每天睡觉时间		一生睡觉时间	
每天吃饭时间		一生吃饭时间	
我的预期寿命		我的理想	
预计理想实现年龄			

日常生活(如起床,刷牙等)必须花费的时间(每天时间×预期寿命)。

(二)导入:播放视频《死神的账单》

通过播放视频,增强班会的趣味性,提高学生参与的积极性和主动性,在轻松的氛围中引发学生思考,增强学生独立思考、自主学习的能力。

(三)活动体验——"度量人生"

一条绳子表示一个人生命的长度,也就是我们的预期寿命,让学生按绳子的刻度比例和自己的情况在绳子上标年龄。之后剪去自己的实际年龄,比如,你现在 20 岁,你的预期寿命是 80 岁,就从绳子上剪掉四分之一。接着依次把睡觉、吃饭、日常生活(如起床,刷牙等)必须花费的时间剪掉,最后所剩下是时间就是我们可以实现理想时间,但是如果把剩下的全部时间用来实现理想,那么等理想实现的那一刻也就成为我们生命结束的时刻。

通过这个活动,让学生在一点一点地剪绳子过程中,体会到从现在到自己事业有成日子之间真正可支配的时间有多少,然后让大家分享彼此的感受,体会时间的宝贵,我们可以把握的时间比想象中少得多。

(四)分析时间管理理论，旨在引导学生如何实现时间利用效率最大化

19 世纪意大利经济学家帕累托提出了著名的"帕累托原则"。其核心内容是生活中 80% 的结果几乎源于 20% 的活动，因此，要把注意力放在 20% 的关键事情上。根据这一原则，我们应当对要做的事情分清轻重缓急，进行如下的排序：

(1)重要且紧急(如发烧看病、做作业、考试)——必须立刻做。

(2)重要但不紧急(如预习、复习、订计划，规划未来、建立关系，了解大学专业、职业信息，锻炼身体等)

——只要是没有前一类事的压力，应该当成紧急的事去做，而不是拖延。

(3)紧急但不重要(如网上聊天、接电话、陪同学买东西、凑热闹等)

——只有在优先考虑了重要的事情后，再来考虑这类事。

(4)既不紧急也不重要(如没有目的地上网、看电视、瞎逛等)

——有闲工夫再说。

(五)分小组(6 组)讨论

各小组选择明天、下周、寒假、高二下学期、高三一年、大学四年这六个时间段中的一个，思考这个时间段中重要而不紧迫的事件、重要而紧迫的事件。先个人思考，然后小组讨论统一意见，最后派一名代表展示。

旨在通过讨论引导学生懂得，事情是会随着时间变化而变化的。前阶段中重要而不紧迫的事件可能会变成下一阶段重要而紧迫的事件，同样前阶段中重要而紧迫的事件可能会变成下一阶段重要而不紧迫的事件。要想管理好自己的时间就要做好计划，未雨绸缪，用发展的眼光看问题。

(六)制订学习计划，科学管理时间还需要注意(用多媒体形式呈现)

1. 科学管理时间不等于无限度地延长学习时间

我们需要思考怎样合理地安排学习生活，多想想如何提高现有的时间利用效率。

2. 适当休息，注重劳逸结合

既要抓紧学习时间，又要安排时间参加体育锻炼和其他课外娱乐活动。

3. 根据不同内容的学习特点来安排时间

对于看书背诵的事情，最好选择精力旺盛不容易受干扰的较长时间段来做，用比较零碎的时间来做题。因为做题的时候需要动笔演算，可以强迫你集中注意力。

对于文理科的学习交替进行，提高学习效率。这是"间作套种"原理的运用。"间作套种"是农业上常用的一种科学种田的方法。实践研究发现，如果连续几季都种相同的作物，土壤的肥力就会下降很多，因为同一种作物吸收的是同一类养分，长此以往，地力就会枯竭。其实，人的脑力和体力也是这样，如果每隔一段时间就变换不同的学习内容、锻炼内容，就会产生新的优势兴奋灶，而原来的兴奋灶则得到抑制，这样人的脑力和体力就可以得到有效的调剂和放松。

4. 遵循记忆规律，在学习新知识的同时及时巩固旧知识

对于较长、较复杂的知识学会分解记忆。为了记住一篇课文的内容，可以对其进行分段，概括段意，进行记忆。

5. 根据自身特点制订学习计划

要有针对性、现实性、可操作性，做自己力所能及的事，还要安排出空余时间，及时检查自己的学习成果，进一步制订更有效合理的计划。在计划实施方面，要学会自我督促，还可以与同桌合作，互相监督，保证计划的落实。因为再完美的计划也要付诸行动才有效。

（七）课后作业：制订一份个人学习计划

四、班 会 反 思

高考是选拔人才的重要途径之一，而高二学生的高考目标已非常明确了，本主题班会设计以学生为中心，服务于高考，但不局限于高考，旨在引导高二学生通过学会管理学习时间，进一步学会管理自己的人生，做时间的主人。

"我的中国梦"主题班会课文案

一、班会背景

十八大前夕，美国专栏作家托马斯·弗里德曼以《中国需要自己的梦想》为题专门撰文解读"中国梦"，寄望中国将人民的致富憧憬与更可持续发展结合起来。一时间，"中国梦"成为海内外舆论关注的热点话题。为弘扬民族精神，切实加强学生的思想道德建设工作。本次班会以"梦想"为主线，融入互动内容，化传统的爱国教育课为一次别开生面的聚焦"梦想"的主题班会。

二、活动目标

(1)鼓励学生用健康向上的美好心态去实现自己的人生目标。引导学生价值观和人生观健康发展。

(2)激发学生的创造力和想象力。明白实现梦想需要不怕困难、坚持、协作和探索。

三、班会准备

(1)组织学生学习习近平总书记的《复兴之路》展览讲话。

（2）设计活动流程，组织学生有序排练。

四、班会流程

主持人：尊敬的老师，亲爱的同学们。大家好！梦想是个诱人的字眼。

梦想是灯塔，指引人生前进的方向，照亮人生前进的路。一个没有梦想的人，就像鸟儿没有翅膀。没有梦想，就没有坚定的方向，没有坚定的方向，就没有生活。那么，什么是梦想呢？

（同学交流回答）

主持人：我们每个同学都有远大的理想，有的同学长大后想要成为一名光荣的人民教师，有的同学想要成为医生，有的同学想要成为人民警察，而有的同学只想做个普普通通的快乐的人……其实理想不分好坏，只要是为了祖国的振兴，为了社会的进步，那就是个伟大的理想！不管我们将来干什么，我们一定都是社会需要的，祖国需要的。

（由班主任带领学习习总书记讲话）

主持人：梦想就是对未来的向往和憧憬。有了远大的理想，就有了明确的奋斗目标。只有努力奋斗，才能使理想早日得以实现。更重要的是要为实现自己的理想目标不懈努力！成功的花朵，有赖于辛勤的汗水去浇灌；理想的果实，要靠知识的土壤去培育。

只要我们不断地努力，我们的理想就一定能实现！那么同学们，你认为你该为实现理想做些什么？我想同学们心中早就有答案了，请同学们说说好吗？

（同学们交流）

主持人：我们光空谈理想可不行，我们必须从现在做起，为自己理想的实现而努力！我们还要把自己的理想和前途与祖国的命运和前途结合起来，祖国需要的时候才是我们发挥聪明才智的时候。

（同学们交流）

主持人：下面，就请大家把自己的梦想写在美丽的彩纸上，我们把所有的梦想都贴到墙面上的"梦想天地"图板上！

（书写梦想的过程中，主持人：梦想不只是一张小小的纸片，我们更不能让梦想只是一个梦而已，我们要用自己的实际行动来证明：我们的未来不是梦！同时播放歌曲《我的未来不是梦》）

主持人：把握人生，不是一天两天，也不是一年两年，它需要一个人用一生的时间，需要几十年如一日的恒心与毅力。更多的时候，把握人生的关键是要培养自己的习惯，坚持自己的原则。而"顽强的毅力可以征服世界上任何一座高峰"，恒心与毅力，是成功路上必不可少的武器！

主持人：请大家跟我一起宣誓——

> 我将用严谨的态度书写历史；
>
> 我将用激昂的斗志奏响乐章；
>
> 我将用拼搏的精神铸就辉煌！
>
> 告别昨日的颓丧，我扬起希望；
>
> 告别昨日的散漫，我打造理想；
>
> 面对学习中的困难，我从容不迫；
>
> 面对生活中的挫折，我勇往直前；
>
> 在以后的学习生活中，我将做到：
>
> 敢于拼搏，用不懈争取进步；
>
> 自强不息，用汗水浇灌理想；
>
> 超越自我，用奋斗放飞希望；
>
> 永不言弃，用信念实现梦想。
>
> 让青春绽放最美丽的光芒！

主持人：下面，请班主任讲话！

班主任：首先很感谢为这次主题班会的准备付出了辛勤劳动的同学们！中国梦，是一个怎样的梦？"中国梦"是民族复兴之梦，也是在复兴过程中每个个体自我实现之梦，是中华民族面对未来之梦。"中国梦"既是对百年来中华民族奋斗历史的渴望和追寻的概括，也是当下中国人对自己未来的期许；既是对中国人共同命运中凝聚的感情和力量的表达，也是对普通民众希望和追求的表达。本次班会同学们都表现得很积极、主动，能大胆地畅谈自己的理想，树立自己的信心。看见你们自信的表情，听到你们充满豪情的语言，我相信，你们的理想一定能实现。理想是还没有实现的东西，是对未来的美好憧憬和希望，这要求我们好好把握今天、努力学习，打下坚实的知识基础，才能拥有美好的明天，理想实现的前提是把握人生。把握人生，不是一天两天，也不是一年两年，它需要一个人用一生的时间，需要几十年如一日的耐力、恒心与毅力。更多的时候，把握人生的关键是要培养自己的习惯，坚持自己的原则。而"顽强的毅力可以征服世界上任何一座高峰"，恒心与毅力，在征服的过程中必不可少。命运靠自己主宰，人生由自己把握。少年智则中国智，少年强则中国强，我的梦是中国梦，中国的梦是我们的梦！同学们，让我们好好学习，用自己的力量去完成自己美好的梦想，让我们的梦想尽情飞翔，让它带领我们走向成功，走向完美。让我们的祖国变得更加强大、繁华！让梦想照耀中国，闪亮世界！

主持人：老师的话饱含了对我们的殷殷期望，为了更好的明天，为了老师和家长的期望，我们一定要为梦想好好打拼一番！我想，通过这次班会，大家定会树立远大理想，创造辉煌，为自己的人生书写一首不朽的诗篇！

"点燃我的梦，铸就中国梦！"命运由自己主宰，人生由自己把握！本次主题班会结束，谢谢大家！

五、班 会 反 思

社会要发展要进步，要生活得幸福，必须有梦想、有信仰、有追求。社会上一些社会现象值得深思。比如，深圳富士康接连发生的跳楼事件；比如，随着社会价值多元化，功利主义和物质主义盛行，文学作品、影视作品中，甚至生活里到处是"拜金女""物质男"……这些现象学生们也看到了，而且对他们的影响很大。那么，怎样让孩子的未来不走那些老路，怎么样让他们感受到生活的意义？怎样帮助孩子们使未来的生活变得更有价值，让他们所生活的时代、国家更加强盛？——树立美好的梦想和理想是一把金钥匙！

"我拿什么走进高三"主题班会课文案

一、班会主题

我拿什么走进高三。

二、班会目的

为了帮助同学们更好地进入高三，我们必须做好充分的准备，让同学们赢在高三。高三不能等待、不能观望。早一点着手，就多一分主动，早一天准备，就多一分从容。

三、班会准备

(1)提前布置主题班会内容，安排同学们收集八大美院历年分数线及考题的材料。

(2)准备好幻灯片。

四、班会流程

(一)主持人开场白

同学们，今天我们召开主题班会，希望大家相互配合，积极发言。下面班会正式开始。有人说，没有经历过高三的生命是不完美的，没有参加过高考的人生是有缺憾的，至少少了一次特殊的生命旅程。高三意味着搏击，意味着铺垫。作为新一届高三学子，就必须做好充分的准备，让自己赢在起点，更要赢在终点。

(二)同学们各抒己见，自由发言

(三)引导学生看幻灯片，理解应该拿什么走进高三

1. 要有目标和追求

古今成大事业、大学问者，必经三个境界、第一个境界是"昨夜西风凋碧树，独上高楼，望尽天涯路"，这句词出自晏殊的《蝶恋花》，原意说，"我"登上高楼眺望所见的更为萧飒的秋景，西风黄叶，山阔水长，仿佛世间的一切都是已经浮云过世。

我们可以理解为人首先要有执著的追求，登高望远，勘察路径，明确目标和方向。也就是人要学会"仰望星空"。

2. 敢于吃苦

第二种境界是"衣带渐宽终不悔，为伊消得人憔悴"，成功不是轻而易举、随便可得的，必须坚定不移，经历一番辛勤劳动、废寝忘食、孜孜以求，直至人瘦带宽也不后悔。怕吃苦，苦一辈子；不怕苦，苦半辈子。

3. 科学的学习方法

第三种境界是"众里寻他千百度。蓦然回首，那人却在，灯火阑珊处"。

我们必须专注，反复研究，下足工夫，才会豁然开朗，有所发现，有所领悟。

(1)明确可得的计划。

(2)持久有效的投入。

(3)好问而善思的态度。

4. 积极的心态

(1)直面压力与挫折。

(2)积极阳光的心态。

(3)适时的情绪排解。

(4)自信且强大的心理。

5.健康的生活习惯

(1)健康的饮食起居。

(2)经常锻炼身体。

(3)杜绝慵懒与懈怠。

【小故事】

25岁的时候，我因失业而挨饿，以前在君士坦丁堡，在巴黎，在罗马，都尝过贫穷和挨饿的滋味。然而，在这个纽约城，处处充溢着豪华气息，尤其使我觉得失业的可悲。

我不知道有什么办法能改变这种局面，因为我胜任的工作非常有限。我能写文章，但不会用英文写作。白天就在马路上东奔西走，目的倒不是为了锻炼身体，因为这是躲避房东讨债的最好办法。

一天，我在42号街碰见一位金发碧眼的大高个儿，立刻认出他是俄国的名歌唱家夏里宾先生。记得我小时候，常常在莫斯科帝国剧院的门口，排在观众的行列中间，等待好久之后，方能购得一张票子，去欣赏这位先生的艺术。后来我在巴黎当新闻记者，曾经去访问过他。我以为他当时是不会认识我的，然而他却还记得我的名字。"很忙吗?"他问我。我含糊回答了他，我想他已一眼看出了我的境遇。"我住的旅馆在第103号街，百老汇那边，跟我一同走过去，好不好?"他问我。

走过去? 其时是中午，我已走了5小时的马路了。

"但是，夏里宾先生，还要走60个街口，路不近呢。""胡说，"他笑着说，"只有5个街口。""5个街口?"我觉得很诧异。

"是的，"他说，"但我不是说到我的旅馆，而是到第6号街的一家射击游艺场。"这有些答非所问，但我却顺从地跟着他走。

一下子就到了射击游艺场的门口，看到两名水兵好几次都打不中目标。然后我们继续前进。"现在，"夏里宾说，"只有11个街口了。"我摇了摇头。

不多一会，走到卡纳奇大戏院。夏里宾说，他要看看那些购买月戏票子的观众究竟是什么样子，几分钟之后，我们重又前进。"现在，"夏里宾愉快地说，"咱们离中央公园的动物园只有5个街口了，动物园里有一只猩猩，它的脸很像我所认识的唱次中音的朋友。我们去看看那只猩猩。"

又走了12个街口，已经来到百老汇，我们在一家小吃店面前停了下来。橱窗里放着一坛咸萝卜。夏里宾奉医生的医嘱不能吃咸菜，因此他只好隔窗望了望。"这东西不坏呢。"他说，"它使我想起了我的青年时期。"

我走了许多路，原该筋疲力尽的了。可是奇怪得很，今天反而比往常好些。这样忽断忽续地走着，走到夏里宾住的旅馆的时候，他满意地笑着："并不太远吧？现在让我们来吃中饭。"

在那满意的午餐之前，夏里宾向我解释为什么要我走这许多路的理由。"今天的走路，你可以常常记在心里。"这位大音乐家庄严地说，"这是生活艺术的一个教训：你与你的目标之间无论有怎样遥远的距离，都不要担心。把你的精神常常集中在5个街口的短短距离，别让那遥远的未来使你烦闷异常。常常注意于未来24小时内使你觉得有趣的小玩意儿。"

屈指到今，已经19年了，夏里宾也已长辞人世。我们共同走过马路的那一天永远值得我纪念。因为尽管那些马路如今大都已经变了样子，可是夏里宾的实用哲学，有好多次都解决了我的难题。

【思考】

不是因为有些事情难以做到，我们才不敢尝试；而是因为我们不敢尝试，有些事情才显得难以做到。为什么不试着用夏里宾先生教的方法，把自己的目标逐步实现，每次定下一个切实的分目标，让自己努力。那么，当一个个分目标实现时，就是你的总目标达成之日。有一点必须谨记，整个过程需要：持之以恒，奋斗不已！

（四）班主任总结

同学们，高三学年需要坚强、忍耐和决心，高三有汗水、泪水，更有拼搏的充实、成功的喜悦，等到回头看高三时，它极可能是人生中最充实、最难忘、最美丽的时光。我希望大家坚定地走下去，同时给予你们最真实的鼓励和最诚挚的祝福。努力从今天开始，成功从零开始。从现在开始准备好，给高三画上圆满的句号。

五、班 会 反 思

高三是中学生学习的关键点，也是学生跨入新生活的转折点。作为高三班级的管理者和高三生活的策划者，班主任们必须要做到未雨绸缪：学生面对高三即将开始的紧张生活，会产生激动又迷茫的心理，在此情况下，班主任要引导学生顺利进入高三，去迎接高中学习的冲刺阶段，召开此次班会是十分必要和恰当的。

三年级

"冲刺高考 300 天誓师动员会"主题班会课文案

一、班会背景

距离高考还有 300 天，我们应该以怎样的态度去度过这 300 天，该如何信心百倍的去迎接高考？

进入高三后，同学们普遍感到高三的压力。有许多同学在生理或心理上产生了不适应的状况，甚至产生了倦怠等消极情绪。在这种情形下，班主任必须及时做好学生心理调适和情绪疏导。

二、班会目的

(1)让学生直面困难，正确面对高考，不到最后绝不放弃。

(2)引导学生从中体会成功固然让人欣喜，而高三时代紧张而枯燥的拼搏和坚持的过程也是人生一笔宝贵的财富。

(3)帮助学生树立勇攀高峰的信心，让他们鼓起战胜困难的勇气。

三、班会流程

(一)班会准备

1. 联系本专业去年、前年的全省状元参加班会

2. 班主任准备本班高三誓词，制作成条幅

人的一生，只有三天。昨天已逝，明日待来。把握今朝，只争分秒。面对困难，勇往直前。自强不息，誓夺第一。不曾付出，没有回报。回首青春，无怨无悔。团结协作，众志成城。惜时如金，超越自我。挥洒汗水，收获成功。

3. 准备本专业本科院校图片

4. 布置教室，悬挂条幅

(二)开篇点题：班主任(主持人)致辞

这里是成功的起点，这里是成才的摇篮，这是我们熟悉的职教中心的校歌。在老师和家长的呵护下，如今，升入高三的你们，肩负着越来越重的期望，面临着越来越多的压力，每个人都或多或少地为自己的问题烦恼着。

高三，也如高山，用一年的时间攀登一座精神的高山，回头看时就会发现并非高不可攀，人生总是在翻山越岭，高考只是其中一座，你们的人生还没走完，又如何知道高考是最高的那座山呢？在高三面前，有人胆怯了，有人迷惘了，有人失败了，甚至是倒在了高三的脚下，再也没有爬起来，要达到高山就要有一个好的开始做准备，调节好心理状态，风景总在高处！

(三)导入：播放视频《俞敏洪一分钟励志视频》

主持人：讲得多好啊，两种截然不同的人生：一种是选择逃避，另一种则是选择勇往直前，最后它们的结果也会是截然不同的。逃避者永远见不到阳光，是多可怕的一件事情。正所谓天道酬勤，只要你多流一滴汗水，等到收获的季节，你一定会收获更多！

(四)第一环节：你的梦想大学是什么

本科院校图片欣赏：以校园的美丽来吸引学生的注意力，带给他们学习的动力。

(五)第二环节：听听状元们的高三生活

邀请往届本专业状元，介绍学长、学姐的高考分数、现在所在院校。学长学姐的高考成绩赢得了同学们由衷的掌声，这样的开场白深深地吸引了学生的注意力，树立了来讲座同学们的威信，使班会在一片赞叹声中开始。学长学姐分别讲解高三学习方法。

1. 课堂环节

要点：

(1)吃透课堂内容。

(2)提高课堂实效性。

不一定要抄录老师所有板书，要根据自己情况学习。

2. 课下复习环节

要点：

(1)认识其重要性。

这是自己学习实力提高的关键环节。

(2)计划性。

将自己的课余时间和需要复习的课目内容有计划地安排起来，有规律不遗漏地复习巩固。

(3)针对性。

针对弱科弱项采取相应的复习策略。

3. 战略战术

要点：

(1)生活要有规律，熬夜应战得不偿失。

(2)要根据学科特点采取科学有效的复习方法。

(3)兼谈语文失利的教训——应坚持少量高频原则。

(4)提高保分意识，不要丢掉轻易能拿到的分。

(5)掌握一些答题的技巧。

4.心态的调整

要点：

(1)心理因素不起决定作用，实力最重要。

(2)树立信心、付出勇气去迎接挑战。

5.听老师的话——结束语

老师们多年带高三、经验丰富，责任心强，跟上老师的步伐，按照老师的指导意见去复习没错。

6.同学们自由提问

摘要记录：

(1)你认为学习是责任还是兴趣？

(2)怎样处理学习和休息的关系？

(3)你是怎样保持充沛的精力的？

(4)英语基础不好，有短期提高的诀窍吗？

(5)怎样选择参考书？

主持人：高三不是悬崖也不是火海，只是进入大学的一个必经之道，不需要畏惧，更不需要逃避，只要摆正心态，脚踏实地，一步一个脚印地去走完这条高三路就行。大家都是从小学、初中、高一、高二，这样一年年辛苦过来，辛苦那么多年都是为了明年的高考。现在离高考时间还有一个多学期，时间算多不多，算少不少。这么多年都熬下来了，不要到最后泄气了，在剩下的这段日子应该继续向前冲。这段时间的奋斗不是为了其他人，而是为了自己的未来，不要给自己的人生留下任何遗憾。

(六)第三环节：播放高中三年精选的相片和视频

(军训、广播操、运动会、为校、中秋节、万圣节、成人礼、家长会)

通过视频播放，让学生体会高中时代我们的"经历"带给我们最后的荣誉、结果。

思考：这些"成果"是我们用什么换回来的？

全体同学齐唱班歌《没有什么不同》。

主持人：我们深知拼搏的精神，从而完善自己现在的学习方法、学习目标，才能真正意义上地为自己的未来做好准备，打下基础。

主持人：是拼搏的力量推动着击剑队员们学习训练中都努力向前。本次班会，我们希望同学也能体会拼搏带给我们的在学习、生活中不断进取的精神。从而以更好的精神面貌迎接每一天的新挑战。

班长：带领全体同学宣誓。

主持人：是拼搏的力量推动着击剑队员们学习训练中都努力向前。本次班会，我们希望同学也能体会拼搏带给我们的在学习、生活中不断进取的精神。从而以更好的精神面貌迎接每一天的新挑战。同学们让我们把自己的决心留在这里。

（让学生将自己的名字在班级誓词条幅上签名，以表决心）

伴随着《我相信》的歌声，结束班会。

(七)班主任总结

我们要长成参天大树，要成为积累力量的河流，奔向大海。借助学长学姐们的高考经验，我们应展翅高飞，遇到困难，有的人会选择抱怨、选择放弃，但是也有人选择崛起、寻找出路。

四、班会反思

原计划开一个半小时的班会足足开了有两个多小时，班会气氛和谐热烈，台上讲得投入，台下听得专注。班会后，大学生们被同学们围住继续发问。同学们都说，学长、学姐们的现身说法听得很"解渴"。这次班会后，同学们的学习热情高涨，学习的自觉性、主动性有了明显的提高，班级的学习气氛空前浓厚，在不久的高三第一次统一练习中本班取得了较理想的成绩。班会基本上达到了预期目的。

"圆梦高三"主题班会课文案

一、班会主题

通过本次班会课，引导学生做好进入高三的准备，让学生敢于进入高三，乐于进入高三，充分激发学生冲刺高三的激情，实现激情备考。

二、班会目的

让学生提前进入高三状态，为高三学习做好心理准备。

三、班会准备

采用学生主持，学生活动为主的方法。邀请班级所有科任老师和相关领导参加。利用多媒体渲染气氛。观看励志电影以激发斗志。

四、班会流程

歌曲导入：《为了心中的梦》。

学生演讲。

微型电影：一个考入北大学生的高中历程。

班主任总结。

主持人：现在让我们听一首歌。(播放歌曲《为了心中的梦》)我们心中也有梦，让我们为梦想插上翅膀。今天我们班会的主题是：走进高三，圆梦高考。首先我们有请几位各方面表现突出，成绩优异的同学为我们做精彩演讲。

同学发言：如何利用好身边的资源。

(一)利用好老师

"古之学者必有师，师者，所以传道、授业、解惑也，人非生而知之者，孰能无惑?"不论是古代还是现代，老师都是我们学习知识的主要来源，老师会在课堂上传授给我们知识，更是引导我们成长的益友，所以有这么好的活字典，我们就要跟老师好好学习，要想充分利用老师学好知识，就要做到以下两个方面。

1. 课堂上

积极回答问题，上课的时候认真听讲，做好笔记，针对老师提出的问题，积极地思考并回答。

2. 课堂外

经常找老师交流，以知识为主导，以功课为辅助，经常与老师沟通某一领域的知识，表达自己的见解，并分享老师的知识财富，总之，就是要学会借助老师丰富的知识资源。

(二)利用好网络

网络学习可以利用网络从不同渠道、不同的背景获取信息。有了网络，我们所学的知识就不仅限于语、数、英、政、史、地。我们获取的知识将更加广泛。

如何更好地利用网络。这里有几条心得：

(1)网上学习一定要有更强的目的性。

(2)学会快速浏览，并能及时发现有价值的信息。

(3)还是要做好学习笔记，在学习中笔和纸有其不可替代的优势。

(4)学会有效提问。

我们有那么优秀的老师，那么快捷的网络，何愁无法学习。掌握和利用身边的学习资源去学习，使自己得到提高。

主持人：走入高三，我们离自己的梦想更近了一步。相信我们每个人都有自己心中理想的大学殿堂。下面让我们设想一下自己心目中理想的学校，并与同学们一起分享。

（自由发言，畅谈理想）

主持人："自强不息，厚德载物"是我国著名大学——清华大学的校训，清华是莘莘学子圆梦的理想之地。谁不想领略朱自清先生笔下荷塘月色的风采，哪一位学子不想感受水木清华的氛围呢。如清华一样，我们祖国还有很多名校，她们历史悠久、底蕴深厚、环境优美、氛围高雅。接下来让我们共同进入这些向往已久的名校，领略一下这些名校的风采吧！（利用多媒体播放很多名校的图片。如清华大学，八大美院等）

主持人：这所大学是中央美院：中央美术学院是教育部直属的唯一一所高等美术学校，于 1950 年 4 月由国立北平艺术专科学校与华北大学三部美术系合并成立，由主席为学院题名。

这是中国美术学院：它位于杭州这座历史文化名城，含珠蕴玉，人文荟萃。中国美术学院生于此中，她远承千年艺术风流，近摄西湖山水灵气，凭借数代国美人的努力，历经七十七载寒暑洗礼，今已桃李满天下，蜚声海内外。

这是大家熟悉的天津美术学院：坐落在海河之滨、三叉河口，位于天津市中心。其前身为北洋女师范学堂，1906 年 6 月由中国近代著名教育家傅增湘先生创办，是我国最早的公立高等学府之一。

鲁迅美术学院：它的前身是 1938 年建于延安的鲁迅艺术学院，由毛泽东、周恩来等老一辈无产阶级革命家亲自倡导创建。毛泽东同志为学院书写校名和"紧张、严肃、刻苦、虚心"的校训，这是鲁迅美术学院建校史的源头，是鲁艺人永远的骄傲和不息的精神动力。

广州美术学院：是广东省直属的一所美术与设计系科设置齐全的高等美术学府。始建于 1953 年秋，其前身是中南美术专科学校。该校由华南文艺学院、中南文艺学院和广西艺专的美术专业调整合并而成，原址在湖北武昌。1958 年迁校至广州，同年 8 月更名为广州美术学院，并开始招收本科生。1969 年与广州音乐专科学校、广东舞蹈学校合并为广东人民艺术学院。1978 年 2 月恢复广州美术学院原有建制，并面向全国招收研究生。1982 年具备硕士学位授予权，是全国首批取得硕士学位授予权的单位之一。1986 年招收继续教育学生。1987 年开始招收外国及香港、澳门、台湾地区的学生。

四川美术学院：是中国西南地区唯一的高等美术学院，坐落在美丽的山城——重庆市。她以完善独特的美术教育体系、活跃的学术思想、卓越的艺术成就享誉国内外，成为我国美术高级人才的培养摇篮，被誉为"长江上游的一颗艺术明珠"。

西安美术学院：位于西安市南郊，北邻小雁塔，东与大雁塔遥遥相望，是西北地区唯一的一所专业高等美术学府。校园占地三百多亩，校舍建筑面积十万余平方米，校园环境幽雅，青树参天、绿草茵茵、民间石刻艺术品遍地林立，人文气氛浓厚。学院现代化的教学设施及学生公寓为学生提供了良好的学习和生活环境。学院面向全国招生（包括外国留学生和港澳台地区学生），2003 年 9 月经国务院学位委员会批准学院获博士点授权单位，美术学获博士点。绘画学科是陕西省高等教育重点学科和名牌专业。

湖北美术学院：是中国华中地区最高美术学府，它坐落在长江之滨的中心城市武汉，现址武昌中山路 374 号（原县华林）。湖北美术学院的前身是私立武昌艺术专科学校，由曾参加过辛亥革命的蒋兰圃先生、唐义精先生及徐子珩先生等数位热衷于艺术教育事业的有志之士于 1920 年所创建。

主持人：升入这些名校是我们的理想，也是各位家长的期盼。"慈母手中线，游子身上衣，临行密密缝，意恐迟迟归"……对每一位学子来说，升入理想的大学不仅是我们个人的事，它还牵动着很多人的心——尤其是父母的心，我们只有用自己的行动来回报他们。那么我们的家长又是怎么想的呢？让我们一起听听。

下面有请×××的家长代表全体家长发言。大家欢迎。

家长发言：《家长给高三学生的一封公开信》。

主持人：听完了×××的发言，我想每位同学都可以感受到父母对我们的关心爱护，其实天下的父母是一样的，他们从不考虑从子女那里索取什么，只希望我们有一个光辉美好的前程，实现他们没有实现的美好愿望。如果实现了，会让他们感到无比幸福，会让他们感觉自己的理想甚至生命得到了延续。我们不能辜负父母的期望，更不能辜负老师的教诲，让我们一起听听老师的建议吧。下面有请班主任老师，大家欢迎。

（三）班主任寄语

直面高三，直面高考，已经不再是遥远的事情，不论意识到还是没意识到，不论在学习状态还是没在学习状态，高考都在悄悄逼近。高三，并不只是背书、做题，如何弄清高三的内涵，把轨道切入高三，是每个即将结束高二生活的同学面临的问题。进入高三、适应高三，从心理到行动，完成角色上的转换，这是老师对你们的期盼。

高三，首先是一种精神，一种状态。什么是高三精神，曾经在某个高三的教室内，挂着一张标语，上书："特别能吃苦，特别能忍耐，特别有信心，特别有志气，特别有作为。"这是学校历届高三精神的真实写照。不可想象，一个没有理想，没有志气的人，会有所作为；一个没有强大动力做支撑的人，能谈得上吃苦；一个没有坚韧意志品质的人，能在"人生极处是精神"的拼杀中达到成功的彼岸，体会到苦中之乐的人生真味。因此，以咬定青山之志，鼓足信念的风帆，以饱满的精神、激昂的斗志，以强烈的投入拼杀的渴望，以刻不容缓、只争朝夕的锐气，跑步进入高三，是学校对同学们的殷切期望。

高三是信念下的执著与顽强。进入高三，免不了许多的考试，免不了许多的挫折与失败。当成绩不如别人而感到前景叵测，当苦拼过一段后考试成绩依旧，当看到父母脸上的担忧与关注，许多人都会感到焦虑、浮躁，对自己的信心与能力产生怀疑，甚至选择放弃。一名学生苦心撰写一篇小说，请作家点评，作家正患眼疾，学生便将作品读给作家，读到最后一个字，学生停了下来，作家问："结束了?"听语气似乎意犹未尽，渴望下文。这一追问，煽起学生无比激情，立刻灵感喷发，马上接续道："没有啊，下面更精彩。"他以自己都难以置信的构思叙述下去。到一个段落，作家又似难以割舍地问："结束了吗?"小说一定摄魂勾魄，叫人欲罢不能。学生更兴奋，更被激起了创作激情。他不可遏制地一而再，再而三地接续。最后，电话铃响起，打断了学生的思绪。电话找作家，急事，作家匆匆出门。"那么没读完的小说呢?"作家莞尔："其实你的小说早该收笔，在我第一次问你是否结束的时候就该结束。何必画蛇添足，狗尾续貂，该停则止，看来你还没把握情节脉络，尤其是缺少决断。决断是当作家的根本。否则拖泥带水，如何打动读者。"学生追悔莫及，自认不是当作家的料。很久以后，这年轻人遇到另一位作家，羞愧地谈及往事，谁知作家惊呼："你的反应如此迅捷，思维如此敏锐，编造故事的能力如此强大，这些正是成为作家的天赋呀。"可惜，这位年轻人的热情在第一位作家那儿遇到挫折后，习惯性地选择了放弃，与成功无缘。平庸与伟大往往只是在一念之间，而这一念往往要有非凡的意志力。有人说：你不能决定生命的长度，但可以控制它的宽度；你不能左右天气，但你可以改变心情；你不能改变容貌，但你可以展现笑容；你不能控制他人，但你可以掌控自己；你不能预知明天，但你可以利用今天；你不能样样顺利，但你可以事事尽力；你不能回避挫折，但你可以东山再起，从头再来。

　　高三意味着科学与高效。高考需要每位同学有理性的头脑，有科学高效的学习策略。只有科学的，才能是高效的；只有是理性的，才能是准确的。我们的手头有许多成功者的经验，但模仿一个成功者的全部，未必会成为另一个成功者。借鉴别人的经验，规划好自己的高三，体现自己的个性特征，体现科学与高效，才是好的学习策略。中国科学院首届"十大女杰"之一的胡志红认为她的成功得益于一本书：书中讲一位苏联生物学家几十年如一日非常严谨地生活，把每天要做的事和做过的事都很完整地记下来。充实而宁静的每一天铸就了生物学家，当然还有胡志红的成功，这实际上就是常说的计划。很多的同学都体验过计划带来的高效。我国最大的生产台球桌的公司老总，号称"台球大王"的甘连舫谈他的经营之道时说过一句话："人不怕自己腿瘸，就怕腿瘸还不会用拐。"规划高三，也许很容易，关键在于不论风清云淡，还是电闪雷鸣；不论是坎坎坷坷，还是一马平川，都能坚韧不拔，始终如一地执行它。坚持就是科学，坚持就是高效。

高三要打有准备之仗。从实际意义而言，高三已经开始，利用好这几十天，做好充分的精神和物质准备，把心态调整好，把知识的基础打得更扎实，是当务之急。过去的高二，成绩自然有好有差，但请大家注意，这一年中，机会在每个人的面前，自暴自弃，认为己不如人，还为时太早，把成绩提上去，战胜高考，其实只是需要一点点勇气。与高三相比，高一、高二是基础阶段。老百姓把升大学形象地喻为跃龙门，高一砌一个台阶，高二在高一的台阶上再砌一个台阶，高三从高二的台阶上助跑、起跳、跃过去，即成功者。这里有两个问题，一是如果高一台阶很低，高二也很低，那么高三的起跳就会跃不过去，因为这超出了他能力的极限。因此，不要小看高二离高考还远的这一天，少砌一块砖，就少一些高度，增加一份跳过去的困难；二是起跳，达到理想的高度，要有助跑，要有回旋的场地，高二的台阶要够高、够宽。因此，在未来的几十天里，要把高二的台阶砌高、砌宽，带着信念步入高三。

主持人：父母和老师都对我们寄予了很大的期望，而且他们永远和我们在一起并肩作战，我们有什么理由不努力、不拼搏呢？让我们扬起风帆，立志展宏图，为自己的目标而奋斗吧！

主持人：下面让我们用最饱满的激情，最昂扬的斗志呼喊出我们的誓言。

全体学生起立，举起左手，在班长的带领下宣誓：在新的学期里，我要严格执行我的计划，努力奋斗，学会学习，学会生活，学会做人。我一定要取得好的成绩！我相信：新学期，我能行！

主持人：最后看励志微电影：《一个北大学生的成才经历》。

五、班会反思

本次班会课的召开，是为了让学生平稳过渡到高三，所以在进入高三之时召开这样一次班会是十分必要的，但是在班会课之后我们还需要更好地深化班会课效果，以期让学生更好地进入高考备考状态。

"我和班级一起成长"主题班会课文案

一、班会背景

财会 30 班建班已经两年多了，在这两年里，我们师生共同成长、共同进步，建立起了一个团结、温暖、奋进的大家庭。

二、班会目的

(1)进一步增强同学们热爱班集体、热爱同学和老师的情感。

(2)进一步凝聚班级力量，形成班级精神。

三、班会流程

1. 情景导入

这是一个特殊的节日，我们班级特有的节日。

> 还记得两年前的那一天吗
>
> 是缘分
>
> 是憧憬
>
> 是梦想
>
> 将我们牵到了一起
>
> 还记得两年前的那个晚上吗

我们走上讲台

满怀对新班级的期待和祝福

这难忘的两年，我们在一起，在一起走过

（过程中展示一些记载成长历程的画面）

2. 回忆班级两周年的大事

磨炼意志的军训、激动人心的运动会、十佳班长竞选、十大学星竞选、最受欢迎教师的评选、难忘的家长会、《倔强》班会、十八岁成人礼、每周升旗仪式、精彩的元旦晚会、中秋之夜等。

3. 大家一起说说"最让你难忘的一件事"

同学 A：那次中午午休前摔破头，不知道班主任拥有怎样的力量才能用自行车驮着一个比她高很多的学生飞奔向医院。

同学 B：那天晚上的三遍班歌：第一遍只是在唱，在品尝歌曲；第二遍在想，自己经历了那么多的失败是否还能坚持；第三遍，心中充满了力量。十大学星和十佳班长的竞选时，我们为了一个目标，为了财会 30 班的成功，一起呐喊，一起欢呼。

同学 C：还记得那次班会，当灯全部熄灭，我们用心唱出班歌《倔强》时，一切困难都变得那么渺小，一切事情都变得那么简单，从那时起，财会 30 每个成员的心更加紧密，任何困难都打不败财会 30 班。

同学 D：还记得那天晚上，我站在讲台上说，当所有的人都在关心你飞得高不高时，只有少数人关心你飞得累不累。

一个特别的班会：唱三遍班歌，财会 30 班人为之泪流满面！第一遍，唱出了忧伤；第二遍，唱出了泪水；第三遍，唱出了血性！经过这次班会，我明白：追梦路上，有家人陪伴，我不孤单！

4. 诗歌朗诵《高中生的豪言》

5. 实话实说

对班集体说上一句自己想说的话；或者说你认为怎么样才能加强班集体力量。

6. 班主任总结

我给同学们讲了一个故事：我们有一天出去旅行，忽然间暴风雨来了。我们没地方避风躲雨，孩子们向前跑，一看前面有个草棚，大家冲了进去，一冲进去大雨就来了。大家都很高兴，觉得今天运气不错哟，刚刚找了房子大雨就来了！大家也不顾虑房子干不干净，有没有人住过，只要有避雨的地方就很满足了。但这个房子在风雨中突然间要倒塌，同学们想尽办法稳住它，躲避了风雨。一个班就是一个生命体，我们是其中的血液，她需要我们不断输送营养，我们的思想、一举一动，时时刻刻影响着她。我们共同生活在财会 30 班这个大家庭里，每个人都是班级的一员，人人都要尽到对班级的责任，和集体一起成长。

四、班 会 反 思

通过此次主题班会，增强了学生集体观念和集体荣誉感，增强了班级的凝聚力，提高了学生关心集体、建设集体的积极性和热情。

"感恩父母"主题班会课文案

一、班会主题

进入高三之后，学生在快节奏、高密度的学习中，需要班主任通过各种手段激发学生的学习动力，通过本次主题班会既可以深化学生的感恩教育，又可以激发学生前进的动力，确保高三复习的有效性，同时让学生明白，在学习知识的同时，也不要忘记中国的传统美德——尽孝。

二、班会目的

(1)使学生认识到，孝敬父母、学会感恩是一个人最基本的素养。

(2)使学生懂得，现在每个人享受的快乐生活是通过别人付出得到的，培养学生对父母、他人、社会的感恩意识。

(3)能够在日常行为中做到感恩父母。

(4)能够用感恩的心态努力学习，积极生活。

三、班会准备

1. 学生积极准备活动

2. 收集有关感恩的资料，阅读有关感恩的故事

3. 找学生讲故事

四、班 会 流 程

（一）班主任寄语

同学们，有一种行为叫感恩，拥有感恩之心的人是美丽的，做着感恩之事的人是高尚的。也许有人会说，感恩离我们很遥远，其实不然，感恩不像我们想象中那么遥不可及，它常常发生在我们身边，时时伴随着我们成长。通俗地说，感恩就是对别人的关怀和帮助抱有感激之心、感谢之意。在这个世界上，有许许多多的人或事值得我们去感谢，但是最值得我们每个人去感谢的人，应该是我们的父母。

今天我们的主题班会《孝敬父母学会感恩》正式开始。（展示标题）

（二）感受母爱，品位父爱

1. 感受母亲的爱（图片：小时候母亲为你挡风遮雨）

师：无论你身在何处，有一个人，她永远占据你心中最柔软的地方；有一种爱，它让你肆意享用，却不要你任何回报……这个人，叫"母亲"，这种爱，叫"母爱"。下面我们请××同学为大家讲述一个震撼心灵的母爱故事，这个故事发生在汶川地震中。

2. 学生讲故事（展示图片及文字）

当救护人员发现她的时候，她已经以这样的姿势定格了：双膝跪地，双手坚定地撑着她的上身向前匍匐着，模样就像行跪拜礼，她的身体被压得变形了，但是在废墟中，拱起了一座母爱的桥，不知道她从哪里得到的力量，在大厦将倾的瞬间，在水泥板和砖块砸向她的那一刻，她没有趴下，而是用这种独特的姿势支撑着！也许她还活着？救援人员冲她喊叫，用撬棍敲击着水泥框架，她没有听见，也没有任何的反应。队长从砖石的缝隙间伸进手，触摸到的是冰凉的躯体，于是人们暂时放下了她，走向下一个废墟，去救一息尚存的人。或许是得到神灵的启示，救援人员忽然想到了什么，他迅速往回跑，竭尽全力把手伸进那女人身子下，他探到了一个软乎乎、暖融融的小生命！那是一个孩子！救护队员们把断壁残砖搬开，从她屈曲的身体下面，抱出一个三四个月大的婴儿。在母亲的呵护下，她还酣然熟睡着，因为有母亲的庇护，山崩地裂，也没关系，队长紧紧把婴儿护在怀里，泪眼隐隐，满脸慈爱，橄榄绿的军装和红色的襁褓互相辉映，成为人间最美丽的风景，孩子毫发未损，她一直安详地睡着，红扑扑的小脸让所有的人为之动容，随行的医生准备给她做体检时，襁褓中滑出一部手机，上面是一条已经写好的短信："亲爱的宝贝，如果你能活着，一定要记住，妈妈爱你！"这是世界上最感人的短信，同时也是一条特殊的遗嘱，一个伟大的祝福！亲爱的宝贝，妈妈爱你！手机从这一双手传到另一双手，就这么一直传下去，泪水滴在手机屏上，模糊了那两行字，都说是父爱如山，母爱似水，这位母亲的脊梁却也是一座大山，泪水盈满了孩子们的眼睛，也让孩子们明白了母爱的伟大。

3. 母亲的诠释(展示)

回忆母亲一词的英文解释，找同学对 mother 一词进行阐释。M 代表 much，妈妈给了我很多很多。O 代表 old，妈妈为我操心，白发已爬上了您的头。T 代表 tears，您为我流过不少泪。H 代表 heart，您有一颗慈祥温暖的心。E 代表 eyes，您注视我的目光总是充满着爱。R 代表 right，您从不欺骗我们，教导我们去做正确的事情。

4. 慈母颂(展示)(齐读)

襁褓时，母亲的甘甜乳汁，是滋润肌肤的甘露；孩提时，母亲的苦涩汗水，是浇灌心田的清泉；求学时，母亲的耐心教导，是启动灵感的马达；困惑时，母亲的殷切教诲，是拨正航向的罗盘；失足时，母亲的善意规劝，是迷途知返的路标；成功时，母亲的热情鼓励，是乘胜前进的风帆；攻关时，母亲的积极鞭策，是攀登要隘的阶梯；拼搏时，母亲的大力支持，是冲越激流的航船；挫折时，母亲的亲切关怀，是闯出困境的号角；患病时，母亲的精心护理，是战胜苦痛的灵丹；困倦时，母亲的爱心，是安然入睡的摇篮；疲惫时，母亲的怀抱，是停泊小憩的港湾。

5. 品味父亲的爱(展示父爱相关图片)

父爱是山,无论你遇见多大的困难,他总是你的依靠;父爱是路,无论你走到哪里,他都为你指点迷津,护你一路走好。

6. 展示

无声的父爱:奇迹的名字叫父亲。

7. 学生讲述《奇迹的名字叫父亲》

1948 年,在一艘横渡大西洋的船上,有一位父亲带着他的小女儿,去和在美国的妻子会合。

海上风平浪静,晨昏瑰丽的云霓交替出现。这天早上,男人正在舱里用腰刀削苹果,船却突然剧烈地摇晃,男人摔倒时,刀子扎在胸口,他全身都在颤抖,嘴唇瞬间乌青。

6 岁的女儿被父亲瞬间的变化吓坏了,尖叫着扑过去想要扶他,他却微笑着推开女儿的手:"没事,只是摔了一跤。"然后轻轻拾起刀子,很慢很慢地爬起来,不引人注意地用大拇指揩去了刀锋上的血迹,以后 3 天,男人照常每晚为女儿唱摇篮曲,清晨替她系好美丽的蝴蝶结,带她去看大海,仿佛一切如常,而小女儿没注意到父亲每一分钟都比上一分钟更衰弱、苍白,他看向海平线的眼光是那样的忧伤,抵达的前夜,男人来到女儿身边,对女儿说:"明天见到妈妈的时候,请告诉妈妈,我爱她。"

女儿不解地问:"可是你明天就要见到她了,你为什么不自己告诉她呢?"

他笑了,俯身在女儿额上深深刻下一个吻。

船到了纽约港,女儿一眼便在熙熙攘攘的人群里认出母亲,她大喊着:"妈妈!妈妈!"

就在这时,周围忽然一起惊呼,女儿一回头,看见父亲已经仰面倒下,胸口血如井喷……

尸解的结果让所有人惊呆了:那把刀无比精确地洞穿了他的心脏,他却多活了 3 天,而且不被任何人知觉。唯一可能的解释是因为创口太小,使得被切断的心肌依原样贴在一起,维持了 3 天的供血。

这是医学史上的奇迹。在医学会议上，有人说要称它大西洋奇迹，有人建议以死者的名字命名，还有人说要叫它神迹……"够了"一位坐在首席的老医生，须发俱白，皱纹里满是人生的智慧，此刻一声大喝，然后一字一顿地说："这个奇迹的名字，叫父亲。"

8. 同学们谈听故事感受

在小组内说说自己听完这故事之后的感受。

9. 欣赏诗歌

世间最神圣的爱是父母之爱

世间最博大的情怀是父母的胸怀

爱我们的父母吧

因为只有他们才懂得你的一切

只有他们才会不济生死去爱他们的孩子

10. 欣赏歌曲

《父亲》，回想父母的关爱。

11. 问卷调查

(1)你知道爸爸妈妈的生日吗？

(2)你知道爸爸妈妈喜欢吃什么吗？

(3)你经常和爸爸妈妈聊天吗？

(4)上中学以来，你曾经把妈妈气的掉眼泪吗？

(5)你通常怎样向你的父母表达你的爱呢？

(6)你知道母亲节、父亲节分别是哪一天吗？

12. 结合你写的调查结果，谈谈你的感受

13. 反思觉醒

读懂父母心，回想父母曾经为自己所做的事情，谈谈自己的感恩计划。

14. 宣誓

让我们向我们的父母高声宣誓，亲爱的爸爸妈妈，我们从现在开始，在思想品德上让你们安心；在学习上让你们放心；在生活上让你们省心；

我们不再辜负父母心!

(三)给父母一封爱的回信

在感激父母抚育、理解父母心情的基础上,把你最想对父母说的话写出来。

(四)齐唱《感恩的心》,结束班会

五、班 会 反 思

首先,主题班会贵在"认真"二字。要想开好一次主题班会,让它成功,让它发挥应有的德育功能,从班会的设计、构思、准备、组织到实施,甚至多媒体材料的选择运用以及主持人的讲稿写作,都需要花费班主任和学生大量的心血。这一次主题班会我非常重视,作为班主任也事无巨细地操办了本次主题班会,所以最后还算起到了一些教育效果。

其次,就是主题班会的设计上,一定要有针对性,要贴近学生生活和思想,真实性很重要。另外,像这样的主题班会很重要的一点,就是整个班集体要有与主题相切合的总体班级气氛。比如说这一次是"感恩父母"的主题,那么要求学生有一个严肃的、真诚的班级气氛,严禁在下面小说小动,否则很难达到应有的教育效果。

主题班会对品德教育的作用是不言而喻的,我们的学生也通过本次"感恩父母"主题班会,真正体会到了父母对自己的爱,也很好地唤起了他们的感恩意识,并且在学习生活中从点滴做起学会感恩。

总之,品德教育是一门精雕细琢的学问,它形式多样,作用不可估量,我将不断努力探索,更好地发挥主题班会的德育作用,继续努力建设优秀的班集体。

"成功捷径——尖子生经验交流"主题班会课文案

一、班会主题

尖子生的培养是高三班主任工作的重中之重，为了加强对尖子生的培养，通过尖子生的经验交流，让学生在经验交流中实现自我提升、自我完善，为高三尖子生的培养达到事半功倍的效果。

二、班会目的

(1)通过这次班会使学生明白学习的关键性和重要性，教会学生如何战胜自我，找到行之有效、事半功倍的学习方法。

(2)交流学习方法，提高学习效率。

(3)让学生认识到交流和合作在成长中所起的作用。

三、班会准备

主要形式有交流、座谈、讨论；

安排上次统考的各科状元准备交流发言稿；

安排统考成绩退步的学生准备发言。

四、班会流程

(一)班主任发言

同学们，今天，我们班会的主题是要研究探讨解决这个问题的方法，我们先请课代表以及考得好的同学介绍他们的学习方法。

(二)主持人发言：先请上次统考的各科状元发言

1. 李茹雪(语文状元)

课本是一课之本，任何一门课的学习都应首先抓住课本，学习语文课本最有效的方法莫过于认真预习、认真听讲、认真记笔记、认真复习这四个"认真"。另外，课外阅读和写作也很重要，课外书籍无论是中外名著、文学小说还是诗歌散文，多去阅读既可以帮助自己更好的理解课内所有知识，又可以提高阅读水平和写作能力。此外，还要做一些语言分析基础知识的训练，只有多记多练，才能达到熟练的境界。写作方面，可以每天记日记，多练笔，这样时间久了就会培养出兴趣和灵感。总而言之，只要多读多背，端正态度，肯努力肯吃苦，学习语文不是难事，而是乐事。

2. 张文帅(数学状元)

学习数学要背定义定理和多做题目。背定义定理不提倡死记硬背，记住它们要建立在对其有深刻认识的基础上，要了解它表达的数学规律，它的应用范围。背完后，要做一定的题目辅助记忆。做同一题型的题目不应多，而应题型广泛。题目要循序渐进，从基础题到开放性试题都要有所了解。在平常的学习中，要时常总结题型、解题方法和易错点，这些总结会成为复习的第一手材料，对应试有很大帮助。

3. 彭耀倩(英语状元)

英语没有懂和不懂之分，只有学过和没学过之别，只有会和不会之说，目前我们在英语课上的目标就是，所有学过和讲过的单词、句子和语法要会。语法知识只要了解就可以了，不需要深入研究，更不能钻牛角尖；英语是一门可感知的学科，它是有生命的，学习英语，要进行大量的实践，就是多听、多说、多读、多写、多练。最后总结一下，学好英语，自信是关键，方法是基础，坚持是保证。

4. 赵璞（政治状元）

政治是需要背的，但不应死记硬背，而应该在理解的基础上去熟记这些知识，使它们成为自己分析问题，解决问题的方式方法。对于解决一些实际问题，则应该注重老师上课时反复强调的解题技巧。除了书本上的知识外，平时还要了解时事政治。学习政治千万不可偷懒，我们应做到"节节清""课课清""天天清""周周清""月月清"，做到今日事今日毕，不可明日复明日，这样在考试前夕，就不会手足无措地去背政治了，只要在考试的前几天把所学的内容大略复习一遍，就可以了。

5. 唐晨（历史状元）

培养对历史的兴趣，兴趣是最好的老师。凭借时间、空间两条线、双坐标牢牢记住历史事件。多看历史方面的书籍，历史故事、人物传记、事件介绍。如果你想学好中国古代史，必需学好古文，牢记实词、虚词的用法，这对于以后想学中国古代史相当有用。平时多看历史有关的书，最好是贯穿时段较长、涉及面较广的通史，有利于建立知识网络和兴趣。做练习很重要，买套卷子，专门做选择题，一道题隔开时间重复做它几遍。简答题，论述题一般需要背点东西，可以根据关键词来记。先把要记的一段文字分开类型，如记"什么原因"之类，先分开每一段是"政治原因，经济原因，社会原因，文化原因"等。

6. 罗志强（地理状元）

学习地理最简便的方法就是图文结合。地理学习离不开地图，必须重视地图，识图、用图也是地理学科最重要的基本技能。高中地理教材中有着丰富多彩的各种类型的插图，与文字配合，使教材内容的呈现更加直观、形象、生动。学习时，不论是自然地理还是人文地理，都要重视图的学习和运用，采用图文结合的方法，才能更好地认识、理解和掌握各种地理事物和现象、地理规律和原理，使地理易懂易学、好记好用。例如，"昼夜长短和正午太阳高度的变化"内容，必须结合"二分二至日全球昼长和正午太阳高度角"的图像来学习，才能阐述清楚，理解透彻，遇到相关知识的试题时才能灵活运用，顺利解答，脱离了地图是难以弄懂和解答这类问题的。又如，"人类与环境"内容，结合"人类社会与环境的相关模式图"来分析理解，可以使人类与环境的关系直观、形象、简单、明了地印在我们的脑子里。"世界城市化的进程"内容，结合"世界城市人口比重的增长图"和"上海城市建设用地的扩展图"学习，使我们比较容易地理解城市化的概念，记住城市化的三个主要标志。

（三）主持人发言

听了各科状元的发言，我们受益匪浅。让我们吸取他们先进的学习方法，改进自己的方法。下面我们来请成绩有所退步的学生来谈谈感受和决心吧。（学生发言）

（四）教师总结

听了以上几位同学的发言，我感到大家讲得很实在，很切合同学们的实际。希望同学们对照自己的学习实际，找到适合自己的学习方法。这里我针对咱们班的实际情况，在学习上提出以下几点。

1. 同学们心中要有明确的奋斗目标

一个人没有目标，人生必定以失败结局；有了目标，人生就变得充满意义，一切事情都会清晰、明朗地摆在你面前。什么是应该做的，什么是不应该做的，为什么而做，应该怎样做。这里我举个例子，德国法兰克福的钳工汉斯·季默，从小便迷上了音乐，他的心中有一个始终不变的奋斗目标——当音乐大师，尽管买不起昂贵的钢琴，但他用钢板制作的模拟黑白键盘练习，练贝多芬的《命运交响曲》时，竟把十指磨出了老茧。后来，他用作曲挣来的稿费买了架"老爷"钢琴，有了钢琴的他如虎添翼，并最后成为好莱坞电影音乐的主创人员。他作曲时走火入魔，时常忘了与恋人的约会，惹得许多女孩"骂"他是"音乐白痴""神经病"。他不论走路还是乘地铁，总忘不了在本子上记下即兴的乐句，当做创作新曲的素材。有时他从梦中醒来，打着手电筒写曲子。

汉斯·季默在第 67 届奥斯卡颁奖大会上，以《狮子王》配乐荣获最佳音乐奖。这天正是他的 37 岁生日。由上例可以看出，在他成功的背后，除去有付出的艰辛外，更重要的是他心中始终有一个清晰的人生奋斗目标——当音乐大师。

2. 同学们要有锲而不舍的拼搏精神

在成功学中有"蜗牛行为"一词，它是指一个没有计划的行进，没有拼搏的意识，速度慢得惊人。同学们必须明白，进取的力量能把一个弱者塑造为强者，因为进取能够逼迫一个人做自己想做的事，并且浑身充满干劲。不知道同学们是否知道鲹鱼和鲦鱼的习性？鲹鱼喜欢吃鲦鱼，鲦鱼总是躲避鲹鱼。有人曾经用这两种鱼做了一个实验：实验者用玻璃板把一个水池隔成两半，把一条鲹鱼和一条鲦鱼分别放在玻璃隔板的两侧。开始的时候，鲹鱼要吃鲦鱼，飞快地向鲦鱼游去，可一次次都撞在玻璃隔板上，游不过去。过了一会儿工夫，鲹鱼放弃了努力，不再向鲦鱼那边游去。更有趣的是，当实验者将玻璃板抽出来之后，鲹鱼也不再尝试去吃鲦鱼！鲹鱼失去了吃掉鲦鱼的信心，放弃了努力。

其实，作为万物之灵的人，有时也会犯鲹鱼那样的错误：自古希腊以来，人们一直试图达到 4 分钟跑完 1.6 千米的目标。人们为了达到这个目标，曾让狮子追赶奔跑者，但是也没达到在 4 分钟内跑完 1.6 千米的目标。于是，许许多多的医生、教练员和运动员断言：人要在 4 分钟内跑完 1.6 千米的路程是不可能的。因为，我们的骨骼结构不对头，肺活量不够，风的阻力又太大，理由实在很多很多。后来，有一个人却在 4 分钟跑完了 1.6 千米，证明了许许多多的医生、教练员和运动员都断言错了。这个人就是罗杰·班尼斯特。更令人惊叹的是，一马当先，引来了万马奔腾。在此之后的一年，又有 300 名运动员在 4 分钟内跑完了 1.6 千米的路程。训练技术并没有更大突破，人类的骨骼结构也没有突然改善，数十年前被认为是根本不可能的事情，为什么忽然变成了可能？是因为有人没有放弃努力，有坚忍不拔的毅力，有顽强拼搏进取的精神。

3. 同学们要掌握正确的思考方法

善于思考能让人避开盲目性。古希腊伟大的思想家柏拉图说："思考的危机决定了一个人一生的危机。"一个不善于思考难题的人，会遇到许多取舍不定的问题；相反，正确的思考可以决定一个人应该采取什么样的行动。古希腊的佛里几亚国王葛第士以非常奇妙的方法，在战车的轭上打了一串结。他预言：谁能打开这个结，就可以征服亚洲。一直到公元前 334 年，都没有一个人能够成功地将麻绳打开。这时，亚历山大率军侵入小亚细亚，他来到葛第士绳结之前，不加考虑，便拔剑砍断了绳结。后来，他果然一举占领了比希腊大 50 倍的波斯帝国。

再如，一个下岗工人到一家餐厅应征做钟点工。老板问：在人群密集的餐厅里，如果你发现手上的托盘不稳，即将跌落，该怎么办？许多应征者都答非所问。这位下岗工人答道：如果四周都是客人，我就要尽全力把托盘倾向自己。最后，这位下岗工人成功了。

亚历山大果断地剑砍绳结，说明他舍去了传统的思维方式；服务员果断地将即将倾倒的托盘朝向自己，才保证了顾客的利益。在某个特定的时刻，你只有敢于舍弃，才有机会获取更长远的利益。即使遭受难以避免的挫折，你也要选择最佳的方式。正确思考往往蕴含于取舍之间。成功者有时仅仅是抓住了一两次被机遇，而机遇能否抓住，关键在于你是否能够在人生的道路上进行正确的思考和果敢的取舍。

所有计划、目标和成就，都是思考的产物。你的思考能力，是你唯一能完全控制的东西。愿同学们不断总结正确的思考方法，为实现自己的远大理想铺平道路。

（五）主持人发言

让我们谨记老师的教诲，以成绩优异的同学为榜样，结合自身的实际情况，尽快找到适合自己的方法吧。要知道，掌握了方法和规律，成功是有捷径可走的。希望我们都能找到适合自己的那条路。下面让我们观看几个视频片段，看看一些精英人士是凭借什么样的方法让自己成功的。（大

家观看视频）

五、班会反思

本次尖子生的经验交流会既可以达到共同提高的目的，又可以培养学生的集体观念，最终收到一加一大于二的效果。此外，除了尖子生之间的相互交流，还应该在更深层次上发挥尖子生的作用，通过尖子生的榜样作用来促进其他学生的学习，班级可以召开尖子生学习方法交流会，各学科问题交流会，还可以开展学习小组等。

"法与我们息息相关"主题班会课文案

一、班会背景

高三学生大部分已是成年人，面对纷乱复杂的社会环境，他们容易受到各种不良思想的侵袭，法律意识淡薄，有些学生往往因为一时冲动而犯下终生大错。

二、班会目的

通过这次班会活动，使学生了解各种法律法规，知道运用法律武器保护自身的权利和利益，同时教育学生懂得什么是犯罪，什么是违法，养成自觉遵守和维护法律，增强青少年同违法犯罪行为进行斗争的意识，培养他们运用法律的能力。

三、班会流程

(一)在欢快的音乐声中班长报告本次活动的意义

班长：亲爱的同学们，随着我国经济的不断发展，我们的生活在一天天发生着改变，我们身边也出现了形形色色的人，他们的行为有时会侵犯到我们的权利，我们不懂法有时也可能侵犯到他人的权利，为了增强法律意识，培养遵纪守法的能力，我们准备了这次以《法律与我们息息相关》的主题班会，在这次班会上我们将通过各种形式来了解掌握法律法规常识，从而使我们自觉遵守法律法规，预祝班会圆满成功！

(二)班会正式开始

主持人：我宣布，建筑 48 班《法律与我们息息相关》主题班会现在开始！

同学们，当你走在繁华的大街上与人擦肩而过时；当你走在僻静的乡间小路流连于周围的美景时；当你与别人交往时；当你购物或售物时，你是否想到过"侵权"两个字，为了自己和他人的安全，为了每个人幸福和欢乐，让我们多掌握一些法律知识吧。首先，我们以小组为单位进行法律知识竞答，法律知识竞答分抽签必答和小组抢答两部分，必答题 20 分，抢答题答对 10 分，答错扣 10 分，最后看哪个小队得分最多就是优胜小队。

必答题：

1.《中华人民共和国未成年人保护法》公布和生效的时间？

2. 制定《未成年人保护法》的目的是什么？

3. 对未成年人教育的范围是什么？

4. 保护未成年人的工作应当遵循哪些原则？

抢答题：

1. 我国法律中如何定义未成年人？

2.《未成年人保护法》对父母不履行法定职责作了哪些规定？

3.《未成年人保护法》对未成年人招用有哪些规定？

4.《中华人民共和国教育法》公布和实行的时间？

5.《教育法》共有多少条多少章？

6. 义务教育法是何时颁布和施行的？

7. 对违反《义务教育法》应承担的法律责任有哪些？

主持人：(先总结比赛情况)通过刚才的知识竞答，可以看出同学们善于动脑、积极思考，不仅懂得了法律对我们每个的意义，而且掌握了许多法律常识，下面，就让我们把身边发生的事情表达出来，让同学们分析些行为，比一比、赛一赛，看哪队表达的最精彩？

法治小品大比拼：

第一小组：表达正当防卫与防卫过当。

第二小组：在商场发生的事情(搜身是否违法)。

第三小组：见义勇为需要大家参与。（见义勇为者被刺，围观者无一人支援）

第四小组：强行借物(钱)不"私了"。

(以上每个小品表达完之后都由组长向其他三组提出至少一个问题，小组讨论后抢答得分 10 分、答错不扣分)

主持人：同学们，刚才同学们表达的特别精彩！课前老师让我们和社会上进行实践，你发现没发现身边的违法行为，如果有请同学们说一说，大家议一议。

生 1，有的同学向我借钱，我不借就找人打我。

生 2，我的朋友被打了，其他人帮他打仗，不帮就不够意思。

生 3，放学时有人跟踪我，怎么办？

生 4，我看到有人偷别人财物，我不知如何是好？

……

(三)看投影讨论

画面一：录像厅内，乌烟瘴气，一群人在看录像。

画面二：一少年被黑社会绑架，警察和家长与之智斗。

画面三：有人跳窗入室，进行盗窃，一人看见后悄悄走开。

画面四：一毒品贩子正诱骗一群中学生吸烟。

主持人：通过刚才的观察、讨论大家进一步明确了我们生活中存在的一些违法侵权行为，我们是学生，都要上学，都要与他人接触，我们只有拥有法律意识，知道用法维护自己尊严和他人的权利，才能高高兴兴地出门去，平平安安地回家来，下面请看各小组同学表演的文艺节目。

(四)文艺表演

内容一：开学了，同学们背着书包上学，而 A 同学却被父母留在家中种地。同学们表演。

主持人：A 的父母属何种行为，A 应如何办？

内容二：《学法》快板。

内容三：相声《如此兄弟》。

内容四：舞蹈《喜乐年华》。

主持人：刚才，各小组表演了精彩节目，通过看刚才各个环节的表演，你有什么收获，你今后打算怎么做？下面我采访几个同学，说一说你自己的看法。

主持人：法律像眼睛时刻伴我行，安全像耳朵把我来提醒，让我们提高自我保护意识，法律常识谨记于心，下面请同学们起立，让我们共同唱一首歌。

(五)齐唱《让我们荡起双桨》

(六)班主任总结

同学们，老师首先祝贺你们班会开得如此成功，通过这次班会，同学们进一步认识了法律法规的意义，愿同学们从小树立法律意识，让法永远与你相随，让幸福快乐永远与你相伴！

(七)主持人宣布

班会到此结束！（仪式略）

四、班会反思

通过此次班会，同学们强化了法制意识，加深了对各种法律、法规的认识。明确了如何运用法律武器来保护自己。同学们都深感受益匪浅。

"快乐高三"主题班会课文案

一、班会主题

要过快乐高三。

二、班会目的

通过本次主题班会活动，让同学们理解快乐是一种心情、快乐是一种习惯、快乐是人对生活的态度。面对即将的收获和挑战，要以一个积极的精神风貌度过高三，迎接高考，争取取得优异的成绩高三是艰难的，难在高考，但高三也是快乐的，有了这样一段经历，人生才完整，在奋战高三的一年中沉淀下来的坚韧、坚持、坚定、坚信等精神信念也是一生的财富，所以是快乐的！为了高考最终的优异成绩，也必须让自己"快乐"起来。

三、班会形式

学生自己组织，指定发言和自由发言相结合的形式。

四、班会准备

老师选好主持人（学习委员张丹丹、文娱委员高瑞欢），由她们两人设计、动员，老师指导。

五、班 会 流 程

主持人张丹丹：我看过一个故事，一人有两儿子，大儿子悲观，小儿子乐观，他爸有一天在大儿子房间里堆满了好玩的电动玩具，在小儿子房间里堆了一堆恶臭的马粪。

过了一会他再去看两儿子。结果让他想不到的是，大儿子在玩具堆里哭。爸爸问，你为什么哭啊？大儿子说，这么多电动玩具，又要装电池，又要看说明书怎么玩，好麻烦啊！

再去小儿子屋里，人家正在马粪堆上笑呢，爸爸问，这么臭的马粪，你在笑什么？小儿子说，爸爸，附近肯定有一个小马驹啊！

主持人高瑞欢：看来人对于事物和生活的态度对人的心情影响多么重大，每个人生活和学习中都会有酸甜苦辣，你是快乐的还是忧伤的要看你对生活的态度。

主持人张丹丹：我们已经来到了高三，有人说高三是黑色的，有人说高三是恐怖的，可我们认为高三应该是快乐的。

主持人高瑞欢：我的父亲是一个快乐的人，我总能看到他脸上挂满笑容，不管是我家困难时，还是富裕时，是我们听话时，还是淘气时。父亲说快乐的一种美德，受父亲的感染，我也是一个快乐的人，我希望大家也都会成为快乐的人。

播放歌曲：《快乐老家》。

主持人张丹丹：音乐带给我们快乐，生活带给我们快乐，学习和奋斗也给我们带来快乐，班主任说，要让我们班的同学远离黑色高三，要过快乐高三，请大家发表见解，我们应如何去过快乐高三？

发言人齐广：小时候我有许多愿望，长得高大英俊些、有很多很多钱，长大点我明白，要从内心里寻找快乐，生活本身是快乐的源泉。

发言人张汉晓：作为班长，我希望我能做好班里的事情，带领班委搞好我们班里纪律和学习，能让同学们快乐地生活、学习，也是我的最大的快乐！

发言人孙秀芳：想到通过高三这一年的努力，我就可以进入大学，实现我的理想，再忙再累我也感觉愉快。

主持人高瑞欢：他们几位说得多好啊，我们的理想，我们的梦想，经过高三的努力，经过高考就可以去实现了。想想这些，我心里就觉得激动和兴奋。

合唱歌曲：《阳光总在风雨后》。

发言人王艳芳：我知道在高三的学习中会碰到很多困难，但我相信有老师的教育，有同学们的帮助，我一定能够克服它们，我也准备以乐观的态度对待它们。

发言人赵晓彤：看过一个故事，讲的是一个日本保险员在开始跑业务时，因为找不到客户而穷困潦倒，但他总是保持着一颗乐观的心，任何时候在邻居面前和客户面前总表现出是一个快乐的人，后来很多客人被他的态度感染而喜欢他、信任他，结果他的业务成为全公司最好的一个，快乐帮他获得了成功。我想我们高三学习的成功和高考的成功也需要快乐。

发言人章田雨：我原来听说高三是黑色的、恐怖的，也害怕过高三。今天我也受到了教育，受到了感染，我做好了吃苦的准备，但我已经不再害怕高三，我们要从学习中去寻找快乐，因为高三要比高一和高二会更充实，我要以乐观的态度迎接它、拥抱它，和同学们一起去过快乐高三。

主持人张丹丹：通过今天的班会，我们对高三有了新的认识、新的理解，它将是我们人生中最光辉、最灿烂的一页，我们没有理由不快乐。

主持人高瑞欢：感谢大家对我们今天主持人的支持，下面请班主任总结。

班主任发言：同学们的发言很好，我说一下我的感想。一个人一生注定要面对许多挑战，小时候学说话有很多困难，我们是愉快地接受的；我们学走路摔倒过许多次，遇到过许多艰难，我们也是愉快的；面对现在的高三生活和将要进行的高考，你是愉快勇敢地面对，还是胆怯被动地接受呢？

高三是收获的季节，既然将要收获了，我们应该心情愉快地去迎接它；

高三是我们实现理想进入大学学习的必经之路，对于实现你理想的奋斗过程，应该在向往和在兴奋中度过；

高三也是锻炼人的意志力和能力的重要阶段，我们应该勇敢地面对和接受这种锻炼。

高三应该是紧张而又充实的，你要做好充分的思想准备，高三会有酸甜苦辣，会有成功和失败，你要勇敢地面对，高三使我们完善人生、升华人生，我们应快乐度过。

人对待生活的态度有积极和消极之分，积极的人会多去看事物光明的一面，消极的人更多看事物不好的一面，所以积极的人会乐观去面对高三的生活和高考。

快乐是一种心情、快乐是一种态度。烦恼是自寻的，快乐是自找的。人不要自寻烦恼，要自找快乐。在我们高三这一年里，大家要从掌握知识的过程中寻找快乐，要从学习的进步和成功中体验快乐，要从和同学、老师的交往中享受快乐。我们要坚信自己是最棒的，让我们以积极的心态，高昂的精神面貌，不屈不挠的奋斗精神，共同度过快乐的高三！

播放歌曲：《我真的很不错》。

"感恩母校，文明离校"主题班会课文案

一、班会主题

感恩母校、文明离校。

二、班会目的

高三学生独立意识增强，逆反心理加剧，毕业之际，学生往往烦躁、紧张、暴力，对学校的不满等情绪也在此时大量出现。因此，开好毕业生的最后一次班会，让学生学会感恩母校，不仅能稳定学生情绪，而且能给学生留下美好记忆。

三、班会准备

(1)准备三年来学生成长照片。

(2)诗朗诵《告别母校》。

(3)教师的临别赠言(视频)。

(4)合唱《相逢是首歌》。

(5)文明离校公开倡议书。

(6)准备白背心若干件。

(7)再别康桥。

四、班 会 流 程

1. 主持人致班会开幕词

甲：当绿草又一次铺满了校园，当六月的风中开始飘散着离别的味道，我们对母校的眷恋与不舍，也随夏日的阳光渐渐强烈起来！

乙：是啊，即将告别我们美丽的校园，告别我们敬爱的老师，告别饱含欢笑、泪水和真情的中学时光，带着希望与憧憬，背起行囊走上新的征程。

甲：我们的心情有些感伤，又有些兴奋，有些犹豫，又有些坚定。

乙：然而，今生不再有的三年，转眼间就将成为刻骨铭心的记忆，回首往昔，我们应该是如此的清醒。

甲、乙：来，是快乐地来！走，要文明地走！

老师们，同学们，职教中心×班"感恩老师，文明离校"主题班会现在开始。

2. 组织学生观看三年成长照片（电子相册：从入学军训、广播操、运动会、成人仪式、艺术节、班会、高三誓师、家长会、写生、宿舍生活，让学生全方位回顾高中生活）

3. 诗朗诵《告别母校》（见附录）

4. 观看教师临别赠言视频

5. 小合唱《相逢是首歌》

6. 宣读文明离校公开倡议书（见附录）

7. 请每位同学在白背心上留下自己临别寄语（对学校的建议、对老师的感激）

8. 全班朗诵再别康桥

亲爱的兄弟姐妹，美好的三年高中生活，浓浓的师生情、同学谊，随着毕业号角的吹响，即将存进收藏夹，成为永恒的美好记忆。很快，我们就要离开曾经朝夕相处的老师、同学，离开培养我们的母校。衷心希望我们全体毕业生离校之际，带走雄心，留下爱心！让我们携起手来，站好最后一班岗，争做文明离校的标兵吧！"今日我以中心为荣，明日中心以我为荣"，让我们在未来的日子里，用自己辉煌的业绩，让亲爱的母校以我们为荣！

最后，就让我们以一首"再别康桥"来结束我们的主题班会，表达我们对老师，母校的深深依恋。

9. 建立一个 QQ 群，方便学生和班主任今后联系

附件 1：

别了，母校！

深深地鞠躬，

轻轻地呼叫……

忘不了那清脆悦耳的钟声，

敲醒农村的愚昧、贫乏，

叩开农家封闭的心窍；

忘不了那宽敞明亮的教室，

祖辈也曾在这里学习、演算，

琅琅书声再次从这里响起；

忘不了整齐漂亮的桌椅，

我们曾趴在上面，

演算未来，探索奥妙；

忘不了那精致绝伦的地球仪，

我们瞪大我们的小眼睛，

惊喜地望着北京、美利坚……

别了，母校，

你赐给我们聪慧、自豪。

无论我走到哪里，

我都记住你的容貌，

就像永远记住

童年的摇篮和妈妈的微笑!

别了,老师!

深深地鞠躬,

轻轻地呼叫……

忘不了老师窗前的那盏灯,

你伏案备课,批改作业,

已是夜深你也不知道;

忘不了你那断腿的眼镜,

慈祥透过镜片渗入我们的心,

缺点也逃不脱它们的扫描;

忘不了你那额头的皱纹,

岁月掠走了你的青春、健壮,

你却帮我们撑起理想的信念;

忘不了你那古旧的茶壶,

你一生就这点小小嗜好,

而且是出于讲课润喉的需要……

别了,老师!

你慈祥、亲切、无私,

传给我们以知识。

不管我活到哪天,

我都忘不了你的名字,

就像永远忘不了

妈妈的乳汁和自己的生肖!

别了,母校!

深深地鞠躬,

别了,老师!

轻轻地呼叫……

附件 2：

文明离校倡议书

1. 严格遵守学校的各项规章制度，自觉维护正常的教学和生活秩序，做文明守纪的合格中学生。

2. 爱护学校公共设施，爱护校园花草树木，不损坏公物。不擅自搬动寝室物品，不乱丢乱扔废物垃圾，不烧砸物品。

3. 积极参加各种集体活动，遵守会场纪律，做到文明有序。

4. 离校期间遇到困难和问题，应通过正常渠道反映、解决，杜绝采用不正当方式宣泄情绪或集体闹事。

5. 珍爱师生之情、同学之谊，尊敬师长，团结互助，诚实守信，有礼有节。开展有意义的毕业纪念活动，反对奢侈浪费，杜绝闹事等不文明行为，以健康文明的行为和方式告别母校。

6. 增强安全意识，遵守宿舍管理制度，注意个人人身和财产安全。

7. 在各方面为学弟学妹们做好榜样，站好最后一班岗。

附件 3：

再别康桥

——徐志摩

轻轻的我走了，

正如我轻轻的来；

我轻轻的招手，

作别西天的云彩。

那河畔的金柳，

是夕阳中的新娘；

波光里的艳影，

在我的心头荡漾。

软泥上的青荇，

油油的在水底招摇；

在康河的柔波里，

我甘心做一条水草！

那榆荫下的一潭，

不是清泉，

是天上虹；

揉碎在浮藻间，

沉淀着彩虹似的梦。

寻梦？撑一支长篙，

向青草更青处漫溯；

满载一船星辉，

在星辉斑斓里放歌。

但我不能放歌，

悄悄是别离的笙箫；

夏虫也为我沉默，

沉默是今晚的康桥！

悄悄的我走了，

正如我悄悄的来；

我挥一挥衣袖，

不带走一片云彩。

班会文案集锦
——就业篇

一年级

"好习惯伴我健康成长"主题班会课文案

一、班会背景

良好的行为习惯会对人的一生会产生深远的影响，会让一个人终身受益。高一新生刚入学，让他们及时了解学校的各项规章制度、制订班级公约、进行班级承诺签名，有助于学生把制度要求内化为自觉行动，并且尽快适应学校，融入班集体。

二、班会目的

(1)让学生在学习学校规章制度的基础上，深刻认识培养好习惯的重要性。

(2)围绕学校规章制度，形成班级公约，增强班级凝聚力。

(3)让学生把制度要求内化为自觉的行动，做一个文明守纪、诚实守信、勤奋向上的学生。

三、班会流程

第一环节：猜猜看导入新课(5分钟)

设计意图：让学生思考好习惯给自己带来的成功，认识行为习惯的重要性。

猜猜看：我不是你的影子，但我与你亲密无间。我不是机器，但我全心全意听命于你。对成功的人来说——我是功臣；对失败的人来说——我是罪人。培训我——我会为你赢得整个人生；放纵我——我会毁掉你的终身。我到底是谁——我平凡得让你惊奇。（习惯）

从小到大，你有什么"好习惯"曾让你备受赞赏？给同学们说说，大家来分享、学习一下……（小组交流）

开学已经一个月多了，大家已经学习了学校的规章制度，那请问大家现在是否已经把制度要求落实到行动中了？

第二环节：找现象谈感受(10 分钟)

1. 寻找身边的不良习惯造成的不良行为(分组讨论，列举现象)

设计意图：从不良现象中让学生思考、认识和重视行为习惯在人一生发展中的重要性。

教师引导：大家能不能分析一下不良习惯会给我们生活、学习和今后的就业带来哪些影响？

2. 反思

设计意图：通过反思，让学生认识不良习惯对今后发展造成的严重后果，从而逐步改正不良的行为习惯，形成好的行为习惯。

学生发言：列举不良习惯对今后个人发展的影响。

教师引导：事实上，良好的行为习惯，是保证我们顺利学习的前提，也是树立健康人格的基础。在学校没有良好的行为习惯的同学就可能目无纪律，不讲卫生，扰乱班级的学习环境。相反，如果我们养成了文明的行为习惯，学习环境就一定是良好的、有序的。现在，让我们共同制订为我们发展保驾护航的班级公约吧！

第三环节：制订并承诺班级公约(20 分钟)

设计意图：让学生以小组讨论的形式，制订切合实际的班级文明公约。这样结合自身制定的规范有利于学生遵守。通过签名活动，强化每个人的自觉遵守的意识，最终达到制度内化的效果。

作为中学生我们应该养成哪些良好的行为习惯。

品德方面：

①热爱班集体，爱护公物。

②同学之间友好相处，互相帮助。

③讲文明，有礼貌。

④遵守公共秩序，遵守交通法规等。

学习方面：

①按时到校，不迟到早退，不旷课。

②课上认真听讲，积极思考，敢于发表独立见解。

③按时完成作业。

④阅读课外书，拓宽知识面等。

卫生方面：

①讲究卫生，不乱吐痰、乱扔纸屑。

②不在墙上、课桌上乱涂乱画，爱护好公物。

③勤俭节约，不浪费水、电资源，不乱花零钱。

④认真完成值日，保持好卫生。

纪律方面：

①课间有秩序，不喧哗打闹。

②语言有礼貌，不讲脏话，语气和蔼。

③不拿手机，不抽烟，不喝酒，不打架斗殴。

消费方面：

①排队就餐，及时回收餐具，不浪费食物。

②不吃零食，不攀比吃穿。

作息方面：

①按时作息，不在宿舍内大声喧哗、打闹。

②遵守宿舍纪律，保持好宿舍卫生。

处人待事方面：

热情大方、谦虚、包容、礼貌。

进行班级公约联名签字，对自己形成一个约束，将这些规范内化为自觉的行为习惯。(每组组长代表签名，课后每个人逐一签名)

教师小结：现在，大家正处于人生中最关键的成长时期，大家在这个时期的所作所为，将潜移默化地影响到自身的心理素质，而良好的习惯就在帮助我们提高自身的心理素质，同时也完善了自身的道德品质，如果我们不在此时重视自身道德素质的培养，那即使拥有了丰富的科学文化知识，于人于己于社会又有何用呢？所以，我们首先应该做一个堂堂正正的人，一个懂文明、有礼貌的谦谦君子，然后才是成才，不能做一台单纯掌握知识技能的机器，而要成为一个身心健康发展的人。

第四环节：表彰先进(10 分钟)

开学到现在，许多同学在落实规范上取得了很大进步，还涌现出很多好人好事，在今天的主题班会课上，我们要对行为规范方面表现突出的同学进行表彰。接下来宣布获奖学生名单和获奖理由，并给这些同学颁发奖状，以资鼓励。

教师总结：观念改变习惯，习惯积淀素养。生活处处是细节，细节点点积素养，素养默默铸文明。让我们从今天做起，从现在做起，从小事情做起，在生活和学习中培养自己一个又一个好习惯，让好习惯伴随我们终身，成为我们走向成功、走向辉煌的一个又一个阶梯！

四、班会反思

本节班会课让学生深刻理解了"播下一种思想收获一种行为，播下一种行为收获一种习惯，播下一种习惯收获一种性格，播下一种性格收获一种命运"。人生的发展离不开好习惯，好习惯的培养离不开制度的约束，由此，让学生把制度的要求内化为自己自觉的行动，做一个文明守纪、诚实守信、勤奋向上的高中生。

"融入集体，担当责任"主题班会课文案

一、班会背景

近段时间发现学生们对自己的卫生责任区的管理有所松懈。许多同学座位周围经常发现有碎纸屑；班内扫把倒了，没有人主动扶起；大家负责的工作出了问题，总是把责任推给别人；有时两个学生为了座位问题争执，甚至为一点鸡毛蒜皮的小事儿大动干戈。针对这些情况，我班准备召开关于"担当责任"的主题班会。

二、班会目的

(1)让学生懂得一个人做事要有责任心，要有负责到底的精神，学会自己做的事自己负责。

(2)让学生在对自己负责的基础上，学会担当家庭责任、集体责任和社会责任。

三、班会流程

第一环节：创设情境，引入论题(25分钟)

设计意图：在游戏中感悟责任的重大，同时引出这节班会课的第一个

内容——责任多了，抱怨少了。

游戏导入(责任传递)：全体学生参与爱的传递。

1. 主持人讲规则

人物：学员全部站在教练的面前。

任务：

(1)比赛：教师将所有学生按小组的方式分成 A、B、C、D 四个组。要求四个组的人数相同。

(2)四个组各站一边。

(3)四个组选出两男两女四位队长，注意强调：一定要自愿的，不能推选。

(4)让四位队长承诺：愿意为自己的团队负起责任，无论在怎样的情况下都无怨无悔。多问几次，是不是下定决心了。

(5)宣布比赛规则。

第一条，绝对服从裁判。

第二条，不许离开。

第三条，如有异议，请和裁判商讨。

第四条，如有不服，参照第一条。

(6)比赛比的是：按顺序说一只蛤蟆跳下水，咚；两只蛤蟆跳下水，咚，咚；按数往上数。出错的一组，第一次队长做俯卧撑 1 次，之后依次乘 2 次数。

(7)全程要求：最高境界——静悄悄。

(8)给 1 分钟时间各队自行训练(队长不参加报数)。

(9)比赛时叫 4 位队长面向主席台祈祷，使其看不见主席台情况。

(10)队长誓词。

我爱我的班级，我爱我的同学，我爱我的队友，我愿意为大家付出，我愿意接受大家的建议，做一名大家满意的班干部。

(11)游戏完成。

2. 班主任总结

孩子们，这些年我们一直随心所欲地给别人提建议、提意见。遇到不顺心的事情，就会带着烦躁的心情去对待他人、敷衍他人。久而久之，你会觉得大家都离你而去。家庭和集体都不再温暖，自己的生活一点儿都不如意。现在，你冷静地想一想，是别人的问题吗？

大家回顾一下这些年我们的抱怨。觉得自己的"叛逆"，是因为家长和老师的不理解；觉得住在学校，整理内务，打扫卫生，耽误了自己的午休；觉得自己上课不专注，是因为老师不够幽默，课堂内容不够吸引人；常规扣了分认为都是班干部没有起好带头作用。可是，当我们与人交往时，大家都喜欢主动承担责任，关心他人，宽宏大量的同学和老师。同学们，今天的游戏告诉我们，有时恰恰就是因我们自己的不负责任，别人（班干部或是老师）就得付出更大的代价。

所以，同学们，一定要记着老师和大家说过的话：学会友善，铭记责任，老师相信大家是最棒的！

第二环节：定义责任，有据可寻(5分钟)

设计意图：让学生在行动之前明确什么是责任。

讲解责任的含义，借用名人的话语激励学生，让学生更加明确什么是责任。

(1)做好分内应做的事情。

(2)承担因没有做好分内应做的事情而产生的过失。

(3)英国王子查尔斯曾经说过：这个世界上有许多你不得不做的事情，这就是责任。

第三环节：共同讨论，拓展思维(7分钟)

设计意图：通过讨论让学生理解家庭美德，社会公德以及职业道德内容的意义。

分组讨论：在家中我们应该承担什么责任，该怎样做？在社会上我们应该承担什么责任，该怎样做？在未来的岗位上我们应该承担什么责任，该怎样做？

教师汇总：提炼学生讨论结果，展示三德内容，明确学生的家庭、社会和职场的责任。

社会公德：文明礼貌、助人为乐、爱护公物、保护环境、遵纪守法。

职业道德：爱岗敬业、诚实守信、办事公道、服务群众、奉献社会。

家庭美德：尊老爱幼、男女平等、夫妻和睦、勤俭持家、邻里团结。

班主任总结：心灵的觉醒，便是唤起大家良知，铭记责任的觉醒。如果大家不去计较，不违背承诺，愿意付出，铭记责任，那么我们的世界会是温暖幸福的。

第四环节：行动起来（8 分钟）

设计意图：让学生反思不足，正视自己的问题，学会悦纳自己和他人，勇敢承担起自己的责任。

小纸条的力量：让学生行动起来。给你的组长、同桌或者伙伴写一张小纸条，说一声感谢或者真诚地道个歉。

班主任总结：同学们，其实你们为班级做过很多事。只是你们接受任务时，有时会带着抱怨去完成。你们在完成任务中，一直在衡量自己的得失，没有站到对方的角度去思考，更没有觉察到班集体的利益！所以，好多事情没有给你留下深刻印象，"责任感"也离你越来越远。梁启超先生曾经这样论述责任："人生最苦的事莫苦于身上背着一种未来的责任。人生第一乐事当然就是这责任的完成。责任越重大负责的日子越长久，到责任完成时，海阔天空，心安理得，那快乐还要加几倍。"同学们，有责任心的人，必将是一个受大家欢迎，能够成功的人！希望大家牢记自己身上的责任，为自己、为家人、为社会贡献自己的力量。

结束语：班会课虽然结束了，但是我们的爱与责任的行动才刚刚开始，让我们一起加油，把爱传递给更多的人。

四、班会反思

其实我们每个人每一天都背负着各种各样的责任，努力前行。它也许是学习任务，也许是工作任务，但都是我们必须承担的责任和义务。也正是这些责任和义务，构成了我们在这个世界上存在的理由和价值。所以，请不要埋怨学习的繁重，班级工作的劳苦，因为真正的快乐，是挑战后的结果，没有经历深刻的痛苦，也就体会不到酣畅淋漓的快乐！

"我的人生，我做主"主题班会课文案

一、班会背景

悦纳自我，是智慧人生的起点，也是规划人生的基础。学生进入职业高中近两个月了，初步体验了专业技能学习的乐趣，但是面对两年后将走上的工作岗位的问题，大家还没有具体的规划，甚至对自己的未来比较迷茫。在这个时候召开本次班会，帮助学生正确评估自己，明确方向，树立理想。

二、班会目的

(1)培养学生生涯规划意识，帮助学生减少学习的盲目性，激发学生的自觉性。

(2)让学生正确认识自我，树立自信，合理定位，从实际出发规划生涯发展。

(3)让学生学会制订具体学习计划，为实现理想而努力。

三、班会流程

第一环节：认识自我的重要性(5分钟)

设计意图：通过一则故事，让学生明白正确认识自我，是确定人生方向的基础。

1. 教师给学生讲一个关于理想的故事

《于陵子》中有一只蜗牛，很想做成一番惊天动地的大事业。开始它想东游泰山，一直爬到山顶，可一计算，要实现这个计划，至少需要 3000年时间，只好忍痛放弃这个打算。后来它又想南下爬到长江边上，看一看奔腾的江水，可一计算，至少也需要 3000 年时间。蜗牛知道自己的生命非常短暂，不禁十分悲哀，于是什么也不肯做，最终死在了野草丛中。

2. 教师请学生谈谈听完这个故事的体会

3. 教师总结

同学们可能都觉得这只蜗牛很可笑，但是仔细想想，是否在有些同学身上也存在类似的问题呢？蜗牛的错误不在于只有理想没有行动，而是一个适合自己的目标是多么重要的，所以大家一定要认清自我，找到合适自己前进的方向。

第二环节：认识自我，准确定位(20 分钟)

设计意图：通过描述真实的自我，引导学生正确面对自己的优势和不足，从而更合理的规划自己今后的发展方向。

1. 我的自画像

我的自画像		
内　　容	我满意的(长处)	我不满意的(不足)
生理上的我(年龄、身高、外貌、健康等)		
心理上的我(智力、情绪、性格、气质、兴趣爱好、道德观和人生观)		
社会中的我(在班级和社会中的地位和角色、与他人的关系)		

2. 同学评价

请同组的同学为自己鉴定和补充，同时了解他人眼中的自己，实现对自己的客观评价。

3. 承认自我，悦纳自我(请学生结合评价结果认真填写)

我的长处：我的长处对自己的发展有什么好处。

我的不足：我的不足对自己今后发展会造成什么影响。

第三环节：完善自我，规划人生(15 分钟)

设计意图：让学生在正确认识自我的基础上，给自己的人生做规划，为今后的学习和生活夯实基础。

制订完善自我的计划

完善自我计划			
自我确认	如何确认	需要做什么 (对应左边的问题写出答案)	什么时间完成 (设置完成时限)
期望的 形象	1. 你希望自己有怎样的外在形象 2. 希望自己有怎样的谈吐 3. 你想让自己成为什么样的人 ……		
开拓 人生	1. 一生中你想掌握哪些技术 2. 希望有什么样的朋友 3. 想拥有一个什么样的身体 4. 想从事什么职业 ……		
行动方案 (确定目前最想完成的一件事情)	如取得 3 门专业课的 A 等	1. 查找实现突破的重点 2. 采取更有效学习方法 3. 查漏补缺 ……	

第四环节：合唱歌曲——我的未来不是梦(5 分钟)

班主任总结：通过这节班会课，同学们都对自己有了一个客观的评价，也对自己的优势和不足进行了合理的分析，这将是大家职业生涯的第一步，也是最重要的一步。同学们，人生就是一段旅程，如果你规划好了，你就可以少走很多弯路。请大家牢记我们今天制订的计划和目标，开足马力，排除一切干扰，向它前进吧！

四、班会反思

认识自我、完善自我和超越自我是生涯规划的三部曲。本节课帮助学生学会比较客观地评价自己、剖析自己，并根据自己的个性特征规划自己的生涯发展。一节课的时间有限，可以利用课后时间做一些家庭调研活动，让学生了解周围人对自己的评价，有利于学生更全面地认识自我、发现自我、树立不断进步的信心，实现自身的价值。

"让诚信在心灵中绽放"主题班会课文案

一、班会背景

目前，社会上一些为了个人利益而失去诚信的事件，严重地影响了孩子们对于诚信的正确认识。有些孩子在生活中不注重人与人交往的诚信，说话随意，不考虑事后是否能够实践诺言，缺少对于诚信的认识。中学时代正是孩子人生观、价值观形成的关键时期，所以对其加强诚信教育，帮助其树立诚信意识，培养其诚信做人，是十分必要的。

二、班会目的

(1)通过活动，引导学生认识诚信重要性，知道诚信对自己、对他人、对社会的重要意义。

(2)让学生明白，践行诚信既要真诚也要友善。

(3)让学生考试中做到诚信考试，树立诚信做人的意识。

三、班会流程

第一环节：演小品识诚信(10分钟)

设计意图：教师通过学生喜欢的表演形式，帮助学生认识到诚信的重要性，树立诚信意识。

活动：表演小品。

坐船人：当我经过漫长的人生跋涉，走到这个渡口的时候，我可以非常自豪地说我这一生是成功的！我身旁有七个行囊。

行囊：我是健康！我是美貌！我是机敏！我是才学！我是金钱！我是荣誉！我是诚信！

坐船人：(拍着胸脯，晃着脑袋，一副得意扬扬的神态)这些都是我经过坚持不懈的努力所得来的，他们都是我的珍宝。而现在我将带着我的七个珍宝渡过这个渡口。

(渡口只有一只小船，一位须眉皆白的老艄公正坐在船头悠闲自在地吸着烟，望着远方……)

坐船人：(走上前去，深鞠一躬)劳烦船家，摆渡过江多少钱？

老艄公：(转过头来，打量一番，目光停留在"诚信"的"行囊"上，慢慢露出笑脸)一口价，三个铜钱，包你安全到岸！

坐船人：好！一言为定。

(起初江面风平浪静，过了不久风起浪涌，小船开始上下颠簸)

老艄公：(叹了口气)唉，船小负重，客官要丢弃一个行囊，方可安渡难关。

坐船人：(面露难色)这……哪一个不是我辛劳所得？我怎舍得丢弃？

老艄公：有弃有取，有失有得。

坐船人：唉，我该丢弃哪一个呢？好，就是它了。(坐船人咬紧牙关，狠下决心，把诚信抛进了水里)

老艄公稍一愣，面露失望之色。

过了一会儿，风平浪静。

坐船人：(面露喜色)老人家，趁着浪小，快快摇船吧！

老艄公瞥了一眼坐船人，停了船桨，径自坐在船头。

老艄公：唉，不摇了！

坐船人：老人家，你这是……

老艄公：要我摇船可以，不过要用你那一袋"金钱"来充当船费。

坐船人：你……(气得说不出话来，但四周水天茫茫，何处是岸？只得气急败坏地将"金钱"扔给老艄公)给你吧！

(又行了一会儿)

老艄公：(摇头叹气)哎哟，人老身子骨不好，没力气摇船了——除非你把"健康"给我，不然……

坐船人：事到如今，我就把"健康"给你。

老艄公：(伸伸懒腰，走到坐船人身边)喂，年轻人，你好人做到底，连同那几个行囊一同给我老头儿吧！

坐船人：你……(大声嚷)当初上船时，你说三个铜钱包我到岸，可如今你却贪得无厌，一再勒索。你……你怎么如此不讲诚信？

老艄公：哈……(大笑不止)"诚信"？你不早将"诚信"抛入水中了吗？与你这等不诚信的人还讲什么诚信？快将行囊拿来，现在我可比你健壮多了！

(坐船人一愣，只得乖乖将行囊给了老艄公)

老艄公：我可先走一步喽！(老艄公扑通一声，跳进水里，不见踪影)

坐船人暗自想起被抛弃的诚信，后悔莫及，不禁落下泪来。

老艄公：(突然湿淋淋地爬上船来，将"诚信"抛到坐船人身边)年轻人，我给你把"诚信"捞回来了，记住，从今往后，无论何时，也不能抛弃"诚信"呀！

坐船人：(惊喜交加)你是……

老艄公：(指着自己)我就是诚信。诚信才是人生真正的摆渡人啊！

老师：看了刚才的小品，我想我们每个人都深刻认识到了诚信对于我们一生的重要意义。没有了诚信，我们将一无所有，诚信才是人生真正的摆渡人啊！那我们如何才能做到讲诚信呢？让我们从下面的两个小故事中去找答案。

第二环节：谈体会做诚信(20分钟)

设计意图：从诚信故事的分享中，品悟诚信。在生活现象的分析中，理解诚信。

故事分享：教师给学生讲关于诚信的故事。

商鞅变法的法令已经准备就绪，但没有公布。他担心百姓不相信自己，就在国都集市的南门外竖起一根三丈高的木头，告示：有谁能把这根木条搬到集市北门，就给他十斤黄金。百姓们感到奇怪，没有人敢来搬动。商鞅又出示布告说："给他五十斤黄金。"有个人壮着胆子把木头搬到了集市北门，商鞅立刻下令给他五十斤黄金，以证明他说到做到。接着商鞅下令变法，新法很快在全国推行。移动一根木头并非难事，关键是以此树立的千金难买的威信。

教师引导：听了上面的故事，相信同学们都知道诚信就是言必信，行必果。那么，如果你家邻居的小孩长得不好看，你是不是一定当面告诉他，说实话呢？

学生小组讨论：讨论后请代表发言。

教师小结：同学们的自由讨论很热烈，也的确说出了自己心里的疑问和看法。至于究竟什么是对，什么是错，我相信在每一个同学的心里面都有了一个衡量标准。同学们，相信我们内心的感觉，与人为善。用我们纯真而善良的心去选择，我们就会明白真正的诚信是什么。作为一名成长中的青少年，我们应该把"诚信"背进我们成长的行囊之中，让它指引我们勇敢前行。

第三环节：用行动书写诚信（15 分钟）

设计意图：学生在认识诚信、理解诚信的基础上，联系自己的实际学习生活，针对期中考试，让同学们践行诚信，将诚信落到实际行动之中。

教师引导：通过小品表演、分享故事、谈体会等形式我们已经对"诚信"的重要性及如何践行有了一定的认识，那么接下来就让我们用行动来书写诚信吧！同学们，马上就要进行期中考试了，大家想一想怎样做到诚信考试。请大家小组讨论，集体起草一份代表大家想法的诚信考试承诺书。

学生活动：分组进行讨论任务，并书写诚信考试承诺书。小组代表宣读本组诚信考试承诺书，将各小组的诚信考试承诺书张贴于班内宣传栏。

学生宣誓：以诚待人言而有信；对人守信对事负责；慎重许诺认真践诺。

班主任总结：同学们，相信大家已经明白，只有诚信待人，才能融于班级、融于学校、融于社会。今天，通过这次班会，我们对诚信有了更深的认识，明白了诚信的重要性，希望大家都能做到人人讲诚信，事事讲诚信，做一个有益于社会，有益于他人的人。

四、班会反思

品质养成，需要循序渐进，需要不断引导。班会课后，需要教师把诚信教育渗透到班级管理和活动的方方面面，注重教育的延续性，在学生的成长中做好指导和启发工作，培养学生健康向上的价值观和人生观。

附件：

考试承诺书

作为中学生，我们崇尚诚信，并愿意做诚信的践行者。所以，在即将到来的考试中，我们承诺自觉遵守考试纪律，若有违反考场有关规定者，则自愿接受校规校纪的处理。

我郑重承诺：

第一条　履约践诺，知行统一；遵从学术规范，恪守学术道德，不作弊，不剽窃。自尊自爱，自省自律。

第二条　自觉遵守考场规定，不出现以下违纪情况。

(1)不按指定座位入座或拒不服从监考人员安排。

(2)左顾右盼、交头接耳、互打暗号或者手势。

(3)考场内大声喧哗。

(4)举起试卷进行检查。

(5)将答完的试卷正面朝上左右摆放。

(6)到点不交卷。

(7)在试卷上标注记号或将姓名、学号写在试卷装订线以外。

(8)其他违纪行为。

第三条　不出现以下考试作弊现象。

(1)携带与考试相关物品(如教科书、笔记本、有文字的纸张、可存储电子设备、通信工具等)进入考场,且未按要求放在指定的位置。

(2)考前要求老师划定重点和题向。

(3)带小抄入场。

(4)抄袭他人答案。

(5)互相研究试题。

(6)事先把答案抄写在桌面或身体某处。

(7)相邻考生出现雷同卷。

(8)传、接试卷答案或者交换试卷、答案、草稿纸。

第四条　不出现以下严重作弊行为。

(1)替考。

(2)互相串换试卷。

(3)窃取考题。

(4)使用手机传递考试答案。

第五条　若违反学校对考试的有关规定和纪律要求,自愿接受学校的严肃处理或处分。

承诺人：××

"守护校园安全，远离意外伤害"主题班会课文案

一、班会背景

近年来校园安全事故频频发生，严重威胁着学生的生命安全。为了进一步强化学生"安全第一"的意识，切实做到学校安全"警钟长鸣，常抓不懈"。拟召开以"树立安全意识，远离意外伤害"为主题的安全知识教育班会，使学生学习和掌握自护自救的知识，牢固树立"安全无小事"的意识，为创建"平安校园"做出贡献。

二、班会目的

(1)让学生树立安全意识，提高学生的自我保护能力。

(2)让学生学习校园相关安全知识，认识安全警示牌，远离意外伤害，掌握自救的方法。

(3)通过体验让学生感受到生命可贵，安全第一，为健康成长打好基础。

三、班会流程

第一环节：失落的花季(15分钟)

设计意图：通过分析交通事故，溺水事故等案例，找出事故的原因，

使学生珍爱生命，重视安全问题，增强自我保护意识。

1. 失落的花季（教师故事讲述）

（1）上海商学院学生宿舍楼发生火灾。

2008 年 11 月 14 日早晨 6 时 10 分左右，上海商学院徐汇校区一学生宿舍楼发生火灾，火势迅速蔓延导致烟火过大，4 名女生在消防队员赶到之前从 6 楼宿舍阳台跳楼逃生，不幸全部遇难。火灾事故初步判断原因是，寝室里使用"热得快"引发电器故障并将周围可燃物引燃所致。

（2）当阳 6 名初中毕业生溺水死亡。

2013 年 6 月 23 日下午，当阳市两河镇发生一起溺水事故，6 名刚结束中考的毕业生在沮漳河河边玩耍时遇险，全部死亡。

23 日晚，一名目击打捞溺水学生尸体的市民介绍，当日 16 时 30 分许，他在沮漳河边看见，6 名遇难学生中已经打捞起两具尸体，河边围观群众较多，均对惨剧表示震惊。

当阳市警方和相关部门透露，这 6 名初中应届毕业生均为当阳市两河镇中学学生，包括 5 名男生和 1 名女生。惨剧发生前一天的 22 日，6 人刚结束中考。

警方介绍，23 日，这 6 名学生相邀在女生郑某家举行生日聚会。13 时 54 分，6 人来到镇子附近的沮漳河孙场段河边游玩，并拍摄照片留念。随后，其中 4 名学生下水游泳，发生溺水事故，另两名学生下河施救，也不幸溺水，其中一人被河水卷走。

（3）2014 年昆明学校发生踩踏事故，6 名小学生遇难，26 人受伤。

（4）2014 年 12 月 8 日安徽淮北市同仁中学两个班级举行篮球比赛，一名同学崴了脚，多名同学围观时围墙突然坍塌，造成 5 人死亡，2 人受伤。

（5）2015 年 4 月 27 日，辽宁省葫芦岛市 6 名学生校外野泳溺水死亡。

2. 学生讨论分析

同学们，当我们听到一些噩耗时，当我们看到一些触目惊心的灾难发生时，你会想什么？你是感叹，还是惋惜？当我们遇到这些情况，遇到危险的时候应该怎样保护自己呢？

3. 班主任总结

遇险不慌，自护又自救。同学们这一件件，一桩桩血腥的报道，令人胆战心惊。只因为忽视了安全问题，一个个生命如鲜花凋零，带给社会、家庭、亲人的只有悲痛欲绝的身心和沉重的打击。为此我们要时刻牢记安全常识，绷紧安全之弦，事事处处想到"安全"两个字，在校内外注意各种安全，相信意外事故是可以通过预防和应急处理避免的。

第二环节：树立安全意识(10 分钟)

设计意图：让学生初步掌握一些安全常识，学会保护自己，并形成学习安全知识的氛围，培养学生自我保护的意识，为他们的健康成长打好基础。

1. 请同学们猜猜这些警示牌是什么意思(出示警示牌，学生辨认)

2. 班主任引导

在日常生活中，像这样的警示牌还有很多很多，它们时时刻刻提醒着我们注意安全，同学们要留心观察。但并不是每个地方都有警示牌来提醒我们，在没有警示牌的地方，我们更应该细心观察，加倍小心，尽量避免受伤。

3. 小品《我的宿舍》

(1)学生情境展示。(小品中，学生在宿舍躺在床上偷偷抽烟，床铺下藏管制刀具，使用违规电器……)

(2)教师引导：像这种情况，我们班里发生过吗？这样做对吗？我们周围还有哪些危险的行为？我们应该怎么做？

(3)分组分场景讨论：教室、走廊、课间、宿舍、操场、食堂、放学路上。(推荐一人总结发言)

①教室：趴阳台、高空抛物、互相追赶、用笔或其他尖锐的东西互相打闹……

②走廊：打扫卫生时用劳动工具打闹……

③课间：楼道里踢球、集体上下楼时，不讲秩序、互相拥挤……

④宿舍：抽烟，违规用电……

⑤操场：运动时剧烈碰撞……

⑥食堂：进食堂拥挤，购买"三无"食品……

⑦放学路上：走路听音乐，看手机，随意过马路、进出校门拥挤……

⑧实训室：操作失误……

第三环节：学会防范措施(20分钟)

设计意图：通过学生的亲身体验，普及校园安全知识，巩固并拓展学生对"安全"知识的理解和运用，掌握自救的方法，培养学生自我保护的能力。

1. 模拟地震，谈感受

同学们，就在教室，当地震的瞬间你会怎样做？表演出你的反应。老师放警报声15秒之后停止，看看同学们的做法，学生静止动作。在刚才的表演中你最大的感受是什么？(学生畅所欲言)

教师小结：正在上课时，要在教师指挥下迅速抱头、闭眼、躲在各自的课桌下或课桌旁。在操场或室外时，可原地不动蹲下，双手保护头部。注意避开高大建筑物或危险物。震后应当有组织地撤离。必要时应在室外上课，不要回到教室去。

地震六不要：

(1)不要乘电梯。

(2)不要到窗户和外墙边。

(3)不要到阳台上。

(4)不要找衣物或贵重物品。

(5)不要在床上或地中央。

(6)不要跳楼。

地震不仅会直接毁坏了人类美好的家园，而且会无情地夺去鲜活的生命，我们为之哀悼的同时，更加感悟生命的可贵。

2. 熟悉校园紧急疏散方案

(1)熟悉教学楼逃生路线。(教师按照班级所在位置讲解逃生路线)

(2)学生逃生注意事项。(学生讨论)

①必须听从任课教师的指挥,遵循疏散原则:教室内前面一半学生从前门出,后面一半学生从后门出,在门口自然形成队伍,然后班长、体育委员带队,按各楼层紧急疏散指示路线依次集合到课间操集合地点。

②疏散过程中,保持安静,保持秩序。

③疏散到楼道、楼梯时,因学生特别集中,很容易造成拥挤踩踏事故。学生要学会自我保护,手扶扶梯、墙,防止摔倒。如有人员摔倒,后面人员应停止前进,并立即将其扶起,以防踩踏。

④疏散到指定地点后,班长、体育委员要迅速清点人数,向现场指挥汇报。(德育处老师计时、核对人数)

3. 校园其他安全事项

(1)同学们上下楼梯要有序,切不可急步上下,要养成上下楼梯靠右行走的良好习惯,防止校园拥挤踩踏事故。在雨天,我们的教学楼和办公楼的楼道,楼梯都会很滑,行走时务必轻脚慢步。另外大家课间要注意文明休息,学生间不要追打吵闹。

(2)要养成不在校内骑自行车的习惯。另外,在校外骑车也要小心,不要带人,遵守交通规则。

(3)注意饮食安全。不要购买"三无"食品;不要在校门口和街头流动摊点购买零食,防止食物中毒。要学会保护自己,照顾自己。

(4)在各项运动中要注意运动安全。听从体育老师的安排,上体育课和课外活动前要做好准备活动,不做危险的运动,运动时要注意不要剧烈碰撞,以免撞伤或摔伤。

(5)我们对自己的所作所为也要有安全意识。在同学间遇有矛盾时,一定要冷静,理智,切忌"用拳头代替说理",给自己和同学带来不良的后果。与人冲突时要谨记:"退一步海阔天空"。

(6)在社会上发扬见义勇为精神时,要认清自身的能力和条件,采用适当的方法,不提倡盲目的见义勇为,以免造成不应有的严重后果。

四、教师总结

用歌曲《祝你平安》作为背景音乐。

同学们，当你随着一声清脆的啼哭，离开母体，一个生命降落人间，又给人世间增添了一份宝贵的财富。同时也给家庭带来了无数欢乐。从这一刻起多少人关注着你，期望着你快快长大。生命是美好的，然而生命又是脆弱的。往往一些潜伏在身旁的"暴风雨"，使它比昙花一现还要短暂，一次碰撞，一次摔跤都可能给脆弱的生命造成难以想象的危害。所以我们必须珍惜，时刻保护自己的生命安全，这就需要大家遵守规则和秩序。让我们切记：珍爱生命，远离危险！让我们共同努力，创建和谐校园，平安校园！

五、班会反思

通过案例分析、模拟体验、讨论分析等环节，重点围绕校园安全，让同学们深刻地感受到树立安全意识的重要性，激发学生心中对于生命的热爱。安全教育要警钟长鸣，在今后的各项活动之前，都要召开以防火、防溺水、防毒等专题培训，让学生掌握必要的安全知识，学会避险、自救和逃生等方法。

附件：

1. 学校紧急疏散方案。（略）
2. 防火防震知识。（略）

"挫折铸就坚韧品格的磨刀石"主题班会课文案

一、班会背景

高一第一次大型考试——期中考试,有些学生们成绩不理想,加之家庭和个人因素影响,学生们不仅在学习方面态度消极,而且对自己的生活失去了信心。作为就业专业的学生,两年后他们就要面对实习。众所周知,进入职场,挫折在所难免,所以召开班会,让学生认识到挫折的普遍性,学会在挫折中发现问题、捕捉机遇、勇敢前行。

二、班会目的

(1)引导学生在遇挫后走出消极情绪,积极面对。

(2)引导学生树立挫折不等于失败的信念。

(3)指导学生改变视角,从挫折中看到收获和机遇。

三、班会流程

第一环节:遭遇挫折,直面挫折(10分钟)

设计意图:用学生的实际情况进入情景,引发学生产生遇挫时的消极情绪。再由名人榜样让学生认识挫折的普遍性,尝试正视挫折。

教师引导：同学们，经过刻苦的学习和紧张的复习之后，许多同学没有取得自己满意的成绩，心里感觉很受挫，很失败。那我们今天就来聊一聊"遇挫"的话题。

林肯的启示：他 22 岁生意失败，23 岁竞选州议员失败，24 岁生意再次失败，25 岁当选州议员，26 岁情人去世，27 岁精神完全崩溃，卧病在床六个月，29 岁竞选州议长失败，31 岁竞选选举人失败，34 岁竞选国会议员失败，37 岁当选国会议员，39 岁国会议员连任失败，46 岁竞选参议员失败，47 岁竞选副总统失败，49 岁竞选参议员再次失败。

教师引导：如果你是他，当你遇到这些挫折时会有怎样的感受？他就是林肯，前半生他遭遇了许多挫折，我们来看看他是怎样面对的？

在林肯大半生的奋斗和进取中，有九次失败，只有三次成功，而第三次成功就是当选为美国的第 16 届总统。屡次的失败并没有动摇他坚定的信念，而是起到了激励和鞭策的作用。每个人都难免遇到挫折和失败，亚伯拉罕·林肯面对失败没有退却、没有逃跑，他坚持着、奋斗着。他始终怀着充分的信心向命运挑战，他压根就没想过要放弃努力，于是 50 岁时当选为美国总统。

你认为林肯失败了吗？为什么？

播放歌曲：《向着阳光走》。

记得失败它曾经老是跟着我走，挫折它想尽办法要我低头，自卑它曾经是我多年的朋友，在人生的路上将我左右，可是我想人总要向着阳光走。

教师小结：既然每个人都无法避免挫折，那就让我们一起直面挫折吧！

同学们，不论是名人还是我们普通人，每个人都有困扰的，都会遇到挫折。只要我们像歌中唱的那样，心存希望，向着阳光，我们一定可以看到机会，取得进步。

第二环节：积极的直面挫折，能够帮助我们铸就坚韧的品格(25 分钟)

设计意图：通过曼德拉的 27 年牢狱生活的启示，学生们效仿曼德拉的宽容，直面挫折的乐观心态，引导学会面对挫折，把挫折转变成人生的另一笔财富。

曼德拉的27年牢狱生活给我们的启示：曼德拉，经过27年的囚牢修炼，最终，走出了有形的监狱，还走出了心灵的监狱。曼德拉，成了圣人。挫折对人的影响具有两重性。

1. 消极作用

它给人以身体和心理上的打击和压力，造成精神上的烦恼和痛苦。

2. 积极作用

它使人经受考验，得到锻炼，成为迈向成功的转折点。

3. 学生讨论

怎样做使挫折变成我们人生的另一种财富呢？以小组为单位，先讨论，再把结果写到小纸条上。

(1)找合适的人倾诉。

(2)寻找自己的优势，要看到不如你的人。

(3)进行自查自省，从挫折中找到突破点。

(4)重新规划，调整目标。

(5)调整心态，轻装前行。

班主任小结：世界上的事情永远不是绝对的，结果完全因人而异。挫折对于悦纳它的人就是一块磨刀石，会使人越挫越勇。同样，挫折对于能干的人是一笔财富，对于弱者却是一个万丈深渊。

第三环节：做"快乐"的"弹簧人"(10分钟)

设计意图：利用科学知识，进一步强化学生对挫折的认识，实现理智地面对挫折。

AQ是什么呢？心理学家对成功者所做的研究发现，相较于失败者，成功者所遭遇到挫败的经验反而较多。而他们最终成功的关键就在于，成功者有着极佳的挫折忍受力，也就是乐观及毅力。

根据AQ专家保罗·史托兹博士的研究，低AQ的人遇到困境时：

(1)感到沮丧迷失；

(2)处处抱怨；

(3)逃避挑战；

(4)缺乏创意。

低 AQ 的人往往过分关注环境的困难和别人的过错。经常发出"我为什么那么倒霉?"的感叹，结果越想越苦闷，从而掉进恶劣情绪的死胡同。手上的事情也就往往卡死在这个情绪状态上，半途而废。

与之相反，AQ 高的人，会具备以下特质：

(1)以弹性面对逆境；

(2)积极乐观；

(3)接受困难的挑战；

(4)发挥创意找出解决方案。

所以，高 AQ 的人在困境面前，就像"弹簧人"，被摔得越重，就弹得越高，他们不但不会被压力压扁，反而能转压力为动力，愈挫愈勇，终究表现卓越！这就是为什么同样面对不景气的大环境，有人哀怨，有人保持乐观。

教师总结：碰到不如意的情况，想想既然事已至此，有什么好办法，可以帮助自己突破困境？同学们，如果我们能够做到直面挫折，那么每一次面对挫折，我们应该高兴才对，因为每一次的磨炼都是对我们坚韧品格的铸造。愿同学们能够积极面对生活，敢于直面挫折，将困难转化为人生的另一笔财富。

集体唱真心英雄歌曲：不经历风雨，怎么见彩虹？没有人能随随便便成功。

四、班会反思

本节课以名人故事学习为主导，让学生从明确挫折定义，如何直面挫折，积极应对挫折到最后感谢挫折铸就坚韧品格。虽然班会课已经结束了，但是学生的实际行动才刚刚开始，作为教师还得引导学生前行，尤其是当他们在学习、家庭、个人因素中遇到的棘手问题时，要鼓励学生们积极面对。

附件：

1. 文章——曼德拉的 27 年牢狱生活。（略）
2. 歌曲——真心英雄。（略）

"学哥学姐，行业先锋"主题班会课文案

一、班会背景

通过近一个学期的职教学校生活和学习，大家都对各自的专业有了不同程度的认识，适时引导学生放眼社会、了解行业，有助于学生更科学地进行个体的职业规划。本节班会课把宏观的行业介绍浓缩到学校优秀毕业生的事迹之中，更生动地展示行业特点。

二、班会目的

(1)学习每个专业优秀毕业生的事迹，引导学生树立正确的楷模观。

(2)剖析他们的成长经历，让学生了解每个人的成功都不是偶然。

(3)为自己树立追逐的目标，培养职业规划意识。

三、班会流程

第一环节：微电影欣赏(20分钟)

设计意图：通过观看电影了解动漫优秀毕业生陈晨的成长历程，引导学生认真思考自己的职业规划，合理利用时间，制定目标，努力实现自己的职业理想。

教师引导：同学们看完这部微电影，你想到了什么？

学生讨论：学生可以相互讨论，然后分享感受。

教师小结：每一个人都有不同的成长过程，关键是你要用认真的态度面对自己的梦想、用坚持的行动去孕育自己的梦想，用永不放弃的精神去追逐自己的梦想。

第二环节：专业优秀毕业生故事会(15 分钟)

设计意图：通过讲述每一个专业优秀实习生、毕业生的成长历程，引导学生正确认识自己未来岗位的特点，了解岗位所需要人才的特点，从他人的工作经历中，思考自己现在的不足和未来努力的方向。

教师引导：请同学们认真听我专业优秀毕业生的故事，大家看看这些同学在岗位上工作的多长时间，先后取得怎样的成绩。当他们遇到困难，他们是怎样做的？

(1)阳光总在风雨后：2006 届影视动漫专业毕业生高瑞军。

(2)年轻的获奖专业户：航空服务优秀毕业生郑美兰。

(3)梦开始的地方：2005 届导游服务专业毕业生唐海丽。

(4)烹饪大师郭强力推口菜上新高：烹饪专业优秀毕业生郭强。

(5)追逐梦想之路：2010 届学前教育专业毕业生李月。

(6)苦累背后的美好：1985 届计算机应用与技术专业毕业生王敬民。

同学们畅所欲言：寻找自己的榜样，确定自己的目标，了解将要面对的挑战。

第三环节：成为岗位明星需要什么(10 分钟)

设计意图：教师归纳总结，为学生明确自我完善的品质。

教师小结：大家分析得很好，老师把大家的发言归纳总结如下：

首先，要让锻炼自己，让自己具备成功者的特质。

第一，自信是每一个成功者必须具备的素质。成功者的自信总是建立于自己的真才实学之上，并笃信自己能够成功。

第二，坚韧的毅力是每一个成功者身上所表现出来的共同特征。面对挫折，他们不会退却，而是充分调动自己全身的力量，向挫折发出挑战，并从挫折中吸取教训，找出方法。

第三，是成功者所具有的坚定的意念。每一个成功者都会坚定不移地向着自己的目标前进，即使在前进的旅途中遭受失败，他们也不会因此而气馁，而是及时地总结失败的教训，继续前进，直到达到目标。

第四，最重要的一点，是成功者所具备的良好心态。每一个成功者，都拥有一份积极的心态，无论在朝向成功的道路上遭遇什么样的打击与折磨，成功者都会以一种积极的心态去面对这些打击和折磨，用自己的每一点进步来激励自己。

其次，要明白没有一件事情是一蹴而就的，成功需要时间，分享一个故事：

一个口译班，有一位老师大概 30 岁，长得很漂亮，打扮也很时尚，口译功夫了得，每次都来去匆匆，中午就花 5 分钟的时间泡一碗面吃。后来才知道，她大学学的是历史，她的本职工作是一家公司的公关部经理，儿子已经 5 岁，她每天要上班、做家务、带孩子。与我们不同的是，她拥有人事部二级口译证书，每个月都有天南海北的会议翻译任务，还兼任这家口译中心的导师。

打开她的博客，已经更新了 500 多页，有 2000 多个帖子，全部都是每天她自己做口译练习的文章，平均每天两篇长的一篇短的，她坚持做这件事已经快 10 年了，非专业出身的她因为爱好英语一直努力。

我对她表示钦佩，她说，10 年前，她曾经看到一份调查报告，一个人如果要掌握一项技能，成为专家，需要不间断地练习 10000 小时。当时她算了一笔账，如果每天练习 5 小时，每年 300 天的话，那么需要 7 年的时间，一个人才能掌握这项技能。

她说，幸运的是，我知道自己想掌握什么技能，我只需要立马投入干起来就行了，我没有 5 小时的时间，我每天只能学习 3 小时，现在已经快 10 年了，我觉得自己差不多已经掌握了这个技能吧。六六在微博中也提到过这个理论，她说自己就是经过 7 年的努力写作，才成为一名作家，披头士乐队在成名前已经举办过 1200 场音乐会，比尔·盖茨在发家之前已经做了 7 年的程序员。

教师总结：同学们，不管怎样，挑出一件你认为最重要的事情，然后给自己做个时间表，保证自己在未来的一个星期至一个月的时间里每天至少专注于这件事情 2 小时——当然，如果能做到专注 3 小时更好。

四、班会反思

本节课以每个专业优秀毕业生的奋斗经历为例，让学生通过身边的成功案例鼓舞自我，明确努力方向。但是，由于每个专业的人物事迹不一样，有的可能不具备典型性。如果班主任能挖掘更好的案例，班会效果会更突出。

附件：

1. 关于陈晨的微电影。

2. 典型人物的事迹。（学校官方网站）

"回顾过去，展望未来"主题班会课文案

一、班会背景

经过一个学期的学习，临近新年和寒假，学生们都心情激动。在这个新旧交替的时刻，应带领学生总结反思过去，从中得到启迪；展望未来，让大家在明确的梦想与目标的引领下越走越好。

二、班会目的

(1)让学生明白反思对未来发展的重要性。

(2)让学生能够学会盘点得失，学会鼓励自我、超越自我。

(3)让学生学会规划人生。

三、班会流程

第一环节：回顾 2014 年(10 分钟)

设计意图：利用图片视频等手段，让学生们回忆起自己在 2014 年的学习生活，激起学生回忆及反思。

视频：《我们的 2014》。

1. 教师播放《我们的 2014》的视频

2. 全班分享

大家刚看到了我们从入校到军训以及参加各种学习活动的场景，你还回忆起了什么？

在这些活动中你有什么收获？有什么遗憾？

如果再给你一次机会你会怎么做？

3. 教师点评

从孩子们回忆的语言中让孩子们学会总结与反思。

第二环节：如此不一样(15 分钟)

设计意图：以小品形式，对比学生们从入校以来的变化。通过相互讲述成长故事让学生看到自己的变化，欣喜自己的变化，家长以电话连线的方式出现，让学生们看到自己的成长，为规划今后的生活做铺垫。

游戏体验：

(1)把全班同学的名字放入抽题箱内，班主任以及班长、同学代表抽取学生的名字，然后形容以前的她和现在的她对比。

(2)教师抽取：(小 A：入学)老师问你们来到中职学校的目标是什么？

以前小 A 回答：我没什么目标，过一天算一天。主要我不来，我爸妈揍我。

现在小 A 回答：我想通过我的努力，学好技能，参加省技能大赛，三年以后在岗位竞聘中获得一席之地。

(3)班长抽取：(小 B：上课)上课的时候。

以前小 B：东张西望、不停做小动作，如转笔，看漫画等。

现在小 B：集中精力，认真记录。

(4)分组讨论：你对这两位同学在 2014 年中的变化作何评价。

(5)全班就变化与成长发表想法。

(6)家长嘱托：通过连线家长，来鼓励孩子积极应对自己的变化。并且为今后的变化加油鼓劲。畅想希望孩子是什么样子。

第三环节：畅想 2015(15 分钟)

设计意图：中职学生制定目标与规划生活的能力较差，授人以鱼，不如授人以渔。所以在班会课中老师应教会学生如何制定目标与规划生活。

1. 欣赏歌伴舞《春天的芭蕾》

2015 年即将来到，新的春天也到来了，那么你在这新的春天中有什么感受吗？

2.2015 年即将到来，你准备好了吗

请大家花三分钟的时间思考，在我们准备的贴纸上写出你的梦想与新年目标计划。

把学生写好的梦想计划书粘贴在准备好的板报上。

3. 请同学介绍自己的梦想与计划

新年计划	姓名		人生目标	
	身边榜样		竞争对手	
	近期学习目标		明年完成的目标	
	好习惯 1		好习惯 2	
	必改坏习惯			
	激励自己			

将同学的梦想收纳到盒子中，在今后开启观看完成目标情况。

第四环节：共同种植新年梦想种子

结束语：每一个人的路都不可能是平坦的，所以路上才会有那么多虽然艰难却依然努力前行的勇敢者，沉舟侧畔千帆过，病树前头万木春。

同学们，新的一年开启新的希望，新的空间承载新的梦想，拂去岁月之尘，我们应该以焕然一新的面貌去迎接曙光。

作为中职生，我们应该时刻绷紧脑子里的弦，做到分秒必争，学好专业知识。

同学们，期末考试又将来临了，怎样才能打一场漂亮的胜仗呢？

同学们，技能展示汇报会和元旦晚会即将开始，你准备好了吗？

四、班会反思

本节课从回忆到反思让学生明白，做一个简单的人，踏实而务实。不沉溺幻想，不庸人自扰。要快乐，要开朗，要坚韧，要温暖，对人真诚。要诚恳，要坦然，要慷慨，要宽容，要有平常心，永远对生活充满希望，对于困境与磨难，微笑面对。本课后期跟踪很重要，梦想计划书可以随时激励学生。

附件：

1.《我们的 2014》视频。

2.《春天的芭蕾》。

"如何过一个有意义的假期"主题班会课文案

一、班会背景

令人愉悦的假期即将开始，如何安排假期生活，成为了学生和家长关心的话题，对于学生而言，假期无疑是一个难得的休息、放松好时机；更多的学生认为放假就是上网，游玩，睡觉，"学了一年了，我可不想连假期都在学习"。为使学生过一个有意义的假期，特召开本次班会。

二、班会目的

(1)让学生学会合理安排假期的学习与生活，制订相应计划。
(2)指导学生参加社会实践活动，使自己的假期过得真切而充实。
(3)帮助学生养成良好的生活和学习习惯。

三、班会流程

第一环节：故事导入(5分钟)

设计意图：让学生从亲身经历以及故事中感悟，要过个有意义的假期，就得用积极的行动主导我们的生活，不让它被无聊、懒散、颓废、烦闷以及无休止的玩闹占满。

花飞逐水流，随着时间的飞逝，又一个假期就要到来了。如何度过这个假期才算是有意义，怎样才能让自己不后悔呢？本次班会主题——如何过一个充实而有意义的假期。

在同学们说出你的答案以前，先听老师来讲一个故事，一位哲学家用多年的功夫培养了一班学生，最后，他把弟子们带到旷野之中上最后一堂课。哲学家问道："这旷野上长满了杂草，现在我想知道的是，如何除掉这些杂草？"弟子们十分惊讶，一直在探讨人生奥秘的哲学家，最后一课的考题竟是这么简单。一个弟子说："老师，只要用铲子就够了。"另一个弟子说："用火烧也是很好的办法。"第三个弟子说："撒上石灰就会除掉所有的杂草。"第四个弟子说："斩草除根，只要把根挖出来就行了。"等弟子们都讲完了，哲学家站起来说："课就上到这里。你们回去后，按照各自的方法除去一片杂草。一年后再来这里相聚。"一年后，弟子们都来了，他们发现原来相聚的地方不再是杂草丛生，而是变成了一片长满谷子的庄稼地。弟子们恍然大悟，明白了老师的教诲：要想除掉土地上的杂草，最好的方法，就是在上面种上庄稼。

同样，要过个有意义的假期，就得用积极的行动填满我们的生活，不让它被无聊、懒散、颓废、烦闷以及无休止的玩闹占满。

第二环节：学生交流(15分钟)

设计意图：集思广益让学生收集有意义的事情，并考虑自己打算做的这些事情到底是不是有意义的。

(1)学生分组交流，说说自己在暑假中打算做些什么事情。(指定几位同学说说自己的打算)

(2)讨论：这个假期要如何度过才算不虚度，如何度过才算是对自己有意义？(小组汇报讨论结果)

(3)教师点评。

第三环节：教师进行指导(10分钟)

设计意图：通过教师总结、提炼，指出到底该如何度过一个有意义的假期。除玩乐休息外、学习与社会实践也是假期必不可少的。

1. 假期目标早确定

一提起假期，就会让很多学生欢欣鼓舞，兴奋不已。可是，在高兴之余，千万不要忘记了，假期只是一个休息的站点，不是永远停泊的港湾。很多学生在假期过完之后，再回忆起整个假期生活，都是用了"不堪回首"这个词。究其原因，很大程度上，都是在假期开始时，没有一个明确的目标，只想到放假就要放松，就要胡吃海喝，上网看电视，而很少考虑过怎样度过这个假期才对自己有意义，才能使自己既能轻松，又能娱乐；既有诗意，又有意义。古人云：凡事预则立，不预则废。假期生活也一样。如果在假期来临之前，没有一个明确的安排，没有一个明确的目的。那么整个假期就有可能过得稀里糊涂，等到过后再多后悔也起不到任何作用。所以，在假期之前，尽量要有一个明确的目的：这个假期要如何度过？如何度过才算是有意义？要学会有步骤地安排整个假期的学习生活。使自己的假期过得充实。

2. 作息时间巧安排

假期最容易让人放松，也最容易让人懒，而这方面最突出的表现就是时间上没有一个合理的安排，作息时间混乱。高兴了就会不分白天黑夜地玩，没有节制。甚至有的同学看电视上网能够通宵不休息，把自己的眼睛熬得和小家兔的眼睛一样红。到了第二天便是高卧不起，有时连吃饭也给省了。这种做法，不仅起不到休息放松的作用，而且会把自己的身体搞垮。整个假期过完，自己的生物钟也给颠倒了。开学之后，就会感到难以接受、难以适应而陷入情绪困扰。针对这种情况，最好能够结合自己的实际，制订一个具体可行的作息计划，每天都按时起居作息，这样既能使自己的日子过得充实，又能过得有序。

3. 学习娱乐两不误

一般来说，假期生活相对会宽松一些。但是，对于学生来说，也不可一味地放松，沉溺于娱乐之中而不能自拔，过度玩乐没有节制只会适得其反。因为，假期休息的目的是为了将来更好地学习。如果假期中只是一味地放纵娱乐，就会沉浸在这种氛围中，冲淡学习兴趣，甚至到了新学期，还会有一种失落和不适应感，所以不能只要娱乐不要学习。如何安排好自己的学习和娱乐，其实也是一门学问，要学会结合个人的实际，统筹兼顾，科学安排，注意劳逸结合。一般而言，假期间可以多玩一会，少学习一些，每天的学习时间，不必太多。但是，如果有可能，也可以针对自己的薄弱科目进行强化。对有些学生来说，假期确实是一个补差的好机会。

4. 假期筑起安全门

假期一定要注意安全，游泳、食品、交通、网络、防火、防盗、防被骗，甚至防雷击、防滑坡、防泥石流等安全事项，都不能马虎。

5. 家庭亲情多体会

放假以后，很多学生就会回到自己平时很少有时间停留的家，尤其是一些住校生。假期对于这些学生来说，无疑是一个和亲人交流的机会，也是一个体会亲情的难得时机。对于平时只知道读书的学生来说，平时大都是和自己的同龄人交往，大多是以自己为中心，很少能为别人考虑，很少有人能真正地体会到父母的艰辛。趁着这个时候，帮家里做一些力所能及的家务、多和父母聊聊天，交流思想感情，一来可以感受来自家庭的亲情，二来可以感受一下家长操持生计的不易，同时也可以通过自己的劳动体会生活本身的辛劳。从而学会尊重自己的父母，学会珍惜来之不易的生活，激发自己的上进心。这样的假期对自己今后的成长也许会很有好处的。

6. 社会实践少不了

社会实践是引导同学走出校门，走向社会，接触社会，了解社会，投身社会的良好形式；是培养锻炼才干的渠道；是提升思想，修身养性，树立服务社会的思想的有效途径。通过参加社会实践活动，有助于同学们更新观念，吸收新的思想与知识。

第四环节：学生制定目标(10分钟)

设计意图：通过制定目标，对自己的假期生活有一个规划，同时，开学时对照计划看看自己是否全部完成，对自己也是一个检验(附件 1 一式两份，自己留存一份，班主任留存一份)。

第五环节：班会结束(5 分钟)

一个能主宰自己生活的人，一定是一个成功的人。而真正的成功是需要坚持的，不能在假期刚开始时信心满满、热情十足，过了没几天便把豪情壮志抛在脑后。要做就要始终如一，要做就要坚持到底。

四、班会反思

与学生"玩得开心"的心情不同，许多家长则担心孩子假期变得懒散，迷恋网络；更多家长则希望假期里能让孩子继续学习，多参加一些集体活动。针对假期学习问题，召开此次班会，教会学生适度学习利用好假期的时间。本次班会课存在的问题是对于"有意义"的定义局限性很强。

附件 1：

节假日学生学习计划总结表。同学们，我们的优秀在于能时刻牢记理想和目标，并不断为之奋斗，用坚定的信念和严谨的态度克服一切困难，勇往直前，直至实现目标。因此，每一天对于我们来说都很重要，每一天对于我们都很珍贵，要战胜我们的对手，就要努力努力再努力，坚持坚持再坚持，我们有无穷的力量和智慧，一定赢得最后的胜利！

放假日期	计划做的事	自评	家长评价	班主任评价

附件 2：

　　全国著名的推销大师，即将告别他的推销生涯，应行业协会和社会各界的邀请，他将在该城中最大的体育馆，做告别职业生涯的演说。那天，会场座无虚席，人们在热切地、焦急地等待着，那位当代最伟大的推销员，作精彩的演讲。当大幕徐徐拉开，舞台的正中央吊着一个巨大的铁球。为了这个铁球，台上搭起了高大的铁架。一位老者在人们热烈的掌声中，走了出来，站在铁架的一边。他穿着一件红色的运动服，脚下是一双白色胶鞋。人们惊奇地望着他，不知道他要做什么。这时两位工作人员，抬着一个大铁锤，放在老者的面前。主持人这时对观众讲：请两位身体强壮的人，到台上来。好多年轻人站了出来。老人这时开口和他们讲规则，请他们用这个大铁锤，去敲打那个吊着的铁球，直到把它荡起来。一个年轻人抢着拿起铁锤，拉开架势，抡起大锤，全力向那吊着的铁球砸去，一声震耳的响声，那吊球动也没动。他就用大铁锤接二连三地砸向吊球，很快他就气喘吁吁。另一个人也不示弱，接过大铁锤把吊球打得叮当响，可是铁球仍旧一动不动。台下逐渐没了呐喊声，观众好像认定那是没用的，就等着老人做出什么解释。会场恢复了平静，老人从上衣口袋里掏出一个小锤，然后认真地，面对着那个巨大的铁球。他用小锤对着铁球"咚"地敲了一下，然后停顿一下，再一次用小锤"咚"地敲了一下。人们奇怪地看着，老人就那样"咚"地敲一下，然后停顿一下，就这样持续地做。十分钟过去了，二十分钟过去了，会场早已开始骚动，有的人干脆叫骂起来，人们用各种声音和动作发泄着他们的不满。老人仍然一小锤一停地工作着，他好像根本没有听见人们在喊叫什么。人们开始愤然离去，会场上出现了大块的空缺。留下来的人们好像也喊累了，会场渐渐地安静下来。大概在老人进行到四十分钟的时候，坐在前面的一个妇女突然尖叫一声："球动了！"刹那间会场立即鸦雀无声，人们聚精会神地看着那个铁球。那球以很小的摆幅动了起来，不仔细看很难察觉。老人仍旧一小锤一小锤地敲着，人们好像都听到了那小锤敲打吊球的声响。吊球在老人一锤一锤的敲打中越荡越高，它拉动着那个铁架子"哐、哐"作响，它的巨大威力强烈地震撼着在场的每一个人。终于场上爆发出一阵热烈的掌声，在掌声中，老人转过身来，慢慢地把那把小锤揣进兜里。老人开口讲话了，他只说了一句话：在成功的道路上，你没有耐心去等待成功的到来。那么，你只好用一生的耐心去面对失败。

"假期生活分享——我的精彩我做主"主题班会课文案

一、班会背景

放假前夕召开班会，指导学生如何度过一个有意义的假期，所以开学召开本次班会课既是对假期生活的检查、分享，也是引导学生做事善始善终，相互传播正能量的一个过程。同时，新学期伊始，学生需要进行自我调整，合理地规划新学期的任务和目标，从而实现成长中的又一次进步。

二、班会目的

(1)鼓励学生过有意义的假期，向家庭、社会传播青春正能量。
(2)在小组交流中分享彼此的成长故事，感受彼此的喜怒哀乐。
(3)让学生尽快进行自我调整，从假期模式顺利过渡到学习模式。
(4)了解新学期的学习任务，学会合理规划时间和目标。

三、班会流程

第一环节：回顾假期，乐趣无穷(20分钟)

设计意图：通过假期故事分享，评选出最有意义的事迹、最具正能量的传播者，达到相互学习的目的。

新春伊始，万物复苏。在这个生机盎然的季节里，我们迎来了新的学期。从大家充满喜悦的脸上我看到大家这个假期都过得非常愉快，生活得非常幸福。在放假期间，你们是否按照自己的计划去执行了？拿出计划表我们一一来梳理一下，看看哪位同学是按照自己的计划去做的。

（1）以小组为单位推举出落实计划最好的学生，教师为其颁奖。

（2）以小组为单位推荐出你们认为最有意义的事、最有正能量和最典型的故事和大家交流、分享。

（3）由全班投票推选出班级最有意义的事、最有正能量的人物，教师为其颁奖。

教师小结：在过去的旅途中，我们分享彼此的成长，感受彼此的快乐、感受彼此的青春正能量，接下来我们将迎来一个新的征程。在新的学期，我们有更重要的任务完成，需要投入更多的时间和精力来努力完成学业。希望同学们能够及时地调整好心态，投入到后面的学习中。

第二环节：畅谈打算，展现风貌(5分钟)

设计意图：通过制订新学期计划，可以使学生清晰地理清短期的目标，并朝着制订的目标努力。

假期愉快而又难忘地过去了，现在进入了正式的学习阶段。我们进入了新的学年。新学期，你准备好了吗？

1. 故事分享

父亲带着三个儿子到草原上猎杀野兔。在到达目的地，一切准备得当，开始行动之前，父亲向三个儿子提出了一个问题："你看到了什么呢？"老大回答道："我看到了我们手里的猎枪、在草原上奔跑的野兔还有一望无际的草原。"父亲摇摇头说："不对。"老二的回答是："我看到了爸爸、大哥、弟弟、猎枪、野兔，还有茫茫无际的草原。"父亲又摇摇头说："不对。"而老三的回答只有一句话："我只看到了野兔。"这时父亲才说："你答对了。"(从这个故事中你懂得了什么)

2. 教师引导

有了明确的目标，才会为行动指出正确的方向，才会在实现目标的道路上少走弯路。事实上，漫无目的，或目标过多，都会阻碍我们前进，要实现自己的心中所想，如果不切实际，最终可能是一事无成。

下面你们来说说在新学期我们班级和个人应该怎样做呢？（学生各抒己见，分析班级特点、取长补短、制订班级目标及分析个人努力方向）

第三环节：师生归纳，遵守倡议(10 分钟)

设计意图：新学期、新面貌、新要求，不仅学生需要调整，班级各方面工作也需要调整，通过学生的个人分析及建议，共同创建优秀班集体，完成个人目标。

1. 填写个人情况分析表(附件 1)

填写完成后，让学生把这张表贴在桌角，激励自己的学习生活。

2. 填写真情卡(附件 2)

收齐真情卡后可以简单地汇总一下学生对班级建设的总体规划，念给大家听。课后，汇总成倡议书集体签名，用于规范言行。

第四环节：班主任寄语(5 分钟)

设计意图：所有的成功都离不开行动、坚持和努力，用这些语言激励学生用心去生活、用心去学习、用心回报社会。

(1)学习这件事，不是缺乏时间，而是缺乏努力。

(2)此刻打盹，你将做梦，此刻学习，你将圆梦。

(3)勿将今日之事拖到明日。

(4)含泪播种的人，一定能含笑收获。

(5)学习时的痛苦是暂时的，未学到的痛苦是终身的。

(6)谁也不能随随便便成功，它来自彻底的自我管理和毅力。

结束语：新的学期，新的征程。愿同学们在这个幸福温暖的大家庭里，快乐每一天，进步每一天，收获每一天！

四、班会反思

学生假期生活非常丰富，问题在于引导他们正确认识哪些事情是"有意义"的，引导他们相互学习、取长补短，在以后的假期生活中越过越有意义。

附件1：

我的理想： 我本学期的目标： 我的座右铭：
我学习上的优势： 1. 2. 3.
我学习上的薄弱环节： 1. 2. 3.
我努力的方向：

附件2：

班级优势	
班级不足	
班级发展建议	

"心存感恩"主题班会课文案

一、班会背景

当今部分中学生每天享受着父母的关爱，每天接受着老师孜孜不倦的教导，却视而不见，有的学生甚至对父母和老师恶语相向。事实上，不懂得感恩，就失去了爱父母的感情基础，连自己的父母都不爱的人又怎么可能将来爱事业、爱国家？因此，"感恩教育"是贯穿学生成长的主要教育内容。

二、班会目的

(1)通过感恩教育让学生学会换位思考，体会到父母、教师的不容易，学会理解他人，学会心怀感恩之情。

(2)让学生从感恩父母、感恩师长开始，学会关心身边的人，关心自然环境，关心社会发展，做个心怀感恩，有责任心的青年人。

(3)引导学生理解感恩的含义，用实际行动去诠释感恩。

三、班会流程

第一环节：导入(2分钟)

感恩的心，感谢生命。心存感恩，会让一句简单的话语充满神奇的力量，让那些琐碎的小事一下子变得无比亲切起来。心存感恩，知足惜福。今天我要带同学们走进感恩的话题，体验爱的力量。

第二环节：在歌声与视频中体悟感恩(42分钟)

设计意图：以视听形式，直接激发学生内心情感的共鸣，通过学生的自我教育，学习、继承中华民族优秀文化传统，体会父母、师长无私的爱，懂得滴水之恩，涌泉相报的真正内涵。

(一)感恩父母(25分钟)

教师引导：有这样一首诗，大家可能都会记在心里，是孟郊的《游子吟》："慈母手中线，游子身上衣。临行密密缝，意恐迟迟归。谁言寸草心，报得三春晖。"这是一首母亲的赞歌，我们最应该感激的就是一直以来默默付出，无私地、不求任何回报地疼我们、爱我们的爸爸妈妈。

1. 组织学生观看视频《每个人都有一个"坏妈妈"》和《爱的四季》

教师引导：通过短片，你是否想起了自己的爸爸、妈妈，父母养育了这么多年了，你了解他们吗？下面，我们做个测试小游戏，看看你的感恩指数。

2. 组织学生进行小测试，测试内容"你是否常怀感恩之心"

(1)经常主动为父母承担家务劳动。

(2)他们有困难，我会关心。

(3)我感到很幸福。

(4)如果爸妈心里不开心，我会想方设法调节家庭气氛。

(5)我对自己的前途充满信心。

(6)我的小伙伴很多，互相之间都很关心。

(7)每年教师节，我都会给我的老师送一张"尊师卡"。

(8)我从不浪费一粒粮食，也不挑食。

(9)在生活上，我不与同学攀比，也不追求名牌。

(10)不管校内校外，我都非常爱护植物，不采摘花木。

每题答是或否：是1分，否0分，有时候是0.5分。

解析：

5 分以下(含)：你的家庭亮起了"红灯"。在你的家庭，在你的身上缺少"感恩之心"。

5～7 分：你的家庭亮起了"黄灯"。你也许在物质上什么也不缺，但缺少人文关怀，缺少感恩之心，所以，距离幸福家庭尚有一段不小的距离。

7～9 分：你的家庭亮起了"绿灯"，你是一位懂得感恩的人，为了家庭的幸福，你还要继续努力。

9 分以上：恭喜你，你正在享受幸福的家庭生活。

3. 播放歌曲《父母的生日你还记得吗》

教师引导：同学们，在测验的欢笑中，大家是否认真的思考"感恩"的含义，现在大家能分享一下我们思考后的感受吗？(学生谈感受)

教师小结：家是每个人爱的港湾，父母的爱有时候让我们觉得过甜，父母的要求有时候让我们觉得过多，可我们是否想过，即使我们不完美，父母却从没停止过对我们的呵护和爱。"树欲静而风不止，子欲养而亲不待"，孝敬父母就是从现在开始多陪他们说说话，和他们一起做家务，和他们一起串个门，在生活中的一件件小事中，让他们感受到儿女的爱。

(二)感恩师长(16 分钟)

1. 播放《尊师重道》视频(台湾)

教师引导：教师是陪伴我们成长的第二个重要角色，有的老师慈祥地像妈妈，有的老师像姐姐，有的严肃地像法官，但是无论怎样，他们都盼着我们成长、成才，希望我们是优秀的青年人。能谈谈你最敬重的一位老师吗？

2. 学生谈自己和老师的故事

教师引导：有的同学谈到，他遇到过老刁难自己的老师、专门挑自己毛病的老师，这样的老师我们该不该尊重？先看一组出现在学校的现象(上课睡觉、发呆、看课外书、抄作业、玩手机、乱丢垃圾、逃避值日、和同学闹矛盾甚至欺负别人、给别人起外号，在学校充当"老大"专门给别人摆平困难……)同学们，现在假设你是老师，遇到这样的学生，你该怎样处理？或者你班上有一位这样的同学，你是管还是不管？管就需要老面对他处理问题，听之任之又是老师的失职，怎么办？

3. 学生分组讨论，代表发言

4. 欣赏歌曲《老师》，在乐曲中教师小结

教师小结：在大家的探讨中，我发现大家学会了换位思考，感受到了教师责任的重大。同学们，理解是尊重的基础，也是感恩的开始。我提议，在班会课后我们给以前的老师打个电话，汇报一下自己的成长，问候一下老师。生活中，感恩是需要付出的，在付出中你会体会到，做爱的传播者，是一件幸福的事情。

结束语：在生活中，我们首先要感恩的是父母，因为他们生养了我们；其次，我们要感恩的是老师，因为他们教育了我们；另外，我们还要感恩朋友和对手，因为他们促进了我们的成长；最后，我们还要感恩自然，因为自然给了我们阳光雨露。可以这样说，面对生活，我们就要怀着一颗感恩之心。同学们，让我们伴随着歌曲《感恩的心》，结束今天的班会课，开始我们爱的旅程吧！

四、班 会 反 思

本节课以视听感受为主导，侧重学生的自我教育，感恩教育是一个长期的、坚持不懈的过程，需要每一个老师、每一位家长的参与，只有这样才能让感恩教育走的长远。为了巩固教育的成果，使感恩观念深入学生头脑，使其成为学生的一种习惯，建议课后可以采用以下方法，深化教育活动：写出对主题班会的感受，并在学生中进行交流，将好的作品进行展览；开展了一次"感恩，从我做起"的演讲比赛。

五、班 会 准 备

做好感恩教育的前奏。

主要是在学生中先制造烘托出一种感恩的气氛(一周的时间)。

包括以下主要内容：

(1)给父母写一封感恩的信(需要班主任在整个过程中予以感情上的指引，在整个过程中会发现学生写出的都是真情实感)。

(2)仔细观察在生活中你应该感激的人或事有哪些并记录下来。

(3)写下一周内你认为别人应对你表示感谢的事情。

(4)写出经历以上活动后，你的感受。

通过这一阶段，学生逐渐有了感恩的意识，但是并不深刻，需要经一步的引导和拓展。

六、班会材料

歌曲《父母的生日你还记得吗?》

也许你爱学习，刻苦奋发，都说明你努力，让自己成长，日复一日，寒来暑往

父母的生日，你还记得吗？你的生日总有父母的牵挂，吃啥要啥，有啥给你啥

你所有的生日，父母都没有落下，父母的生日，你还记得吗？

也许你爱玩耍，很晚才回家，不说明你忘了，父母在家，孝敬父母，爱需要表达，

父母的生日，你还记得吗？

歌曲《老师》

老师啊，我亲爱的老师，你就是我最爱的爸爸妈妈。

做事先要做人，做人要有理想，你对我的教导，我会一生珍藏。

你就像妈妈，教我做人要善良；你就像爸爸，教我做事要坚强。

你就像妈妈，教我学会感恩；你就像爸爸，教我挺起脊梁。

老师啊，我亲爱的老师，你是那样的伟大无私。

生活再多坎坷，工作再多迷茫，你对我的教导，我会一生珍藏。

"缅怀先烈，担当责任"主题班会课文案

一、班会背景

结合校园成人教育、责任教育活动，通过缅怀先烈们的丰功伟绩，学习他们无私奉献的爱国主义精神，让学生时刻不忘身上所肩负的历史使命，把"做有责任感的中国人"作为目标，在革命精神的激励下奋发图强，报效祖国。

二、班会目的

(1)通过缅怀革命先烈，使学生感受革命先烈爱祖国、爱人民的情怀以及英勇无畏的精神，对学生进行爱国主义教育。

(2)让学生了解祖国的发展，做到不忘历史、努力学习，为建设富强、民主、文明的祖国贡献力量。

(3)启发学生继承先烈遗志，努力学习，提升自身的社会责任感，担当起国家繁荣昌盛的历史使命。

三、班会流程

第一环节：畅想国歌 缅怀先烈(2分钟)(播放《义勇军进行曲》视频)

这支由田汉作词、聂耳作曲的《义勇军进行曲》即中华人民共和国国

歌，诞生于抗击日本帝国主义侵略的战争年代，曾作为国民革命军 200 师的军歌，1949 年成为中华人民共和国国歌，象征着在任何时候任何地点，为捍卫国家和民族的尊严，中华民族的坚强斗志和不屈精神永远不会被磨灭。

我们的祖国历经了诸多天灾人祸，却能够在屡遭挫折后又屡次崛起，在数经劫难后又再度辉煌。原因何在？就是因为我们伟大的中华民族有无数个为她抛头颅、洒热血，不惜牺牲生命的仁人志士、圣贤英杰，他们是中华民族的脊梁。今天我们在鲜艳的五星红旗下，怀着一颗感恩的心，缅怀和纪念我们的革命先烈。

第二环节：红色记忆　青春故事(15 分钟)

设计意图：通过英雄事迹分享，再现英雄人物当年的经历。将学生带入革命战争的情景，感受革命先烈爱祖国、爱人民的情怀以及英勇无畏的精神，引发学生对祖国历史的思考，对英雄革命精神的崇敬。

1. 夏明翰(教师讲述)

"砍头不要紧，只要主义真。杀了夏明翰，还有后来人！"这是中国共产党党员夏明翰在被国民党反动派杀害前，写的一首气壮山河的就义诗，一直为人们所传颂。

夏明翰，著名无产阶级革命烈士，为中国人民解放事业英勇献身。12 岁随全家回乡，从衡阳走向学校，走向社会，走向革命的行列。1919 年在衡阳参加学生爱国运动。1921 年入湖南自修大学学习。1924 年任中共湖南省委委员，并负责农委工作。1925 年兼任省委组织部长、农民部长和长沙地委书记。极力主张武装农民。在推动湖南农民运动方面起了重要作用。1926 年 12 月，主持召开了湖南省第一次农民代表大会。1927 年春，任全国农民协会秘书长兼武汉中央农民运动讲习所秘书。6 月，调回湖南，任中共湖南省委委员兼组织部长。中共"八七"会议后，在湖南积极参加组织秋收起义。10 月，兼任平(江)浏(阳)特委书记。1928 年年初，调任中共湖北省委常委。

1927年蒋介石公然背叛革命，大肆屠杀中国共产党人，中华大地一片腥风血雨，革命处于危急关头。毛泽东决定组织平江、浏阳的武装暴动与中央配合作战，为此特派共产党员夏明翰到长沙一带进行活动。夏明翰早已做好为革命牺牲的准备，告别妻子后，他来到平江浏阳一带，奔走城乡组织暴动。反动派惨遭挫败后到处悬赏捉拿他。后来革命党军警特务利用叛徒宋若琳终于将夏明翰逮捕。敌人用尽了威逼利诱，严刑拷打种种伎俩，对于胸怀共产主义理想的夏明翰，皮肉的痛苦不能动摇他革命的坚强意志。夏明翰始终坚贞不屈。反动派无计可施将他杀害。在牺牲前他挥笔写下了"砍头不要紧"的就义诗。这一正气凛然的词句，当时就被人称做热血谱写的革命战歌，激励了无数后人为之奋斗。

2. 董存瑞(视频播放)

董存瑞，1929年生，河北省怀来县人。出身于贫苦农民家庭。当过儿童团长，13岁时，曾机智地掩护区委书记躲过侵华日军的追捕，被誉为"抗日小英雄"。1945年7月参加八路军。后任某部六班班长。1947年3月加入中国共产党。他军事技术过硬，作战机智勇敢，在一次战斗中只身俘敌10余人。先后立大功3次、小功4次，获3枚"勇敢奖章"、1枚"毛泽东奖章"。他所领导的班获"董存瑞练兵模范班"称号。

1948年5月25日，我军攻打隆化城的战斗打响。董存瑞所在连队担负攻击国民党守军防御重点隆化中学的任务。他任爆破组组长，带领战友接连炸毁4座炮楼、5座碉堡，胜利完成了规定的任务。连队随即发起冲锋，突然遭敌一隐蔽的桥型暗堡猛烈火力的封锁。部队受阻于开阔地带，二班、四班接连两次对暗堡爆破均未成功。董存瑞挺身而出，向连长请战："我是共产党员，请准许我去!"毅然抱起炸药包，冲向暗堡，前进中左腿负伤，顽强坚持冲至桥下。由于桥型暗堡距地面超过身高，两头桥台又无法放置炸药包。危急关头，他毫不犹豫地用左手托起炸药包，右手拉燃导火索，高喊："为了新中国，冲啊!"碉堡被炸毁，董存瑞以自己的生命为部队开辟了前进的道路，年仅19岁。

3. 请同学们结合自己所熟知的英雄人物，谈谈对革命烈士的认识(小

组讨论，代表发言）

(1)不怕困难，坚持到底的精神。

(2)为了革命，抛头颅、洒热血的精神。

(3)牺牲自己，造福后人的精神。

(4)革命的乐观主义精神。

4. 知识竞赛：触摸红色经典

(1)中华人民共和国国歌的作曲是谁？聂耳。

(2)1947 年 1 月，山西省文水县少年女英雄刘胡兰被国民党用铡刀杀害，毛泽东亲笔为她题词——"生的伟大，死的光荣"。

(3)《义勇军进行曲》最初是一首（　　）。在抗日战争中，这首振奋人心的歌曲激励着全国军民浴血奋战，后来成为中华人民共和国国歌。

　A. 电影歌曲　　　　　B. 独唱歌曲　　　　　C. 东北义勇军军歌

(4)电影《小兵张嘎》讲述了一个发生在（　　）时期的故事。

　A. 抗日战争　　　　　B. 解放战争　　　　　C. 抗美援朝战争

(5)每年 8 月 1 日，我国各大军区等都会举行一系列活动，请你判断这是为了纪念（　　）

　A. 南昌起义　　　　　　　　　　B. 秋收起义

　C. 井冈山会师　　　　　　　　　D. 红军三大主力会师

(6)说出 3 个红色经典人物的名字。

(7)中国人民抗日战争胜利纪念日是哪一天？（　　）

(8)你认为毛泽东的诗句"钟山风雨起苍黄，百万雄师过大江"所指的历史事件是？

　A. 孟良崮战役　　　　　　　　　B. 百团大战

　C. 渡江战役　　　　　　　　　　D. 抗美援朝

(9)中国共产主义青年团团旗旗面为红色，象征（　　）

　A. 革命烈士鲜血所染成　　　　　B. 革命理想

　C. 革命胜利　　　　　　　　　　D. 朝气蓬勃

(10)中国梦指的是什么？（实现中华民族伟大复兴，就是中华民族近代以来最伟大梦想,具体表现就是国家富强、民族振兴、人民幸福。)

5. 教师小结

是无数英雄,前仆后继,取得了革命斗争的伟大胜利,建立了新中国。在社会主义建设时期,虽然没有血与火的洗礼,没有枪与炮的轰鸣,但有像雷锋、铁人王进喜、焦裕禄等为社会主义的向前迈进添油加力的新中国的建设元老;在改革开放和现代化建设的最前沿,有黄旭华(中国核潜艇之父)、胡佩兰(20 年来坚持每天出诊 6 次的百岁仁医)这样的共产党员在自己岗位上做出巨大贡献;还有更多像你们一样的少年,用自己的行动传递着社会的正能量,也让我们看到了新一代青年的成长和担当。

第三环节:英雄出少年(13 分钟)

设计意图:选取年龄相仿的烈士,分析其事迹,从这些英雄身上,感悟年青一代见义勇为的崇高品质、舍己救人的英雄气概、生死与共的团队精神。

1. 夺刀少年(教师讲述案例)

5 月 31 日,在江西宜春市区至金瑞镇的一辆公交中巴车上,一名歹徒将高三学生柳艳兵及其同学易政勇等 5 名乘客砍伤。当歹徒继续举刀要伤及更多乘客时,柳艳兵不顾自身被砍的剧痛,与持菜刀行凶的歹徒搏斗,并最终夺下歹徒手中的凶器,但是自己却身受重伤。

2. 长江大学的学生英勇救人(播放视频)

10 月 24 日 14 时 15 分许,长江沙市宝塔湾,一阵急促的呼救声打破了欢乐与平静,2 名男孩不慎落水。十余名长江大学学生,紧急决定手拉手结成人梯下水施救。两名落水者最终获救,但陈及时、何东旭、方钊等 3 名大学生溺亡,均年仅 19 岁。长江大学 15 名学生结“人链”救人的英雄事迹在神州大地引起强烈反响,3 名牺牲大学生的事迹更是感动了无数人。“感动中国”推选委员会这样评价:他们纵身一跃,划出了人生最壮丽的弧线,他们奋力一举,绽放出生命最高尚的光芒。他们用青春传承了见义勇为,用无畏谱写了英雄赞歌。江水呜咽,万人同悲;英雄远行,生命犹在!

3. 讨论分析

通过观看视频,请同学谈谈你对"英雄远行,生命犹在"这句话的理解。

4. 教师小结

刘培旭同学和长江大学的同学见义勇为的英雄壮举,感人至深,可歌可泣。面对危难,挺身而出,从这些少年的身上,我们看到了"90后"的大无畏勇气,看到了勇于担当的精神,看到了无私的牺牲精神,这是我们中华民族宝贵的精神财富在青年中的传承,这是中华民族不屈的斗志在延续,这是我们民族的希望之光。他们的英雄壮举,是当代大学生们的骄傲与榜样、是时代的楷模,也正是我们学习的榜样。

第四环节:在祖国的发展中感受责任,在自身的成长中勇担责任(15分钟)

设计意图:通过视频,感受祖国的飞速变化,进一步激发学生对祖国的热爱之情,培养他们热爱生活、热爱和平的感情和社会责任感,并为了国家富强和人民幸福而不懈努力奋斗的决心和勇气。

1. 播放中国的宣传片

当今中国,经济社会发展速度举世瞩目,人民群众的创造性得以极大地提高,空前广泛的社会变革给社会发展进步带来巨大的活力,中华民族伟大复兴展现出前所未有的光明前景。请大家同老师一起来感受一下祖国的发展和变化。

2. 小组讨论

作为国家的未来,作为普普通通的中学生,请大家以小组讨论的形式谈一谈"我"的责任究竟在哪里?说说你在生活学习中怎样弘扬革命精神?

3. 教师小结

我们的祖国在飞速发展,我们处在一个急剧变革的伟大时代,希望与失望俱在,机遇与挑战并存。作为一名中学生,我们需要做的就是认真汲取文化知识,开阔视野、关心国家的发展,将祖国的命运和我们自己的成长联系起来，勤奋学习、积极实践，努力提高自己的素质，这一切不单单是为自己将来进入社会而准备，也是为了完成自己肩负的使命而准备。

4. 班级宣誓

我是职教学生，我时刻铭记自己的责任(领誓同学)：

振兴中华(领誓同学)，我的责任(全体同学)！

辉煌职教(领誓同学)，我的责任(全体同学)！

孝敬父母(领誓同学)，我的责任(全体同学)！

学会做人(领誓同学)，我的责任(全体同学)！

责任重于泰山，行动始于今天。为此我们要做到(领誓同学)：

敢于拼搏，用不懈争取进步(全体同学)；

自强不息，用汗水浇灌理想(全体同学)；

超越自我，用奋斗放飞希望(全体同学)。

以我火红青春，建设锦绣中华(全体同学)。

结束语：同学们，今天我们缅怀了为我们幸福生活而艰苦奋斗，付出生命的中华英雄，他们是民族永远的丰碑，他们的精神值得我们学习。梁启超曾说："少年智则国智，少年强则国强。"今天历史的重担不容选择地放在了我们的肩上。就让我们以先烈为榜样，继往开来，用自己的热情、自己的血汗、自己的才智，把握住生命的每一个瞬间，不懈奋斗，超越自我，报效祖国！

四、班 会 反 思

本节课紧紧围绕"缅怀先烈、担当责任"这个主题进行设计，通过情景再现，知识竞赛、故事讲述、视频赏析等多种形式，让学生感悟不同时代英雄人物热爱祖国、英勇无畏的精神，从而让学生更加明确自己作为祖国未来建设者的责任和使命，激发学生发奋图强，报效祖国的决心。

附件：

1.《义勇军进行曲》。

2.《就义诗》夏明翰。

砍头不要紧，只要主义真。杀了夏明翰，还有后来人！

3.《董存瑞》视频。

4.《狼牙山五壮士》视频。

5. 长江大学的学生英勇救人。

6. 中国国家宣传片。

7. 中国军事宣传片。

"高效学习——制定学习目标"主题班会课文案

一、班会背景

学习是学生时代的主要任务,指导学生理解学习、掌握学习和终生学习更是非常重要的。中职学校有很大部分学生以前没有养成良好的学习习惯。进入新学期,面对越来越重的学习压力,学生会出现犹豫、困惑或者想要逃避的思想状态。在这种情况下,不断强化目标指引,推荐科学的学习方法,提高学习效率是十分必要的。

二、班会目的

(1)让学生明白目标对成功的重要性。

(2)让学生学会制定自己的人生目标、近期目标以及实现目标的路径和方法。

(3)让学生学会科学的学习方法,培养良好的学习习惯,提高学习效率。

三、班会流程

第一环节:目标指引前进的方向(5分钟)

设计意图:通过故事,使学生认识到坚定的信念和明确的目标在人生中的重要性。

视频:《动物大迁徙》。

(1)教师播放《动物大迁徙》的视频。

(2)全班分享:大家刚看到了震撼人心的动物大迁徙的场景。千万种动物在草原上朝着一个方向奔跑,靠的是什么?联系我们现在的高中生活实际想象一下。

(3)教师点评:大迁徙靠的是大家的坚定信念和对达成目标的执著追求。

第二环节:如此不一样(10分钟)

设计意图:以小品形式,重现我们平时的学习方法与学习目标,查找问题,解决问题。

1. 观看小品《如此学习》

(1)角色:老师、同桌男生甲,同桌女生乙。

(镜头一:入学)老师问你们来到中职学校的目标是什么?

女生乙回答:我想通过我的努力,学好技能,参加省技能大赛,三年以后在岗位竞聘中获得一席之地。

男生甲回答:我没什么目标,过一天算一天。主要是我不来学校,我爸妈会揍我。

(镜头二:上课)语文课上老师正在讲台上讲课。

女生乙:集中精力,认真记录。

男生甲:东张西望、不停做小动作,如转笔,看漫画等。

(2)分组讨论:你对这两位同学在学习目标和学习过程中的表现有何评价?

(3)全班就学习目标与学习方法的问题自由发表意见。

(4)教师小结:同学们,当大家置身事外,冷静观察别人的生活时,我们会发现很多问题。但是,当我们置身其中时,我们却忽视了自己的问题,甚至麻木地过一天算一天。老师希望大家要相信,只要我们努力、付出,我们就一定会有进步,一定会有收获。

第三环节：集思广益制定目标策略(5 分钟)

设计意图：授人以鱼，不如授人以渔，所以教会学生如何制定目标，可以更好地提高学习效率。

师：我们要有明确的目标，但是该如何制定目标呢？制定目标需要注意什么呢？下面进行小组讨论，准备发言。

生 1：目标要切合自己的实际，比如，我现在如果想夺取班级第一名，就是不切实际的，因为我基础不扎实，所以只能一步步地去超越别人。

生 2：目标要明确，要坚定不变，不能三心二意。

生 3：要时时刻刻记着自己的目标。

生 4：要找个人监督着自己去实现，不然，像我这样自制力很不好的人，会很容易忘记自己的目标。

生 5：目标要能够完成，不能太困难，当然也不能太简单。太困难了就会使自己失去信心，太简单了会没有成就感。

生 6：目标有很多种，有近期的、有长远的、有现在的，也有自己人生的目标。

师：大家说得很好，看来大家都认真地思考了这个问题。基本上包括了制定目标需要注意的各个方面。按照大家说的，制定目标要合理，要记在心里，要有人监督，并且要有自己的人生目标。但是有一点大家没有说明。

生：哪一点？

师：其实大家制定目标时都会认识到的，只是没有说出来，你们制定目标时肯定是要写明一定要在什么时间内完成的。

生：要有一个时间的限制，不然目标也就没有意义了。

师：对，如果没有时间限制，目标就不具备其应有的作用了，比如，你想去洛阳看牡丹，但是你没有标明时间，这个目标也就不会激励着你去实现。但是你如果写上了明年春天 4 月 12 日去看牡丹，那就要按照计划来完成目标。

第四环节：实现目标(25 分钟)

设计意图：指导学生有步骤，科学化地去实现目标，养成良好的学习习惯，合理规划自身发展。

1. 故事分享——分段实现大目标

1984 年，在东京国际马拉松邀请赛中，名不见经传的日本选手山田本一出人意料地夺得了世界冠军。当记者问他为什么取得如此惊人的成绩时，他说了这么一句话："用智慧战胜对手。"当时许多人都认为这个偶然跑到前面的矮个子选手是在故弄玄虚。马拉松赛是体力和耐力的运动，只要身体素质好又有耐性就有望夺冠，爆发力和速度都还在其次，说用智慧取胜确实有点勉强。两年后，意大利国际马拉松邀请赛在意大利北部城市米兰举行，山田本一代表日本参加比赛。这一次，他又获得了世界冠军。记者又请他谈经验。山田本一生性木讷，不善言谈，回答的仍是上次那句话："用智慧战胜对手。"这回记者在报纸上没再挖苦他，但对他所谓的智慧迷惑不解。

10 年后，这个谜终于被解开了，他在《自传》中是这么说的：每次比赛之前，我都要乘车把比赛的线路仔细地看一遍，并把沿途比较醒目的标志画下来，比如，第一个标志是银行，第二个标志是一棵大树，第三个标志是一座红房子……这样一直画到赛程的终点。比赛开始后，我就以百米的速度奋力地向第一个目标冲去，等到我到达第一个目标后，我又以同样的速度向第二个目标冲去。40 多公里的赛程，就被我分解成若干个小目标，轻松地跑完了。起初，我并不懂这样的道理，我把目标放在 40 多公里外终点线上的那面旗帜上，结果我跑到十几公里时就疲惫不堪了，我被前面那段遥远的路程给吓倒了。

教师引导：什么事情都不可能一蹴而就，目标也是一样，需要我们一步一步地去实现，在实现中肯定成绩，思考问题，锻炼心智，为目标实现夯实基础。

2. 成功公式——学会正确的认识学习，掌握实现有效的方法

有个成功公式：$A = X + Y + Z$。A 代表成功，X 代表艰苦劳动，Y 代表正确方法，Z 代表少说废话。这个公式指明了成功的三要素。对于学业来说，成功也有三要素：学习成功＝心理素质＋学习方法＋智能素质。

(1)学习的动机。学习需要动机。由于学生的个人需要而产生的学习内驱力很重要。有人有旺盛的求知欲,对学习有浓厚的兴趣。我们要努力强化学习的动机,树立远大理想,参加各种竞赛,挑战强者,激起学习欲望。看到自己学习成果而受鼓励,从而增强自信,受到挫折时,要有不甘失败和屈辱的精神。

(2)学习的兴趣。浓厚的学习兴趣与效率有密切关系,可以从好奇心和求知欲中激发学习兴趣。如物理的实验,化学的变化等,容易引起人的好奇。往往是刻苦学习后,学生才能发现知识的奥秘和用途,提高学习成绩,所以一定要钻进"书海"去。把知识应用于实践,激发兴趣,用自己所学的知识分析解决出问题时,那种成就感易激发学习兴趣。

(3)学习的情感、意志和态度。将积极的情感同学习联系起来,防止消极情绪的滋生,可以促进学习。善于控制自己,是学习意志力培养的关键。控制和约束自己的行动,控制不需要的想法和情绪,可以使思想集中到学习上来,这点尤为重要。

3.掌握科学的学习方法

(1)预习。在预览教材的总体内容后再细读,充分发挥自己的自学能力,理清哪些内容已经了解,哪些内容有疑问或是看不明白(即找重点、难点),然后分别标出并记下来。这样既提高了自学能力,又为听课"铺"平了道路,形成期待老师解析的心理,这种需求心理必将调动起我们的学习热情和高度集中的注意力。

(2)听课。听老师讲课是获取知识的最佳捷径,老师传授的是经过历史验证的真理,是老师长期学习和教学实践的精华。因为提高课堂效率是极其重要的,那么课堂效率应如何提高呢?

①做好课前准备。精神上的准备十分重要。保持课内精力旺盛,头脑清醒,是学好知识的前提条件。

②集中注意力。思想开小差会分心等一切都要靠理智强制自己专心听讲,靠意志来排除干扰。

③认真观察、积极思考。不要做一个被动的信息接受者,要充分调动

自己的积极性，紧跟老师讲课的思路，对老师的讲解积极思考。

④充分理解、掌握方法。

⑤抓住老师讲课的重点。有的同学在听课，往往忽视老师讲课的开头和结尾，这是错误的，开头的寥寥数语，却是全堂讲课的纲。只要抓住这个纲去听课，下面的内容才会眉目清楚。结尾的话虽也不多，但却是对一节课精要的提炼和复习提示。同时还要注意老师反复强调的部分。

⑥做好课堂笔记。笔记记忆法，是强化记忆的最佳方法之一。笔记，一份永恒的笔录，可以克服大脑记忆方面的局限性。俗语说，好记性不如烂笔头，因此为了充分理解和消化，必须记笔记。同时做笔记时要充分调动耳、眼、手、心等器官协同工作。

⑦注意和老师的交流，目光交流，提问式交流，都可以促进学习。

(3)作业的方法。作业是提高思维能力，复习掌握知识，提高解题速度的途径。通过审题，分析问题，解决问题可以达到巩固检验自己的目的。当然在分析问题时，可有几条思路，如顺推法、逆推法、双向法、辅助法、排除法等，另外作业是千万不可抄的，那样毫无意义。不理解的也要及时弄明白。

(4)复习的方法。德国教育学家第斯多惠说："必须时常回复到所学的东西上而加以复习……牢固地记住所学会的东西，这比贪学新东西而又很快忘掉好得多。"因此往往考前的"临时抱佛脚"是不起作用的。复习在于平时，学生们应如何复习？

①课后回忆。即在听课基础上把所学内容回忆一遍。

②精读教材。对教材理解的越透，掌握得越牢，效率也就自然提高了。

③整理笔记。

④看参考书。这是补充课外知识的好方法。

⑤补缺补漏。系统掌握知识结构。

⑥循环复习。将甲复习完后复习乙，在复习完乙后对甲再进行一次复习，然后前进……这种循环复习利于记忆。

总体来说，科学的学习方法可用如下此歌谣来概括：课前要预习，听课易入脑。温故才知新，歧义见分晓。自学新内容，要把重点找。问题列出来，听课有目标。听课要专心，努力排干扰。扼要做笔记，动脑多思考。课后须复习，回忆第一条。看书要深思，消化细咀嚼。重视做作业，切勿照搬抄。编织知识网，简洁又明了。

教师总结：大家有了规划目标的能力，也有了好的学习方法，下一步就是行动了。老师希望大家今天明确目标，明天就开始心无旁骛，落实目标。希望在期中考试之后，我们每个人都会取得进步！

四、班会反思

本节课从制定目标、实现目标和学习方法三个方面，对学生进行指导。理论知识较多，在实施过程中，可以根据班级的具体情况进行删减，或者采取探讨的方法，让学生愉悦地接受有效规划，科学方法对个人发展的助力作用，从而更好地实现高效学习。

附件：

1.《动物大迁徙》视频

2. 制定目标

首先我们明确目标	姓名		人生目标		然后目标成就我们
	身边榜样		竞争对手		
	近期学习目标		两年后好习惯		
	好习惯1		好习惯2		
	必改坏习惯				
	激励自己				

"青春飞扬，展示自我"主题班会课文案

一、班会背景

学生活动是学校实施德育教育的重要途径，每年 5 月是学校艺术教育活动月。不同的活动精彩纷呈，学生们在活动中发挥特长，尽情展现自我，实现了个人价值的最大化。召开班会，以活动为契机，挖掘学生潜力，培养学生的团队意识，塑造自信、阳光的青年形象。

二、班会目的

(1)鼓励学生积极为班级活动出谋划策，培养学生的团队合作意识。
(2)让学生树立信心，在艺术的舞台上尽情展现自我。
(3)进一步增强班级的凝聚力，实现共同成长。

三、班会流程

第一环节：分享我们一起成长的故事(10 分钟)

设计意图：让学生回顾在班级中与老师、同学们一起成长的经历，提高学生对团队共同创造价值的认识，使学生明白珍惜合作，热爱集体对每一个人成长的重要性。

(1)播放班级成长回忆录。

(2)小组推选代表说说自己在班级生活，别人对自己的帮助和关心。

教师小结：每个人在成长中都离不开集体成员之间的合作，所以我们要善于把自己的梦想和集体的目标联系在一起，在集体中做最好的自己。

第二环节：抓住活动契机，为班级助力，为自己喝彩（30分钟）

设计意图：借助学校艺术教育月的活动，发挥团队合作精神，挖掘学生潜能，实现德育活动的实践教育意义。

1.播放：中国梦想秀视频——南方舞蹈学校

南方舞蹈学院的学生们让我们钦佩，我们钦佩的不光是她们美丽的舞姿，更欣赏她们的自信、她们的勇敢、她们坚持不懈的精神。同学们，你们想成为和她们一样的人吗？想，当然想。那么，从今天起，告诉自己，不论自己有怎样的缺点与不足，只要我们相信自己、相信团队、刻苦努力、突破自己，那么进步就会离你越来越近。

2.畅所欲言：我为班级出谋划策

(1)教师宣布本次活动的主题，指导学生围绕主题进行设计。

(2)小组讨论，自由组合，借助网络查阅和设计团队节目。

(3)代表发言，教师归纳。

第三环节：表彰好点子（5分钟）

设计意图：用表彰的方式，肯定学生出谋划策的贡献，提高学生参与活动的热情和自信。

1.评选出最佳方案，并给予一定的奖励或肯定

教师引导：感谢大家的积极参与，是大家的踊跃发言，让我再一次看到了集体的力量，请同学们伸出热情的双手，为自己鼓掌喝彩。（开始鼓掌）

教师总结：一个活动的开展，不仅考验了我们集体的凝聚力，而且充分挖掘了我们的智慧，让我们发现了自己的优点。老师相信这次我们班级的作品一定会是最有特色的！老师也更希望今天是我们自信、勇敢人生的

开始，大家要把这种合作精神、创新的智慧，带进我们今后的学习和生活中，相信我们一定能成为最好的自己。

2. 集体宣誓

我以青春的名义宣誓：即使成功远在天边，我也要勇往直前，不畏艰险；即使失败就在眼前，我也要坚守信念，挑战极限；我保证为了父母的微笑，努力拼搏每一天；我保证为了 2017 年理想的实现，再苦再累我也无怨。

四、班会反思

学校活动是学生认识自我、发展自我的最好机会。作为教师要善于利用活动的策划、实施和总结，来提高学生的参与能力，体验在实践中成长的乐趣。如果时间允许，可以在班内模拟一场小型的班级表演活动，让每个学生寻找台前幕后适合自己的岗位，让大家都有展现自我的机会。

附件：

中国梦想秀视频——南方舞蹈学校。

"让积极的心理暗示助我成功"主题班会课文案

一、班会背景

我校学生每天的校园生活中有一个必不可少的环节，那就是在大小活动前后、上下午课前各班、各专业部、全校的激情宣誓，部分学生不理解学校为什么要求大家这样做，所以这个环节在部分同学那里仅仅流于形式。

其实激情宣誓是一种积极的心理暗示，每个人总会接受这样或那样的心理暗示，而一些比较敏感、脆弱的人，特别是未成年的孩子，更容易受心理暗示的影响。那些积极的心理暗示，如赞许、鼓励、肯定等，能让学生正确地认识自己，形成正确的自我观念和恰当的自我认知，便于他们成年后在社会上找到正确的位置。

二、班会目的

(1)让学生了解心理暗示对学习和生活造成的影响。

(2)懂得如何运用积极的心理暗示。

(3)帮助学生学会通过运用积极的心理暗示，形成积极的自我概念。

三、班 会 流 程

第一环节：问题导入——认识心理暗示

设计意图：通过小活动，使学生亲身体验心理暗示的作用，激发学生的学习兴趣。

教师提问：大家知道每天激情宣誓的意义是什么吗？

活动步骤：

(1)请同学们深呼吸，直到自己的整个身心都放松下来。

(2)请同学们将双臂平伸于前方，然后闭上眼睛，深呼吸。现在想象自己的左手牵着一个大的氢气球，轻飘飘的，而右手托着一块很重的石头，很沉很沉，不停地想象左手牵着氢气球，右手托着重石头。

(3)一分钟后，请大家手不要动，睁开眼睛，看看自己，再看看身边的同学。

教师小结：大部分学生睁开眼睛时，会发现自己的左手比右手要高些，非常惊讶。是什么导致有些同学的手的位置发生了变化？那是因为心理暗示会给我们的行为带来影响。

第二环节：罗森塔尔效应——心理暗示的力量

设计意图：先设置一个悬念，让学生思考以加深印象，最后给出答案，让学生恍然大悟，又若有所思，激发学生探究心理暗示的强烈愿望。

1. 罗森塔尔效应

1968 年的一天，美国心理学家罗森塔尔和助手们来到一所小学，说要进行一项实验。他们从 1～6 年级中各选了 3 个班级，对这 18 个班的学生进行了"未来发展趋势测验"。然后，罗森塔尔将一份"最有发展前途者"的名单交给了校长和相关老师，并叮嘱他们务必要保密，以免影响实验的正确性。8 个月后，罗森塔尔和助手们对那 18 个班级的学生进行复试，结果发现：凡是在名单中的学生，个个成绩都有了很大的进步，而且他们性格活泼开朗，自信心强，求知欲旺盛，乐于和别人打交道。

教师提问：世上真有这么一种测验可以测出一个人未来的发展前途吗？如果这样的测验不存在，那为何名单中的学生都进步了呢？

请学生自由畅谈。

教师小结：其实根本不存在这样的测验，名单选中的所谓的"最有前途的学生"其实是罗森塔尔随机挑选。

2. 故事分享：

在华沙，一群儿童在嬉戏。一个吉卜赛女巫托起一位小姑娘的手，仔细看了看说："你将会世界闻名"，"预言"应验了，这小姑娘就是后来的居里夫人。（积极心理暗示）

一位工人下班后被锁在"冷库"里，第二天被人们发现时已冻死了，而令人惊奇的是，那天根本就没通电，冷库里只是常温！（消极心理暗示）

教师小结：其实，世上没有什么准确的预言，是女巫给了居里夫人一种"成功"的信念；那位工人则是自己害死了自己，望着被关死的铁门，心想："完了，这里零下几十摄氏度，我肯定要被冻死了！"这就是"心理暗示"的力量，它能引导人走向成功，也能致人死亡。

第三环节：案例分析——心理暗示的影响

设计意图：案例来源于学生，有一定的代表性，能引起学生的共鸣与反思，同时也使学生意识到心理暗示可能会对他们的学习、生活造成一定的影响。

案例展示环节：

现场请两位学生分别扮演老师和学生(对话内容用幻灯片呈现)

生：老师，我觉得我好笨，总是学不好。

师：你觉得自己笨，所以学习不好吗？

生：是的，我担心这样下去连高考都没勇气了。

师：你现在的成绩怎么样？

生：不太好，各科不均衡，而且还没有突出的。家里给我请了家教，但是还是没有什么效果，上课听一会，就听不下去了。

师：是听不懂，还是不想听？

生：我听课前，总是担心自己这节课的内容要是再听不懂怎么办。

小组讨论环节：从上面的对话中，你认为该同学学习不好的原因是什么？每组派一个同学对本组讨论的内容进行总结，并与全班同学分享。

教师小结：将同学们认同的原因进行归纳，得出该生不是听不懂、学不会，而是他给了自己消极的心理暗示，如觉得自己笨、怕自己听不懂、不想听等。

第四环节：教师支招——学会运用积极心理暗示

设计意图：通过教师比较系统科学地总结，使学生掌握积极心理暗示的方法要领。

学生分享环节：通过上面两个故事，我们知道心理暗示既有积极的一面，也有消极的一面，你们在日常学习生活中有没有过类似的经历呢？学生思考并分享。

学生讨论环节：暗示有来自他人的，也有来自自己的。他人的暗示我们没法掌控，可是自我暗示的主动权却掌握在我们自己的手中，讨论：我们应该如何运用积极的心理暗示呢？学生发言。

教师支招，送上锦囊妙计：

1. 重复暗示

重复暗示能够增加自信，如果我们不断地接受同一个暗示，这个暗示就会深深地扎根在你的心里。无论暗示什么，最好都重复多次，不必一模一样，意思相近就可以了。比如，当考试不能集中精力的时候，可以暗示自己：我正全神贯注地在考试，我的眼里只有考试。

2. 使用肯定句，避免否定和消极的词语

体验用肯定句和否定句来表达同一种意思的区别。

例如，在教室里，学生鼓励自己：我要努力学习；我不再懒惰，不能不学习；

在考场上，学生暗示自己：我很放松；我不紧张；在户外，一学生要过陡峭的山崖，他心里暗暗想着：我一定会走过去的；我不能掉下去。

我们头脑的反应倾向于依据肯定的主张做出，比如，"我能""我会""我可以"等，所以最好不要使用"不""不行""不能"这样的词语。

3. 每次暗示指向一个问题

虽然同时完成两个或多个暗示也是有可能的，可是一次想完成很多改变，很可能会削弱暗示的效果。

第五环节：相信积极心理暗示助你成功

设计意图：通过有关心理暗示的视频，让学生感到意犹未尽，使学生对积极心理暗示充满信心。

播放《鲁豫有约——催眠秀》中关于一群大学生在心理暗示的作用下被催眠的视频。

组织学生激情宣誓！

结束语：同学们，大家每天都在进行的激情宣誓，其实就是自我积极的心理暗示，愿大家都能领悟到心理暗示的巨大力量，学会用积极的暗示来成就自己的人生。通过这节课的学习，相信同学们不会再给自己贴上失败的"标签"，不会总是对自己说"我的能力实在不行""我缺乏变通的技巧""大家都不喜欢我"等。要知道，真正击倒你的有时恰恰是自己，能够成就你的人也是自己。因此，我们应该相信自己，多给自己一些激励与信心，成功一定会属于我们！

四、班会材料

案例 1：驾驶单座折叠式小船横渡大西洋

1900 年以前，德国有 100 多名勇士先后独自一人进行了"驾驶单座折叠式小船横渡大西洋"的冒险尝试，结果葬身大西洋。然而，有一个人却创造了奇迹，他就是当时德国的一名精神科医生林德曼博士。

他事后回忆冒险过程得出结论说，在大洋上孤身搏斗，最可怕的不是体力不支和风浪的袭击，而是自身产生的惶恐和绝望。他说，在航海过程中，他一直在内心深处鼓励自己，相信自己一定能成功。他时时在内心呼喊："一定要成功！一定要成功!"他就是用这样的方式维持了自己的坚毅并战胜了恐慌。

案例 2：纳粹对战俘所做的实验

二战期间，纳粹把战俘绑起来，蒙上他的眼睛后，对他说，你要接受的刑罚是缺血死亡，然后用叶子在他的手腕上轻轻划了一下，当然，这不可能造成任何伤口。这个犯人的手腕旁边，有一个容器向下"啪嗒，啪嗒"滴着水。

一天后，这个犯人果然死掉了，解剖他的尸体，果然就是缺血而死，但事实上他并没有出过血。

常见的心理暗示案例

(1)一个人如果故意对他人说心情不好，比如，他见一个人就说"我心情不好，别碰我"，说得多了，他真的就心情不好了，这种情况是经常发生的。

(2)你有幸运数字吗？"6 是我的幸运数字，我比赛是 6 号，肯定会赢的。"

(3)新买的漂亮衣服被人否定。

(4)一到考试就紧张，老往厕所跑。

(5)广告中的暗示："怕上火，就喝王老吉。"

(6)成语歇后语中的暗示：望梅止渴、三人成虎、四面楚歌、杯弓蛇影、画饼充饥、疑邻窃斧、草木皆兵、一朝被蛇咬十年怕井绳……

附件：

积极心理学的目的在于研究如何生活得快乐、成功与有意义。因此积极心理学或许可以简称为"快乐的科学"。

积极心理学首先要回答的问题是：什么最能让我们感到快乐？研究结果可能会令人感到惊讶：财富、学历与青春对快乐的帮助都相当有限；婚姻的影响好坏参半；倒是宗教信仰与亲情友谊，才能让我们快乐。

　　伊利诺州立大学心理学教授爱德华·迪纳研究发现，只要基本生活无虞，额外的收入并不能带来多大快乐。良好的教育与高智商对快乐的提升也没多大帮助。年轻也不保证快乐，美国疾病管制局的一项调查显示，20～24 岁的年轻人情绪低落的时间，比 65～74 岁的老先生老太太长。

　　另外，宗教信仰确实能鼓舞心情，但是却很难判定究竟是神佛的效应还是宗教团体。亲情与友谊也能带来快乐；迪纳与塞里格曼的一项研究显示，在参与研究的大学生中，最快乐与最不忧郁的 10％学生，他们明显的共同特征就是都有亲密的朋友与家人，并花时间与他们共处。迪纳结论说："想要追求快乐，就应该培养社交技巧、建立亲密的人际关系与社会支持。"

　　积极心理学也认为人的快乐基点可以调整：人们可以借由后天的努力，改变先天人格特质的快乐水平。那么究竟如何才能使我们更快乐呢？美国加州大学心理学家桑雅·吕波密斯基根据研究结果，提出八项具体可行的做法：

　　一、心存感激

　　每周记下三五件令你感激的事件。这些可以是一般的小事(你的牡丹花盛开了)，也可以是更具意义的事(小孩开始学走路了)。保持鲜活，内容越常更新越好。

　　二、时时行善

　　可以是随机地(排队时，让赶时间的人排你前面)，或有计划地(每周日固定送晚餐给老年邻居)对朋友或陌生人行善，会让自己感觉很慷慨、很有能力，也会赢得别人的笑脸、赞许及仁慈回馈，这些都会让人感觉快乐。

　　三、品尝乐趣

　　多注意美好的事物，例如草莓的甜美、阳光的和煦。心理学家建议，不妨将快乐时光如照相一般"印存在脑海中"，在痛苦时回味。

　　四、感戴良师

　　如果有人在你的人生十字路口予以指引，要赶快致谢。越详尽越好，最好是亲自答谢。

　　五、学习宽恕

　　对伤害与误解你的人，就放下怒气与怨恨写封信给对方表示宽恕。无法宽恕他人会让自己停在积怨与心怀报复上，宽恕则能让你继续前行。

六、爱家爱友

对生活满意与否，其实与钱财、头衔，甚至健康关系不大。最重要的因素是坚固的人际关系。多花点时间与精力在朋友与亲人身上。

七、照顾身体

睡眠充足、运动、伸展四肢、笑口常开都可改善心情。经常如此会让你对生活感到满意。

八、逆境自持

人生不免有难。宗教信仰可助你度过。不过一些非宗教的日常信条也行。例如，"事情总会过去""任何击不倒我的事，会让我变得更强壮"，关键在于，你必须相信它们。

"技能，伴我一生的好伙伴"主题班会课文案

一、班会背景

专业技能是中职学生走入职场的敲门砖。我校每学期都举行技能大赛，本着"以赛促练，以练促学"的宗旨，通过竞赛的方式，帮助学生掌握技能，提高综合能力。但是在专业技能学习上，有的同学缺乏对专业技术的正确认识，认为大概懂了、看着会了就是掌握了，以至于在日后的实习中，暴露出技能不扎实，难以胜任岗位需要的问题。

二、班会目的

(1)树立良好的职业认知，重视专业技能的学习，立志成为一个技能过硬的人才。

(2)通过对技能之星的表彰，帮助学生树立榜样，掌握适合自己的学习方式，明确技能大赛的意义。

(3)通过"比拼跑"活动，激发学生的积极性，小组合作，增强团队合作精神。

三、班 会 流 程

第一环节：表彰班级的技能之星（10 分钟）

设计意图：通过表彰班内在技能学习或比赛中成绩突出的学生，帮助同学们树立榜样，让学生认识到学好专业技术的重要性。

(1)播放相关专业技能大赛的比赛视频。

(2)表彰班级专业技能明星，为获奖同学颁奖。

教师小结：技能是大家将来的"立身之本"，过硬的专业技能就是我们立足社会的必备法宝。而我校的技能大赛就像一个"检阅场"，希望在技能大赛中各位同学能将平时所学知识技能充分展示出来，学会在实践中肯定收获，查找问题，为今后的就业和实习奠定基础。

第二环节：经验交流（20 分钟）

设计意图：教师通过让技能明星来分享自己学习心得和竞赛体会，帮助同学们进一步掌握专业技能学习方法，提高专业技能，积累实战经验，提高实践能力。

1. 技能明星展示专业技能

2. 技能明星分别分享自己的学习心得和竞赛体会，并回答同学们的提问

3. 教师总结技能的学习方法

(1)熟能生巧，注重不断重复练习。

(2)实践突破，注重在难点上想办法，求创新。

(3)多实战，注重在实践中积累经验，完善技能。

教师小结：技能对于中职学生来说是至关重要的，平时我们在学习的过程中一定要找到适合自己的方法，并且要按照专业技能的特点进行学习，这样才能不断地提高技能，升华能力。

第三环节："比拼跑"学风竞赛任务（15 分钟）

设计意图：以小组为单位进行技能"比拼跑"竞赛，激发学生的学习积

极性，树立竞争意识，同时小组配合，提高团队合作意识，在团队不断完善自己的技能。

(1)教师布置"比拼跑"任务。

(2)学生分小组讨论，制定本组"比拼跑"方案，包括团队口号、宣言、目标和措施等。

(3)学生分组展示本组的方案。

(4)教师对各组的表现进行点评，并将各组的"比拼跑"方案海报张贴于班内。

教师总结：技能大赛是我们锻炼技能，提高综合素质的好机会，希望同学们能够珍惜机会，找到属于自己学精专业技术的方式，在自己的小组中互帮互助，合作共赢，争取在大赛中赛出水平，赛出风格。老师希望大家，把每次在技能比赛中取得的进步作为鞭策自己前行的巨大动力，坚信自己可以练就过硬技能，成就自我，服务祖国。

四、班 会 反 思

本节课通过表彰技能明星，并让他们进行学习心得分享，帮助学生掌握提高技能的方法。通过分组进行"比拼跑"竞赛活动，提高学生学习的积极性，激发潜能。各专业在班会课的实施中，可以根据专业特点，设计更有特色的专业展示和活动，提高学生对学习专业技能的兴趣。

"克服焦虑，轻松应考"主题班会课文案

一、班会背景

考试紧张是每个人的正常情绪反应，但是过分的紧张就会造成考前焦虑情绪，严重的还会出现失眠、焦虑、头痛、头晕等不良反应，这不仅影响考场上正常水平的发挥，而且会使学生背负沉重的心理压力，阻碍学生今后的发展。

二、班会目的

(1)让学生了解考前焦虑原因，正确面对生理及心理的不良反应。

(2)学习积极暗示、放松训练、自我激励等方式，缓解焦虑情绪。

(3)培养积极的心态，轻松备考。

三、班会流程

第一环节：报数游戏(10分钟)

设计意图：让学生体会焦虑的普遍性，缓解心理压力。

1. 报数游戏

游戏规则：老师随机指定一组同学，确定其中一位同学，从1开始按

照顺时针方向报数。每一位同学坐着说出自己轮到的数字，但在轮到数字中出现 3（3、13、23……）或是数字为 3 的倍数（3、6、9、12……）时，该同学不可报出此数，而是立即站起来拍一下手，随即坐下。

2. 开始"报数游戏"

3. 自由分享

在玩这个游戏时，你的心情如何？

4. 教师点评

游戏中，平常很熟悉的乘法表怎么突然忘记了？或者轮到特殊数字时明知要站起却有点发愣？除去有的同学注意力没集中的原因之外，还有什么因素呢？随着考试的脚步越来越近，你的心情是否如同游戏中的感受，兴奋又有些紧张？今天让我们一起来关注一下考前心态的调整。

第二环节：揭开面纱，认识困扰（15 分钟）

设计意图：以引导的方式让学生说出考前的困扰与焦虑，了解问题出现的原因，学会对症下药。

1. 一封苦恼的来信

老师，很抱歉要麻烦您，我不知道该怎么说，也不知道说了是否会有改变。这段时间，平静轻松的感觉持续不了几天就会变得低落，一低落下去需要很长的时间进行调整，总感觉提不起劲，记忆力减退，题感丧失。中午睡觉睡不好，有时睡不着，有时睡一下子，到下午还可以撑一下，可到晚上就特别累，现在几乎是因为担心睡不着而睡不着。刚刚上网查，说是失眠恐惧症。天哪，这是什么病？其实没有什么人给我施压呀，我成绩还算好，为什么会这样？前阵子我还会发了疯一样地尖叫，为芝麻点大的事发脾气。这几天总是很郁闷，碰上状态不好时，考试成绩就又会跌入谷底，波动好大！我都感觉到老师的失望和自己的无奈了，而我的状态只能是好一会儿然后又很差。看到别的同学那样心平气和，我又羡慕又妒忌。我怎么变得这样呀！

小组讨论：看完这样一封来信，你有什么样的感受？结合这封信，谈谈在考试来临之际,我们自己的困惑。

2. 收集心情卡(课前安排心情卡)

心情卡

面对重大考试,我最担心的是……

除此之外,还有……

教师引导:把自己的担心和问题尽量描写具体些,不要简单地写"我很紧张""怕考不好"这样的话语。写完后和周围的同学进行交流,看能不能找出造成我们困扰的原因。

3. 学生在组内完成心情卡,并互相交流,代表发言

4. 考前焦虑的原因

(1)对当前情况不了解,包括考试的难度,自己的实力和准备等。

(2)对结果很看重。

教师小结:同学分析得很准确。在参加重要考试时,特别是遇到关系自己个人前途的重大考试时,考场环境的变化、紧张严肃的考试气氛,往往会引起大家不同程度的紧张和焦虑。这种负面情绪反应的特点就是焦躁、忧虑、恐惧、紧张不安。那么该如何调整呢?

第三环节:科学应对,相信自己(15 分钟)

设计意图:学生以小组为单位思考解决焦虑的办法。

"头脑风暴"。

(1)考试出现了一下问题,怎么办?

①心情烦躁、压力过大、信心不足如何调整?

②考试的时候,如果周围的人写字的时候声音较大,或者总出一些动静,怎样才能集中精神,不受干扰?

③如何在考试刚开始的几分钟里缓解或消除紧张情绪?

④肚子痛、流鼻血、手心总出汗、晚上失眠,怎么办?

⑤考前十几分钟我心里就发慌,这段时间怎么用?

⑥考试时,一看时间不够了就容易着急,比如,还有 10 分钟可作文

没写完，该怎么办？

⑦如果前一科感觉没考好，心情很沮丧，但下面还有考试，应怎样及时调整？

(2)学生分组讨论上述问题，每组负责1～2个小专题。想到的点子越多越好，将小组研究的结果写在海报上。

(3)各组将海报贴在教室的四面墙壁上，由小组代表分别讲解。

(4)教师点评，解决焦虑的方法：改善认知、冥想放松、调理呼吸、积极暗示、调整生物钟、处理失眠、增强自信心等技术外，还可以强化一些应试策略。

(5)教师播放音乐让学生体会呼吸放松训练。

第四环节：合理认知，轻松赴考(5分钟)

设计意图：强化合理认知，培养学生良好的应考心态，实现学生的轻装上阵。

PPT展示考前寄语。

(1)一味地为考试而焦虑，不会对提高成绩有任何帮助。只有以乐观的态度面对复习和考试，用心积累，才会取得好成绩。

(2)考试不是赌博，它只是自我的才能和所学知识的展示和检验。

(3)人生诚然有许多烦恼，但在满怀信心、意志坚定的人看来，乐观努力，就是秘诀。

教师小结：学习需要厚积薄发，只有今天点滴积累，才能让我们未来真正自信地站在未来各种考验的舞台上。希望大家在今后的考试中将今天探讨到的方法自觉运用、熟练内化，找到适合自己的缓解考试焦虑的方法。愿同学们在今后的人生道路上，勇敢面对挑战，展现最精彩的自己！

四、班会反思

了解本班学生目前存在的与考试焦虑相关的问题，是做好本次活动的前提。通过课前与学生沟通，收集学生在考试方面存在的各种心理问题和疑惑，会使心育活动课更有针对性和实效性，更加贴近学生的生活实际。

附件：

呼吸放松训练：采用的腹式呼吸，可以躺下来去体验。

1. 要穿舒适宽松的衣服，保持舒适的躺姿，两脚向两边自然张开，一只手臂放在上腹，另一只手臂自然放在身体一侧。

2. 缓慢地通过鼻孔呼吸，感觉吸入的气体有点凉凉的，呼出的气息有点暖。吸气和呼气的同时，感觉腹部的涨落运动。

3. 保持深而慢的呼吸，吸气和呼气的中间有一个短暂的停顿。

4. 几分钟过后，坐直，把一只手放在小腹，把另一只手放在胸前，注意两手在吸气和呼气中的运动，判断哪一只手活动更明显。如果放在胸部的手的运动比另一只手更明显，这意味着我们采用的更多的是胸式呼吸而非腹式的呼吸。我们要提高腹式呼吸。

可以就用呼吸，同时提示自己身上哪些部位还紧张，想象气体从那些部位流过，带走了紧张。达到放松的状态。

肌肉放松的方法：国外有研究者把每一部分肌肉放松的训练过程总结为如下5个步骤：集中注意—肌肉紧张—保持紧张—解除紧张—肌肉松弛。

这几个步骤结合每部分肌肉的紧张—放松过程，治疗者可按下述方法给来访者以放松指示：

1. 手臂部的放松，治疗者可以这样发出批示：伸出你的右手，握紧拳，使劲儿握，就好像要握碎什么东西一样，注意手臂紧张感觉（集中注意和肌肉紧张）……坚持一下，……再坚持一下（保持紧张）……好，放松……现在感到手臂很放松了……（解除紧张和肌肉松弛）。

2. 躯干部位的放松，指示语亦可如下述：耸起你的双肩，使肩部肌肉紧张，非常紧张，注意这种紧张的感觉……坚持一下，……再坚持一下，……好，放松……非常放松……

当各部分肌肉放松都做完之后，治疗者还可继续给出指示语：现在你感到很安静、很放松……非常非常安静、非常放松……全身都放松了……（然后等来访者从1数到50——事先教好对方或由治疗者掌握时间）……请睁开眼睛。

治疗者在给出放松的指示语时，特别要注意利用自己的声调语气来创造出一个有利于来访者放松的气氛。从开始到最后，语速是逐渐变慢的，但也不能太慢，注意发出的指令要与来访者的呼吸协调一致。每部分肌肉由紧张到放松的过程都要有一定的时间间隔，为对方更好地体验紧张和放松留有适当的余地。

另外，学习者可根据在治疗中学习的放松方法回去自行练习(一般每日 1～2次)，亦可由治疗者提供录好的有指示语的磁带，据此进行练习。

二年级

"我的昨天、今天和明天"主题班会课文案

一、班会背景

通过高一的假期生活指导教育，学生已经意识到假期既要休息好，又要过得有所收获，尤其是职业学校的学生更要注重假期实践活动，积累经验，充实自我。这个假期结束，学生就进入了高二，离实习任务越来越近，让学生学会梳理过去，学会在工作的起始做好规划，对学生今后的发展具有重要意义。

二、班会目的

(1) 让学生能够做事有始有终，发扬团队优势，培养积极认知。

(2) 让学生能够在清楚分析自我的基础上，树立新的目标。

(3) 引导学生树立长远目标，为实习工作做准备。

三、班会流程

第一环节：我的昨天(15分钟)

设计意图：梳理假期生活，在总结得与失的基础上，发扬团队效应，引导学生之间互相学习，营造积极向上的团队氛围。

　　幸运之星：教师在放有全班学生姓名的纸盒中抽出任意一名学生，请他展示自己假期生活照片，并讲讲自己的假期生活。（完成后，发放幸运奖励小礼物）

　　我给昨天打个分：请同学们对照自己假期前的计划，为自己的假期生活评个分数，引导学生学会梳理好假期中的得失。教师为完成假期计划好的学生颁奖。

　　教师小结：每次过完年，我们每个人都会感慨时间过得很快。盘点过去，似乎有很多我们计划好的事情没有做完、做好，甚至没有做。如果每个昨天都有"没有做"的遗憾，那几年下来，我们就会发现今天总在补昨天的任务，看起来很忙、很累，但是总也和别人有差距。所以，老师希望渐渐长大的你们要学会规划时间和任务，更要学会"言必信，行必果"。希望大家向刚才获奖的同学学习，做自己生活的主人。

　　第二环节：我的今天（15 分钟）

　　设计意图：帮助学生学会在学习和工作的起始阶段，准确地分析自我，找准方向，树立目标。

　　教师讲解：本学期该专业的主要学习任务和重点，指导学生根据自身实际情况采取相应措施。

　　我的今天我做主：剖析自我，制定目标。

类别	名称	突破点	月目标	期中目标	期末目标
最强学科					
中等学科					
薄弱学科					
能力方面					

　　教师小结：高二年级是实习前的技能突破的关键时期。在这学期我们将学到更多的专业知识和技能，除此之外，还要做好适应社会的心理准备，所以老师希望大家不要把今天任务留给明天，要全力以赴为我们今后的实习就业做好准备。

第三环节：我的明天(15 分钟)

设计意图：播放对口企业或就业实习学生的相关视频，引导学生树立长远目标，为实习工作做准备。

视频播放：关于企业对本专业毕业生要求的视频。

教师提问：刚才视频中企业对用人要求叙述的非常清楚。用人单位对技能和能力都有比较高的要求，结合刚才我们二年级的重点学习任务，大家思考一下，你将以什么样的准备迎接实习工作。

分组讨论：小组讨论，代表发言。

教师小结：听到同学们的发言，老师深感欣慰。我相信大家一定会为自己的目标而努力，希望实习招聘会上我们每一个人都信心满满，有备而去！

结束语：同学们，新的学期新的开始。昨天，我们的成功或失败，已是无法改变；今天，是我们拥有的，要认真把握，不留遗憾；明天，它是一个未知数，充满着希望，同时充满着挑战。希望同学们整理好行囊，开始新的旅途吧。

四、班会反思

本节课在总结假期工作的基础上，指导学生认识自我，以实习工作为目标，做好新学期规划。形式以学生讨论为主，但组织过程中会出现学生对自己的不正确认知或目标不清的状况，教师要根据实际情况加强指导。

"班级生日，我是集体的主人"主题班会课文案

一、班会背景

经过一年的班级建设，学生的集体观念逐步形成，但也出现了一些小团队抱团唱反调的情况。借着新年后为班级过 1 岁生日的机会，让大家感受集体的幸福和温暖，使学生正确认识自己在集体中的位置和作用，认清自己对集体的责任和义务，从而自觉地关心集体、爱护集体，树立正确的集体主义价值观。

二、班会目的

(1)让学生懂得每个人都是集体中的一员，要关心集体、爱护集体、有集体荣誉感。

(2)让学生明白要依靠集体的力量，团结一致，齐心协力，在集体的和谐发展中，实现自身的价值。

(3)引导学生树立正确的集体主义价值观。

三、班会流程

第一环节：分享班级成长中的幸福(5 分钟)

设计意图：通过回忆一年来在集体中成长的点滴往事，引起学生对集

体的思考。

教师引导：一张照片，捕捉精彩瞬间，留下难忘记忆；一段视频，记录美好时光，见证成长足迹。同学们，一年前的9月，我与你们在这里相遇、相识，开始了我们一起成长的故事，老师特别幸福，你们呢？今天，我想先把我的幸福分享给大家，那就是和你们一起长大！（播放视频《我们共同走过》）

(1)那年的金秋九月，你们怀着彩色的梦想在这个大家庭里相聚，羞羞答答、扭扭捏捏，充满好奇，怀着欣喜，还有一丝丝担心，开始了高中生活。

(2)班里有了第一张奖状，我们信心大增；班里的第一次活动，你们全部是主角；班里第一次出现问题，你们抢着承担责任……正是这许许多多的第一次，使我们的高中生活有了共同的喜怒哀乐。

(3)随着成长，你们开始参加各种比赛，面对各种竞争，当然，也有了更多展现自己的机会。军训，磨炼你们的意志；艺术节，你们的节目精彩动人；技能大赛，你们各显神通；为校服务，让你们收获了奉献与责任。

(4)班会课、礼仪课，大家在一场场精彩的辩论中收获成长的智慧。

……

第二环节：我的成长足迹(10分钟)

设计意图：学生在分享个人成长经历中感悟集体对自己的影响，感悟个体与集体的关系。

教师引导：同学们，每每翻看这些相片，都让我有一种深深的感动。我深知，我见证的不仅仅是你们身体的成长，在你们的内心，也有一个在悄悄长大的自己。在成长中大家有收获的快乐、有失去的痛苦、有进步的喜悦、有跌倒的烦恼、有寂寞时的无助、有热闹时的幸福……大家分享了老师的幸福，接下来，也请大家分享自己的成长滋味吧。

1. 成长的滋味对我来说是快乐居多

我是班里性格变化最大的一个。每当夜深人静的时候，我就会想，我的成长要感谢爸妈的鼓励和帮助，还有咱们班这个快乐和谐的大家庭，是你们的快乐和自信感染了我。所以，我要谢谢你们！也感谢我自己的坚持与努力，因为我看到了付出必有回报，一分耕耘一分收获。

2. 我想与大家分享的是老师给我写的信

这封信，我一直珍藏着，以后也会永远陪伴我。"老师，您给了我自信，给了我前进的动力。我要真诚地对您说声，谢谢您！"

……

教师小结：在大家的成长故事中，都谈到了他人的帮助或者集体的影响，这让我想到这样一句话：一堆沙子虽是松散的，可是当它和水泥、石子、水混合后，却比花岗岩还要坚韧。我们在座的每一个人也正因为将自己的特质凝聚在了一起，互帮互助、共同进步，才组成了如今我们这个以"做好人、读好书"为班风的强大的班集体。

第三环节：班级在成长（10分钟）

设计意图：在故事分享中引导学生理解，个人成长离不开班级、学校这一平台。

故事分享：相传，佛祖释迦牟尼考问他的弟子："一滴水怎样才能不干涸？"弟子回答不上来，释迦牟尼说："把它放到大海里去。"是的，小水珠的力量单薄，无法抵御强烈的日光，很容易被蒸发掉。但回到大海就不一样了。那里有无数的小水珠，它们紧紧团结在一起，共同抵御日光，所以没有那么容易被蒸发掉。

教师提问：请大家讨论集体和我们个人的关系。

小组讨论：分组讨论代表发言。

教师小结：

1. 集体前进的方向就是大家前进的方向

若没有方向，再大的船也会因迷失而搁浅。而对于集体，这个方向就是每个成员的共同目标。只有上下一心，集体才能有更好的发展，集体有了突出成绩，每个人才会实现自己的最大价值。

2. 集体是大家学习的港湾和成长的摇篮

一个班级班风的好坏，直接影响着个人的习惯培养、素质提高和学习的进步。一个和谐有序的集体，可以帮助大家形成好习惯，取得好成绩。相反，没有好的环境做保障，人是静不下心来的，是没有前进的动力的，自己会慢慢地堕落，学习成绩一落再落。

3. 集体可以给你力量，助你成功

一个人的力量是渺小的，世界上没有孤独的人，一个人总要处于集体之中，或处于家庭中，或处于工作单位中。集体与个人是休戚与共的关系，集体离开了个人，就成了无本之木；个人离开了集体，就像鱼儿离开了水。

我们是学校中的一个小集体，而作为祖国的公民，我们更是社会大集体中的一员。我们每个人都享受着祖国繁荣安定的社会保障，当然也要承担起祖国发展的重任，所以我们不能把集体局限地认完成我们生活的这个小集体，而是要把自己的发展与祖国的发展联系在一起。

第四环节：我与班级、学校、国家共成长（10 分钟）

设计意图：引导学生在未来的发展中，树立集体主义精神，践行集体主义精神。

教师引导：一个国家只有强大了，才能庇护自己人民的幸福生活。而一个繁荣昌盛的国家里也一定有甘于奉献的人民在不断奋斗。同学们，看老师给大家展示的图片，你们是不是为我们的国家而感到骄傲呢？

1. 举国上下救援汶川灾区

地震是一个比较沉重的话题，但是我们在灾难面前，看到了中华民族团结凝聚的精神，看到了全国上下众志成城抗击灾难的决心，看到了每一个中华儿女用行动谱写的爱国主义篇章。

2. 航天精神

从"神舟"一号到"神舟"十号的顺利升空，一股股爱国主义激情在亿万华夏儿女心中涌流，激励人们昂然踏上中华民族复兴伟业的新征程。载人航天工程是当今世界高技术发展水平的集中体现，是衡量一个国家综合国力的重要标志。在实施载人航天工程的过程中，中国航天人牢记党和人民的重托，满怀为国争光的雄心壮志，自强不息、顽强拼搏、团结协作、开拓创新，取得了一个又一个辉煌成果，也铸就了特别能吃苦、特别能战斗、特别能攻关、特别能奉献的载人航天精神。

3. 九三阅兵

最让我难忘的是 2015 年的暑假，我们 500 名师生参加九三阅兵安检工作。至今我还记得我们的铮铮誓言：职教学子、服务阅兵、为校添彩、为国争光。这是向全世界展现中国的军事力量和凝聚力，它让我们牢记国耻，不忘那些抛头颅洒热血的先烈，也让我们树立了信心。

教师总结：同学们，请大家时刻将自己的命运与祖国的命运紧密联系在一起，牢记个人利益应当服从集体、民族、阶级和国家的利益，这就是真正的集体主义精神。

第五环节：诗歌朗诵(5 分钟)

设计意图：在诗歌的欣赏中，回味美好的记忆，引导学生去更深刻地体会集体的精神。

欣赏：泰戈尔的《礼物》。(播放幻灯片)

教师小结：老师希望生命中的点滴经历可以化为一种精神财富，在今后的人生中支持你敢于面对困难，沉淀收获。

第六环节：生日祝福(5 分钟)

设计意图：用歌声和生日祝福把班会推向高潮，让学生在快乐中融入集体。

全体学生：齐唱《相亲相爱一家人》。点燃蜡烛，为班级过生日，许下自己的心愿，写下自己的祝福，感恩父母、感恩老师、感恩社会、感恩所有人。庆祝自己和班级一起长大了。

四、班会反思

本次班会借助新学年伊始为班级庆祝 1 岁生日的机会，对学生进行集体主义教育。班会以循序渐进的设计思路，引导学生逐步理解集体主义。班会内容比较饱满，在实践中要结合班级特点，围绕中心思想，有侧重地进行推进，重点突出，教育效果好。

"天下兴亡，我的责任"主题班会课文案

一、班会背景

每个学生都有深深的爱国之情，他们会在祖国取得进步的时候欢欣鼓舞，也会在祖国利益遭受侵害的时候怒发冲冠。但是，当我们说到作为学生该如何实现自己的爱国之心时，学生的回答简单而浅薄。所以，引导学生将强烈的爱国之情与自己的学习生活密切结合起来，主动担当社会责任，实现理性爱国，势在必行。

二、班会目的

(1)引导学生在自己生活和学习的方方面面践行爱国之情。

(2)引导学生树立理性爱国的意识，树立正确的价值观，人生观。

(3)使学生了解青年一代肩负着振兴祖国的历史使命。

三、班会流程

第一环节：国旗飘扬

设计意图：通过观看"9.3"抗战阅兵现场升国旗，唱国歌的视频，激发学生的爱国之情，为本节班会课做好铺垫。

观看视频："9.3"抗战阅兵现场，升国旗。要求学生起立，以抚胸礼的姿势，立正站好，认真严肃地观看视频。

教师引导：祖国是养育我们成人成才的母亲。无论我们身在何方，我们都会以自己是炎黄子孙而感到骄傲！我们每一个人都想竭尽全力去热爱我们的祖国，请大家观看以下案例，这样的行为是不是真正的爱国？

第二环节：理性爱国

设计意图：通过对现实案例的分析，引导学生明辨是非，理性爱国。

案例分析：

(1) 2012 年中旬，日本在钓鱼岛问题上频频挑衅我国底线，激起我国民众极大愤慨，部分地区出现了抵制日货事件，甚至出现了"砸车抗日"现象。

(2) 著名主持人柴静在美国产子，被一些国人讽刺谩骂，甚至被说成是卖国贼。

(3) 法国有好多人反对中国的奥运。而家乐福超市恰好就是法国的，所以有人呼吁抵制家乐福，不让法国人在中国赚钱。

小组讨论：你认为这些行为是爱国吗？说说自己的看法。

教师小结：同学们的判断非常正确，这些都不是理智的爱国。在他国做出侵犯中国主权的行动时，我们当然要亮出自己的态度。但泄愤式的爱国，保卫不了国家利益、民族尊严，只能授人以柄，损害国家形象，使亲者痛、仇者快。爱国是一种态度，不是一双拳头；爱国是一种理性，不是一根铁棍；爱国是让自己的国家变得更好，不是去伤害自己的人民。只有理性爱国、奋力强国、精心治国，才能真正捍卫国家和民族的尊严。

第三环节：践行爱国

设计意图：通过演讲分享，引导学生明白爱国的行为，要实践在我们生活的方方面面，要注重小事，要注重细节，注重责任的担当。

演讲分享：在台湾地区有这么一所学校，学生年龄在 15～18 岁，每年三千多学生中，因违反校规校纪被校方开除的有二三百人。学校没有工人，没有保卫，没有大师傅，一切的必要工作都由学生自己去做。学校实行学长制，三年级学生带一年级学生。全校集合只需3分钟。学生见到老师7米以外要敬礼。学生没有寒暑假作业，没有一个考不上大学的。这就是在台湾享誉30年的以道德教育为本的忠信高级工商学校。在台湾的各大报纸招聘广告上，经常出现"只招忠信毕业生"的字样。

是谁把一所中学办得这样有规有矩、有声有色呢？这位老师叫高震东，下面我们分享一下高老师的演讲片段。希望大家能从中能领悟些什么……

小组讨论：听完高先生的演讲，作为青年人，面对新的历史时期，新的历史使命，我们该怎样担当重任，该如何用我们的行动助力中国梦？学生分组讨论，代表发言。

引导：节俭、爱护环境、尊老爱幼、团结互助、不发表不负责任的言论等。

教师小结：同学们，"勿以善小而不为，勿以恶小而为之"，责任的担当不是做给谁看，而是我们中华民族的精神内核，是我们实现中国梦的保障，是我们屹立世界之巅的根本！《大学》曰："修身、齐家、治国、平天下"。我们正处于人生集中学习的阶段，这个学习不仅包括知识，而且包括做人、做事，也就是修身，所以大家要注重在小事中养成高尚的品德，在细节中反复磨炼我们坚忍的意志，勇敢地担当我们青年人的社会责任。

第四环节：我爱我的祖国

设计意图：在诗歌朗诵中，感悟爱国之情，升华爱国之意。

《祖国，我心中的一首歌》

祖国，是多么深情的名字！　每次想起都抑制不住心情的起伏，
赞叹你五千年里的瑰丽，　　感慨你百十年间的命运。
祖国，是多么绚丽的词句！　每次念及都忍不住让眉眼弯起，
身负着礼仪之邦的美誉，　　创造着举世瞩目的惊奇。
祖国，是多么温暖的归属！　每次听到都泛滥起自豪的心绪，

在心底深深感激先辈的壮举，立志要把祖国的明天托起。

祖国，是每个国人冀望的期许！祖国，是我心底最动听的旋律！

今天我们手持接力的火炬，　未来让我们与你一路同行！

《我爱这土地》

假如我是一只鸟，

我也应该用嘶哑的喉咙歌唱：

这被暴风雨所打击着的土地，

这永远汹涌着我们的悲愤的河流，

这无止息地吹刮着的激怒的风，

和那来自林间的无比温柔的黎明……

——然后我死了，

连羽毛也腐烂在土地里面。

为什么我的眼里常含泪水？

因为我对这土地爱得深沉……

教师结束语：同学们，新时代的我们不仅要懂得居安思危，而且要坚定信心、锐意进取，用文明理性展现中国力量，以团结奋斗提升国家力量。爱国需要理智。爱国主义从来就不是抽象的，它和国家的根本利益紧紧联系在一起。国际争端的最终合理解决要以综合国力为基础，而非大众传媒的"唇枪舌剑"。任何时候，我们都有义务、有责任维护国家领土和主权完整，但要以国家大局为重，冷静理智地表达自己的情感，自觉维护社会秩序，用实际行动推动国家的改革、发展，加快我国现代化建设的步伐，这样才能更有效地凝聚起捍卫民族尊严、国家利益的强大力量，赢得国际社会更多的理解、尊重与支持。

同学们，请记住无论到何处，我们都不能忘记自己是中国人，不能忘记作为中国人的责任，请大家行动起来，共同描绘祖国美好的明天吧！

四、班会反思

本节班会课旨在引导学生敢于担当责任，学会理性爱国。班会设计的

第一个环节要组织学生在敬畏的气氛中感受祖国的尊严,激发学生的爱国之情。第三个环节如果教师对亲自诵读没有把握,可以提前准备高震东的演讲视频。本节班会课的不足之处是资源比较单薄,在实践的过程中可以根据班级实际情况,进行补充。

附件:

一、高震东先生简介及在大陆演讲精选

1930 年出生在山东潍坊,1948 年到台湾省,以其深厚的中国古典文化底蕴及独特的教育理念,在台湾省创办了忠信学校,所办的高职和普通高中运行 30 载,实现升学率、就业率、没有犯罪记录 3 个百分之百,在台湾省被誉为高职教育天空中最亮的一颗星。

忠信学校的学生年龄在 15 到 18 岁之间,学校三千多名学生中,每年因违反校规校纪被校方开除的有二三百人。学校没有工人、没有保安、没有厨师,一切的必要工种都由学生自己去做。学校实行学长制,三年级学生带一年级学生。学校集合只需三分钟。学生见到老师七米外要敬礼,学生没有寒假作业,但没有一个考学失败的,在台湾的各大报纸招聘广告上经常出现"只招忠信毕业生"的字样。

以下就是校长高震东在国内的演讲。

同学们:你们说"天下兴亡"的下一句是什么?不,是我的责任!天下兴亡,我的责任。如果今年高考每个人都额外加十分,那不等于没加吗?"天下兴亡,匹夫有责"等于大家无责。"匹夫有责"要改成"我的责任"。我是这样教我的学生的。

以天下兴亡为己任是孟子的思想。禹是人,舜是人,我也是人!他们能做到的,我为什么不能呢?"天下兴亡,我的责任",唯有这个思想,我们的国家才有希望,我们每个学生如果人人都说:学校秩序不好,是我的责任,国家教育办不好,是我的责任,国家不强盛,我的责任……人人都能主动负责,天下哪有不兴盛的国家?哪有不团结的团体?所以说,每个学生就都把责任揽到自己身上来,而不是推出去。我在台湾办学校就是这样,如果教室很脏,我问:"怎么回事?"假如有个学生站起来说:"报告老师,今天是 32 号同学值日,他没有打扫卫生。"那样的话,这个学生是要挨揍的。

把任务揽过来。

在我的学校，经常会听到学生这样说："老师，对不起！这是我的责任。"然后马上去打扫。灯泡坏了，哪个学生看到了，就会自己掏钱去买一个安上。窗户玻璃坏了，学生自己马上买一块换上它——这才是教育，不把责任推出去，而是揽过来。也许有些人说这就是吃亏！我告诉你，吃亏就是占便宜。这种教育要牢牢记在心里，我们每个中国人都要牢记！

学校更应该训练学生这种"天下兴亡、我的责任"的思想。校园不干净，就应该是大家的责任。你想，这么大的一个校园，你不破坏、我不破坏，它会脏吗？脏了之后，人人都去弄干净，它会脏吗？你只指望几个工人做这个工作，说："这是他们的事。我是来读书的，不是扫地的。"——这是什么观念？你读书干什么？读书不是为国家服务吗？眼前的"务"你都不服，你还能为未来服务！当前的责任你都不负，未来的责任你能负吗？水龙头漏水，你不能堵住吗？有人会说："那不是我的事，那是总务处的事！"这是错误的。

勿以善小而不为，勿以恶小而为之。

另一点，我们要有"勿以善小而不为，勿以恶小而为之"的敬业观念。天下有大事吗？没有！但任何小事都是大事。集小恶则成大恶，集小善则成大善。培养良好的道德，是从尊敬老师开始的，是从很小的事情开始的。这种道德是慢慢建立起来的，而不是专门找到大事来干。天下无大事，请先把自己脚下的纸屑捡起来，这就是我的教材！好的，同学们捡起脚下的纸屑就是爱国的开始。

我给大家讲两个废纸的故事。

第一个：美国有个福特公司。福特是一个人，他大学毕业后去一家公司应聘。和他同时应聘的三四个人都比他学历高。当前面几个学生面试后，他觉得自己没有什么希望了。但既来之、则安之，他敲门走进了董事长的办公室。一进办公室，他发现地上有一张纸。他弯腰捡起来发现是一张废纸，就随手把它扔进了废纸篓里，然后才走到董事长的办公桌前说："我是来应聘的，福特。"董事长说："很好！很好！福特先生，您已被我们录用了。"福特轻轻说："董事长，我觉得前几位都比我好，你怎么把我录用了呢？"董事长说："福特先生，前面三位的学历的确比你高，而且仪表堂堂，但是他们的眼睛只能看见大事，看不见小事。你的眼睛能看见小事。我认为能看见小事的人将来一定能看见大事。一个只能看见大事的人，他能忽略很多小事，他是不会成功的。所以我才录用了你。"福特就这样进了这个公司。不久，这个公司就扬名天下。福特把这个公司改名为福特公司，也改变了美国的整个国民经济状况，使美国汽车产业在世界占据鳌头。这就是今天美国福特公司的创始人，福特。大家说这张废纸重要不重要？看见小事的人能看见大事，而只能看见大事的人不一定能看见小事，这是很重要的教训。

第二个废纸的故事：当本届亚运会在日本广岛结束的时候，6 万人的会场上竟没有一张废纸。全世界的报纸都有登文惊叹：可敬可怕的日本民族就是因为没有一张废纸就使全世界为之惊讶！再看看我们十月一日在天安门广场升国旗的镜头。当人们散去后满地的废纸到处乱刮，外国人一看当然会这样认为："你们中国和日本比还差得远呢？"大家不要总是说："我们国家地大物博，我一百三十七枚金牌"，这都没用！咱们的道德水准还没上来，还差得远，大家说这些废纸重要不重要？所以说，我让大家捡起一张废纸，这就是爱国的开始。

有敬业观念。

同学们，从现在开始，你们要有敬业的观念。我们中国实行九年制义务教育的目的就在于此，就是要看你怎样同老师相处、怎样与朋友相处，这就是教育的目的。从古至今，中国的教育才是最伟大的教育，你把西方的教育看作最先进的教育，那就大错特错了。美国的教育部长曾发表讲话说："我们国家的教育是彻底失败的，我们把人教成了机器，我们在向东方学习人文教育！"所以说，我们的教育是世界上最伟大的教育！孔子告诉我们：学而不思则罔，思而不学则殆。一个学生要不断地学、不断地想，不断地做，这就是真正的教育，这就是中国教育之精髓所在。

读书是责任。

很多人为兴趣而读书，岂有此理！读书有什么兴趣？真正的目标不应是兴趣，而是责任，在责任当中找到兴趣，但不能用兴趣代替责任。越在黑暗中越做光明的事，这就是道德教育。

读书是为了国家。

我们读书是为了国家。同学们，你们想想，你们从小受了什么教育，尤其是农村子弟，你参妈是怎么教你的？他们这样告诉你："你要好好念书！你不好好念书，将来就不能出人头地，你必须努力奋斗好好读书，你才有前途，读书是为了你的幸福，读书是为了你的前途！读书一切是为了你！"你就是在这种教育下长大的，这就是最错误的教育，这是最糟糕的教育！所以小孩子长大以后就认为，读书就是为了我呀，与任何人或事不相干，而是为了我的前途，为了我的未来，为了我的希望。你看这个国家还有希望吗？他与国家毫不相干！喝着国家的奶水，用着国家纳税人的钱，拿民脂民膏培养出的却是一个自私自利的小孩，培养出一批自私自利的老师，你想，这个国家会有前途吗？你读书的方向都错了。读书不是为了我们自己，读书是为了我们的国家！

举例。

大家都知道以色列与阿拉伯的战争。阿拉伯与以色列打仗打得正激烈的时候，世界小姐选美比赛正在举行，那年以色列小姐正当选"世界小姐"。许多电影界的人士都围着她说："小姐签约吧，将来你可能发大财啊。""签约后你名利双收，你何必回国呢？你的国家正在打仗，那么一个小国，随时都会被吃掉的！""你回去多可怕！你现在又有钱，又有名，留在美国吧！"……这姑娘却在电视上发表讲话："我参加这次比赛并非为了名利，我只是想让你们知道，以色列是一个优秀的民族，所以我出来竞选。我想让人们知道，地球上有以色列这个国家，所以我要出来竞选。我今天被选上了，就完成了我的任务。我也想告诉世界，以色列是个优秀的民族，因为我是世界上最漂亮的女人，同时还要告诉世界，以色列这个国家正在艰苦奋战，希望全世界的人民同情我们，支持我们！现在我的国家正在打仗，要钱何用？我们以色列亡国两千年，因为我们文化未亡，所以我们还能建国。今天我要回去，为祖国而战，要钱何用？"她发表完这篇谈话，第二天就坐飞机回国了。这个新闻发表后，全世界的人对以色列刮目相看。

爱国常在微小的地方。

所以，同学们，爱国常常是在一个微小的地方。"一言以丧邦，一言以兴邦。"我们是受过高等教育的，我们肩负着国家的荣辱啊，人家看到我们就会看到国家的希望。同学们，国家的前途是向后看的，个人的前途是往前看的。看看小学生就知道三十年后的中国是什么现象。如果他品德良好，道德高尚，爱国，二十年后祖国就有希望。如果看见这个小朋友很爱国，很有礼貌，很有道德，那么三十年后的中国人会是更了不起的中国人。否则，看着他怠惰、自私、傲慢、无礼、没有水准，就会预知三十年后的中国就是那个样子。我们今天要雪耻图强，要力争做得更好。不要丢了祖宗的脸，不要丢了我们汉唐先烈的脸。

爱国是很具体的。

我的学校门口有个标语："离开校门一步，错一步忠信荣辱；离开国门一步，错一步国家荣辱"。一口痰吐在中国是小事，一口痰吐在外国，你就会丢中国十三亿中国人的脸！因为你代表十三亿中国人，而不是你个人，你千万不要以为好汉做事好汉当，你错了。你做不到，你不够资格当，所以每个同学的一言一行都要注意。

二、爱国诗句

1. 杜甫《春望》

"国破山河在，城春草木深。感时花溅泪，恨别鸟惊心。烽火连三月，家书抵万金。白头搔更短，浑欲不胜簪。"

2. 李清照《夏日绝句》

"生当作人杰，死亦为鬼雄。至今思项羽，不肯过江东。"

3. 范成大《州桥》

"州桥南北是天街，父老年年等驾回。忍泪失声问使者：'几时真有六军来'。"

4. 林升《题临安邸》

"山外青山楼外楼，西湖歌舞几时休。暖风熏得游人醉，直把杭州作汴州。"

5. 陆游《示儿》

"死去元知万事空，但悲不见九州同。王师北定中原日，家祭无忘告乃翁。"

6. 陆游《秋夜将晓出篱门迎凉有感》

"三万里河东入海，五千仞岳上摩天。遗民泪尽胡尘里，南望王师又一年。"

7. 文天祥《过零丁洋》

"辛苦遭逢起一经，干戈寥落四周星。山河破碎风飘絮，身世浮沉雨打萍。惶恐滩头说惶恐，零丁洋里叹零丁。人生自古谁无死，留取丹心照汗青。"

8. 于谦《石灰吟》

"千锤万凿出深山，烈火焚烧若等闲。粉身碎骨浑不怕，要留清白在人间。"

9. 龚自珍《己亥杂诗·其五》

"浩荡离愁白日斜，吟鞭东指即天涯。落红不是无情物，化作春泥更护花。"

三、名家爱国名言

1. 我们爱我们的民族，这是我们自信心的泉源。

2. 唯有民魂是值得宝贵的，唯有它发扬起来，中国才有真进步。

3. 热爱祖国，这是一种最纯洁、最敏锐、最高尚、最强烈、最温柔、最有情、最温存、最严酷的感情。一个真正热爱祖国的人，在各个方面都是一个真正的人。

4. 我是你的，我的祖国！都是你的，我的这心、这灵魂；假如我不爱你，我的祖国，我能爱哪一个人？

5. 热爱自己的祖国是理所当然的事。

6. 锦城虽乐，不如回故乡；乐园虽好，非久留之地。归去来兮。

7. 我有我的人格、良心，不是钱能买的。我的音乐，要献给祖国，献给劳动人民大众，为挽救民族危机服务。

8. 为了国家的利益，使自己的一生边为有用的一生，纵然只能效绵薄之力，我也会热血沸腾。

9. 爱国主义就是千百年来巩固起来的对自己祖国的一种深厚的感情。

"态度决定高度"主题班会课文案

一、班会背景

每个人的成长中都会遇到困难和问题，保持一种积极向上的人生态度，是战胜困难的首要因素。进入高二，实习任务将至，面对未来环境和角色的变化，学生或多或少的表现出畏难情绪，所以引导学生以积极、乐观、上进的态度迎接实习工作是就业专业学生上岗前重要一课。

二、班会目的

(1)引导学生认识到态度对人生有重大的影响。

(2)让学生学会调整不良的人生态度，培养积极的思维方式。

(3)让学生学会用积极的态度不断激励自己，在完善自我的同时，向他人传播正能量。

三、班会流程

第一环节：两种态度，两种人生(5分钟)

设计意图：在故事的分享中，引导学生了解态度对人生的重要影响。

分享故事：态度改变命运。

有两个年龄差不多的兄弟，哥哥是城市里最顶尖的会计师，弟弟是监狱里的囚徒。有一天，记者去采访当会计的哥哥，问他成为优秀会计师的秘诀是什么，哥哥说："我家住在贫民区，爸爸既赌博，又酗酒，不务正业；妈妈有精神病，我不努力，能行吗?"第二天，记者又去采访当囚徒的弟弟，问他失足的原因是什么，弟弟说："我家住在贫民区，爸爸既赌博，又酗酒，不务正业；妈妈有精神病。没有人管我，我吃不饱，穿不暖，所以去偷去抢……"

教师引导：同学们，同样的环境，是什么造就了不同的人生?（人生态度）

第二环节：我的实习我做主(10 分钟)

设计意图：分析实习案例，告诉学生在实习起始阶段都会有不尽如人意的方面，要学会保持乐观、积极的态度，把点滴经历作为对自己的历练，在历练中成长、成熟。

郝刚和海东是一所职业学校同一个班级的学生，实习时被分配在一家五星级酒店做服务员工作。由于是新人，经理安排他们在基层接受训练。

郝刚被安排收拾客人用餐之后的桌椅，面对一桌桌的残羹剩饭，要把碗盘收拾走，把满是油污的桌子擦干净，换上干净的桌布。一开始郝刚认为这样的工作只是暂时的，还比较认真，但是时间一长，工作的枯燥和辛苦让他无法忍受。但是迫于实习的压力，他不得不苦苦煎熬，暗自打算一有机会就马上离开这里。

海东得到的任务比郝刚的更糟糕。经理居然安排他到洗手间当侍应生，为客人递送擦手巾，他每天要在这个地方待整整八小时，而且要对客人们笑脸相迎。

刚开始，海东也不愿意一天到晚站在厕所里，他怎么也笑不起来，甚至听到厕所内冲水的声音他都感觉到反胃。他也想早点离开这儿，但是同样迫于实习的压力，不得不乖乖地做这份工作。在他等待的时候，他意识到，目前的工作虽然不是他想要的，但是如果不把这份工作做好，那么不仅自己的实习一无所获，而且永远只能做这样的工作。于是，他决定把这份工作当作他人生的第一步。

从此，他的工作质量达到了无可挑剔的高水平：他不再像以前一样木讷地站着递送手巾，而是微笑热情的服务每一个客人，主动帮助行动不方便的老人或者幼儿，提醒洗手的客人带好随身物品，甚至在清洁工没有过来的时候，主动清理卫生间的卫生。他在服务中也体会到帮助别人的快乐，在别人对他的肯定中体会到成长的幸福。

三个月过去了，经理在总结会上表示对海东特别满意，而且客人和同事们对他的评价都很好，所以决定把他调往客户部做经理助力，薪水几乎翻了一倍，他工作的热情一天比一天高涨。而郝刚因为工作中经常出问题，被公司要求解除实习合同。

一年后，海东再次见到郝刚是在一家公司的大厅。海东准备去一家旅游公司谈合作，而郝刚在大厅做帮助客人打印资料，复印文件的工作，他说他一点也不喜欢现在的工作。

小组讨论：想一想我们在实习中都可能遇到什么问题，遇到这些问题，你会怎么想？如何做？

提示：

(1)在实习中，自己很努力，可是大家好像都注意不到，甚至不认可。

(2)自己的好朋友业绩超过了自己。

(3)这个岗位不适合自己。

……

教师小结：首先，大家要清楚，每个人在实习中都会遇到困难，我们不要有畏难情绪，更不要抱怨，而是要相信风雨之后才会有彩虹。另外，要理解实习的价值所在，调整好自己的心态，坦然接受实习岗位上的考验和磨难。

第三环节：我想拥有积极的生活态度(15分钟)

设计意图：挖掘有意义的视频，在感动中引导学生吸取社会中的正能量，学会保持乐观积极的人生态度。

1. 视频欣赏：

我是大明星："玻璃人"张雷。

教师引导：同学们，世界著名博士贝尔曾经说过这么一段话："想着成功，看看成功，心中便有一股力量催促你迈向期望的目标，当水到渠成的时候，你就可以支配环境了。"所以，一个良好的心理状态，便是你通往成功的开始。

2. 培养积极的思维

教师引导：有的同学也许还是觉得，有时候压力来自方方面面，消极不可避免。下面请看一组数据，我们一起来揭开压力的面纱：

40％的担忧永远不会发生。

30％的忧虑涉及过去的决定，是无法改变的。

12％的忧虑集中于别人出于自卑感而做出的批评。

10％的忧虑与健康有关，而越担忧问题就越严重。

8％的忧虑可以列入"合理"范围。

教师引导：其实大部分压力是毫无必要的，我们要学会用积极的方式思考问题，请大家和老师一起来了解一下：吉米的《培养积极思维的十原则》。

(1)言行举止模仿你希望成为的人。

(2)要心怀积极的想法。

(3)用美好的感觉去影响别人。

(4)把与你交往的每一个人都当作世界上最重要的人看待。

(5)使你遇到的每一个人都感到自己被需要，被感激。

(6)寻找每个人身上。

(7)除非万不得已，否则不要谈健康问题。

(8)到处寻找新观念。

(9) 放弃鸡毛蒜皮的小事。

(10)培养奉献的精神。

第四环节：明天会更好(5 分钟)

设计意图：在轻松的气氛中，引导学生学会悦纳生活中的酸甜苦辣，尤其是乐观地面对困难。

视频：积极的生活态度。

结束语：同学们，人与人的差别只是一点，但这小小的差别却有极大的不同。小小的差别是思维方式，极大的不同是这思维方式影响的人生。积极的思维方式，是我们人生的良好开端，它会让我们心存希望，用乐观去面对学习生活中的各种问题，有了这种积极的人生态度，我们的生活会变得更加美好！

四、班会反思

本节班会课主要是引导学生消除消极的人生态度，用乐观、积极、向上的心态去迎接人生的每一次挑战。班会中使用了故事、案例和视频等形式对学生进行引导，希望在活跃的氛围中，潜移默化地影响学生。教师在实践中可以根据班级特点收集更能贴近班级实际情况的相关资源，使班会课更有针对性。

"阅读，永远的加油站"主题班会课文案

一、班会背景

阅读会让人变得睿智、豁达、优雅和美丽。相比较普高学生来说，职业学校的学生阅读基础薄弱，需要教师不断强化和指导。恰逢 4 月 23 日世界图书日，班级可开展关于"阅读"的班会课，激发学生的阅读热情，强化学生的阅读意识，培养其良好的阅读习惯，让学生深刻体会到阅读的乐趣和价值。

二、班会目的

（1）提高学生对阅读的认识，强化学生的阅读意识。

（2）激发学生的阅读兴趣，营造班级浓厚的阅读氛围。

（3）丰富学生的精神世界，帮助学生养成良好的阅读习惯。

三、班会流程

第一环节：分享名家阅读故事（15 分钟）

设计意图：从名人爱读书故事中，体会阅读在人生发展中的重要作用，引导学生重视阅读，崇尚阅读。

展示毛主席读书的照片，讲他的读书故事。

几十年来，毛主席一直很忙，可他总是挤出时间，哪怕是分分秒秒，也要用来看书学习。大家看到的照片就是他的中南海故居，简直是书的海洋，卧室的书架上，办公桌、饭桌、茶几上，到处都是书，床上除一个人躺卧的位置外，也全都被书占领了。为了读书，毛主席把一切可以利用的时间都用上了。在游泳下水之前活动身体的几分钟里，还要看上几眼名人的诗词。游泳上来后，顾不上休息，就又捧起了书本。连上厕所的几分钟时间，他也从不白白地浪费掉。一部重刻宋代淳熙本《昭明文选》和其他一些书刊，就是利用这时间，今天看一点，明天看一点，断断续续看完的。毛主席外出开会或视察工作，常常带一箱子书。途中列车震荡颠簸，他全然不顾，总是一手拿着放大镜，一手按着书页，阅读不辍。到了外地，同在北京一样，床上、办公桌上、茶几上、饭桌上都摆放着书，一有空闲就看起来。毛主席晚年虽重病在身，仍不废阅读。他重读了新中国成立前出版的从延安带到北京的一套精装《鲁迅全集》及其他许多书刊。有一次，毛主席发烧到 39 度多，医生不准他看书。他难过地说，我一辈子爱读书，现在你们不让我看书，叫我躺在这里，整天就是吃饭、睡觉，你们知道我是多么难受啊！工作人员不得已，只好把拿走的书又放在他身边，他这才高兴地笑了。

教师引导：同学们，听了毛主席的阅读故事，你想到了什么？毛主席说过："一天不读书是缺点，三天不读书是错误。"孙中山先生说："我一生的爱好，除了革命之外，只有读书，我一天不读书，就不能够生活。"温家宝在接受美国《华盛顿邮报》采访时说："我最大的爱好就是读书。读书伴随着我的整个生活。"你从这些领袖对阅读的评价上，悟到了什么？

小组讨论：分组讨论，代表发言。结合个人体会和领袖爱读书的故事，谈谈你对阅读的认识。

教师小结：通过大家的实践和思考，我们都感受到阅读带给我们每个人不同的收获，明白了阅读关乎我们的成长、成才和成功。为了让大家更多的体会到阅读的乐趣，接下来，让我们分享一下彼此的读书方法。

第二环节：从我开始，爱上阅读（15分钟）

设计意图：从班级实际情况出发，针对班级学生在阅读中存在的问题，施行有效的措施，帮助学生爱上阅读，有效阅读。

出谋划策：分组讨论大家在阅读中遇到的问题，以组为单位提出典型问题呈现给全班，大家一起出谋划策进行解决。

(1)不喜欢看书，一看书就犯困。

(2)只看喜欢的书，对其他书没有兴趣。

(3)看完就忘了，好像用不上……

教师总结：在大家的群策群力下，我们找到了许多关于读书的好方法。下面让我们接着看完关于毛主席阅读的故事，看看会有什么新的启发。

认真地学，反复地读：毛主席从来反对那种只图快、不讲效果的读书方法。他在读《韩昌黎诗文全集》时，除少数篇章外，都一篇篇仔细琢磨，认真钻研，从词汇、句读、章节到全文意义，哪一方面也不放过。通过反复诵读和吟咏，文集的大部分诗文他都能流利地背诵。

不动笔墨不看书：几十年来，毛主席每阅读一本书，一篇文章，都在重要的地方划上圈、杠、点等各种符号，在书眉和空白的地方写上许多批语。有的还把书、文中精彩的地方摘录下来，写下读书笔记或心得体会。毛主席所藏的书中，许多是朱墨纷呈，批语、圈点、勾画满书。

无所不读：毛主席的读书兴趣很广泛，哲学、政治、经济、历史、文学、军事等书籍无所不读。在他阅读过的书籍中，历史方面的书籍比较多。中外各种历史书籍，特别是中国历代史书，毛主席都非常爱读。从《二十四史》《资治通鉴》《历代纪事本末》到各种历史演义等他都广泛涉猎。他历来提倡"古为今用"，非常重视历史经验。在他的著作、讲话中，常常引用中外史书上的历史典故来生动地阐明深刻的道理，他也常常借助历史的经验和教训来指导和对待革命事业。中国文学方面的书籍毛主席也读得很多，他是一个真正博览群书的人。

教师小结：毛主席的读书方法给了我们更大的启示。朱熹在《训学斋规》中提到，读书有三到：心到、眼到和口到，即专心致志、仔细阅读和勤于朗诵。老师希望大家能结合自己的实际情况，从阅读中找到乐趣，在阅读中完善自我。

第三环节：阅读大擂台(15分钟)

设计意图：利用班级活动，激发学生阅读兴趣，鼓励学生积极阅读，培养学生良好的阅读习惯。

推荐高中生的必读书目：《呐喊》《巴黎圣母院》《围城》《子夜》《雷雨》《三国演义》《唐·吉诃德》《匹克威克外传》《老人与海》《普希金诗集》。

读书大擂台活动：请每组从书目中选择一本进行阅读，两个月后请大家用表演、朗诵、演讲等不同形式展现阅读成果，我们将以无记名投票的方式，评选出最强团队，给予表彰。

教师总结：同学们，阅读是一种需求，也是一种享受，更是一种追求，在阅读中我们可以与名人对话，在阅读中我们可以感悟人生，在阅读中我们可以开阔自己的眼界，在阅读中我们可以不断提升自己的修养，请大家保持良好的阅读习惯，让它点亮我们的人生，指引我们前行。

四、班会反思

本节课以强化阅读意识、提高阅读兴趣、固化阅读习惯为主要内容。在阅读方法的推荐中，建议要根据班级的实际情况，做出有针对性的指导，以达到提高阅读效果的目的。另外，在阅读篇目的推荐中，还不够丰富全面，实践中可以再增加。值得强调的是，阅读习惯的培养，不是一蹴而就的，需要在班级建设中形成读书氛围，开展长期有效的活动，促使学生养成良好的读书习惯。

"让法律为青春导航"主题班会课文案

一、班会背景

据有关资料显示，当今社会青少年犯罪率居高不下，而且有不断增长的趋势。受社会环境影响，部分学生法制观念淡薄，自控能力差，遇事头脑简单，容易冲动，如果没有正确的引导，容易为今后的发展埋下隐患。本次班会活动课结合本班学生的特点，对学生进行一次法制与纪律的教育，提高学生法制意识，起到教育和预防的作用。

二、班会目的

(1)让学生了解青春期成长中的安全隐患，了解青少年犯罪的主体原因。

(2)引导学生遵守国家法律，具有基本的防范意识。

(3)培养学生树立法制观念，普及法律常识，做知法、守法的好公民。

三、班会流程

第一环节：法律知识知多少？(10 分钟)

设计意图：挖掘学生身边案例，用贴近学生生活的事实，让学生认识到安全隐患无处不在，要有法律常识、要有防范意识。

案例分析：

事情发生在某小区的住宅楼。这天正是星期日，三位初中生在四楼的楼道窗前嬉戏，甲失手将乙推出窗外，重重地从高达 20 米的四楼摔了下来。当时乙的脸色铁青，血从鼻孔、耳孔直往外淌。后来，乙被市医院急救走。

教师提问：甲失手伤害了乙，算不算违法？

学生：我认为甲是不小心把乙碰下去的，不是故意的，所以不能算是违法。

学生：不对，如果说甲不违法的话，那乙的受伤岂不是没有人负责了吗？

学生：我也认为因为不是故意的，就不违法，那这样的话，打伤了人，只要说不是故意的，不都可以逃脱法律了吗？

学生：我觉得虽说甲不是故意推乙下去的，但他的行为已经造成了对乙的严重伤害，所以他的行为是违法行为。

学生：我想这是一个非常严肃的法律问题，从法律的角度而言，伤害了他人合法的人身权利，并且达到了法律所规定的程度，就会构成违法，不管你是有意还是无意。

教师小结：有没有构成一定的社会危害程度是确定是否违法犯罪的重要依据。假如两人开玩笑，你打我一下，我打你一下，没什么伤害，不是违法，但如果其中一人不注意打到另一人的眼睛上，把眼睛打坏了，达到伤残的程度，那他就是违法了，就必须承担法律责任。所以案例中的甲造成了乙从楼上摔下严重受伤，显然违法了。

问题分析：乙经医院的全力抢救，虽然脱离了危险，但仍被医疗鉴定部门确定为重伤，我再请问同学们，甲违反了什么法？

学生讨论：分组讨论，代表发言。

教师小结：同学们，确定一个人有没有犯罪，犯了什么罪，以及应该受到怎样的制裁，不是凭感情用事，也不是一个人说了算的，在法律上，都有明确的条文作为依据。

第二环节：青少年犯罪的背后(20分钟)

设计意图：通过案例分析的形式，帮助学生分析造成违法犯罪的原因，引导学生正确面对青春期，树立法制观念，防患于未然。

案例一：几年前银杏乡发生的一起故意伤害案，当事一方为五名青少年，令人震惊的是这五人中有两名初中生、两名高中生。其中最小的当事人不到13岁，最大的年仅17岁。这起伤害案不仅引起了家长的思考、学校的思考，而且引起了政府和全社会的思考。

案例二：2009年12月17日晚，户县的15岁少年王某为图好玩而刻意制造火灾，他先将一堆麦草点燃，但因火势较小没有引起他人注意。于是他又窜到同村张某家老屋处，用火点燃一把干麦塞入门洞引起大火后，王某便躲在暗处观看村民救火，竟以此为乐。后来火越烧越大，烧毁了房屋，烧死了一头耕牛，损失达7000余元。法院鉴于王某未成年，依法做出减轻处罚判决。判处王某有期徒刑8个月，其父母赔偿受害人的全部经济损失7000余元。

案例三：日前，一名年仅16岁的女中学生露露听说有个低年级的同学骂她，就叫来几个朋友，把那个女孩暴打一顿。另一名18岁的女生燕子参与5起抢劫，抢钱近5000元。问起她们这么做的原因，她们竟然回答说："当班长、学习尖子远不如当大姐大威风！"为什么要选择用打架的方式来解决问题呢？据燕子和露露说，因为她们看到电视、录像里都是这样，相比于单调乏味的课本说教和家长的唠叨，她们当然更喜欢情节生动的电影故事，看得多了，就觉得认"干哥哥、干姐姐"比友谊重要，电影里的"老大"都用拳头自己解决问题，找老师、报警的都是小角色。在电影中，那些大哥、小弟动不动就挥刀冲上街头，都是让人佩服的英雄……

小组讨论：分组讨论青少年犯罪的原因。

教师小结：同学们，形成这一个个沉重事件的原因各不相同，但是值得我们反思的是面对出现的问题，我们该有怎样的思想意识，才能防止悲剧的发生。

一、由于自身文化素质较低，分辨是非能力较差，同时又往往盲目模仿，遇事易冲动，做事不计后果。

二、生理上的不成熟性。青少年时期是最喜欢结交"志同道合"朋友的时期，尤其是那些在遭遇家庭离异以及在学校成绩不好被老师贴上标签的双差生，更容易组合在一起，试图找回被家庭和学校剥夺的自尊心和关爱，从而走向犯罪的道路。

三、思想单纯，分辨是非的能力很差，喜欢拉帮结派，讲究哥们义气，有的以为朋友两肋插刀为荣，并不关心是非黑白。

四、法制观念的缺乏等，一旦受到外界因素的影响、刺激，很容易走向犯罪道路。

第三环节：法律小常识(15分钟)

设计意图：通过法律知识问答形式，进行法律常识普及，提高学生遵纪守法的意识。

问题一：中学生应具备哪些法律常识？

(1)不要犯法，不要违法，不要侵犯别人的合法权益，做个守法的好公民。

(2)当自己的合法权益受侵犯时用法律的手段解决；至于怎么解决，遇到具体问题时请询问执法机构，切忌私力救济。

(3)寻找法律救济的过程是打"证据战"的过程，注意寻找并保护证据。

(4)平时多看点法律书籍，电视上的法律节目，厚积薄发。

问题二：未成年人不得实施的不良行为主要有哪些？

不得实施的不良行为主要有：旷课、夜不归宿；携带管制刀具；打架斗殴、辱骂他人；强行向他人索要财物；偷窃、故意毁坏财物；参与赌博或者变相赌博；观看、收听色情、淫秽的音像制品、读物等；进入法律、法规规定未成年人不适宜进入的营业性歌舞厅等场所；其他严重违背社会公德的不良行为。

问题三：在互联网上对他人进行人身攻击要承担法律责任吗？

许多同学都喜欢上论坛"灌水"，享受畅所欲言的快乐。大家也许会注意到，论坛上有时会出现意见不合而相互攻击的情况。那么，现实生活中的人是否要为自己在虚拟的网络中所发表的过激言论负责呢？答案是肯定的。《计算机信息网络国际联网安全保护管理办法》规定：任何单位和个人不得利用国际联网制作、复制、查阅和传播捏造或者歪曲事实，散布谣言，扰乱社会秩序的以及公然侮辱他人或者捏造事实诽谤他人的信息。违者由公安机关处以警告或罚金，情节严重的将追究其刑事责任。所以同学们以后在网上记得要慎言慎行，当然，必要时也别忘了维护自己的合法权益。

结束语：同学们，法律是我们生存在这个社会上必须遵守的规则，它在制约我们不规范行为的同时，也保护着我们每一个人的合法权益。尊重法律就是尊重我们自己的生存权利，所以在我们青春年少，心智还没有完全成熟的时候，遇事一定要冷静，平时要重视法律常识的学习，不要因为自己的冲动和无知而伤害别人，伤害自己。希望同学们，知法、守法，让法律在我们的青春中领航，让我们的人生更加美好！

四、班会反思

本节课使用大量的案例，旨在让学生从现实中认识到法律意识的重要性，理性理解青春期不良行为的严重后果，引导学生知法，守法。在实践中可以根据班级情况，选择典型的案例进行分析，提高班会教育效果。法制教育是一个长期任务，应该作为班级建设的一项内容，开展系列活动，引导学生自尊自爱，健康成长。

附件：

中学生应该具备的法律常识

一、中学生交通安全常识

1. 交通事故的预防

自觉遵守交通法规除提高交通安全意识、掌握基本的交通安全常识外，还必须自觉遵守交通法规，才能保证安全。以下两点是大家必须掌握并要在日常生活中严格遵守的。

(1)在道路上行走，应走人行道，无人行道时靠右边行走。走路时要集中精力，"眼观六路，耳听八方"；不与机动车抢道，不突然横穿马路、翻越护栏，过街走人行横道；不闯红灯，不进入标有"禁止行人通行""危险"等标志的地方。

(2)乘坐交通工具。乘坐市内公共交通等车停稳后，依次上车，不挤不抢。车辆行驶中不得把身体伸出窗外；乘坐长途客车、中巴车时不能贪图便宜，乘坐车况不好的车，不要乘坐"黑巴""摩的"，因为这些车辆安全没有保障。乘坐火车、轮船、飞机时必须遵守车站、码头和机场的各项安全管理规定。

2. 发生交通事故的处理办法

(1)及时报案 。一旦发生交通事故后，首先想到的是及时报案，有利于事故的公正处理，千万不能与肇事者"私了"。还应该及时与学校取得联系，由学校出面处理有关事宜。

(2)保护现场。事故现场的勘查结论是划分事故责任的依据之一，若现场没有保护好会给交通事故的处理带来困难，造成"有理说不清"的情况。切记，发生交通事故后要保护好事故现场。

(3)控制肇事者。若肇事者想逃脱一定要设法控制，自己不能控制可以发动周围的人帮忙控制，若实在无法控制也要记住肇事车辆的车辆牌号等特征。

二、《中华人民共和国预防未成年人犯罪法》以下简称《预防未成年人犯罪法》所称"严重不良行为"是指哪些行为？

是指下列严重危害社会，尚不够刑事处罚的违法行为：

(1)纠集他人结伙打架滋事，扰乱治安；

(2)携带管制刀具，屡教不改；

(3)多次拦截殴打他人或者强行索要他人财物；

(4)传播淫秽的读物或者音像制品等；

(5)进行淫乱或者色情、卖淫活动；

(6)多次偷窃；

(7)参与赌博，屡教不改；

(8)吸食、注射毒品；

(9)其他严重危害社会的行为。

三、对违犯《预防未成年人犯罪法》规定行为的，如何处罚

任何人不得教唆、胁迫、引诱未成年人实施《预防未成年人犯罪法》规定的不良行为、严重不良行为，或者为未成年人实施不良行为、严重不良行为提供条件，构成违反治安管理行为的，由公安机关依法予以治安处罚；构成犯罪的，依法追究刑事责任。

四、在遇到社会青年或者高年级学生向我们要钱如何处理

首先，如果是社会青年向在校学生要钱，应当及时向学校老师、家长反映或者向公安民警报案，以便尽快处理。既不能自己拿刀来解决，也绝不能逆来顺受，从而助长了犯罪分子的嚣张气焰。

其次，如果是高年级的学生向低年级学生要钱，可以向老师举报这种行为，不能几个同学结伙来抵抗或者报复要钱者，否则很容易在不知不觉中走向犯罪。

五、刑法对故意伤害罪是怎么规定的

《中华人民共和国刑法》规定："故意伤害他人身体的，处三年以下有期徒刑、拘役或者管制。犯前款罪，致人重伤的，处三年以上十年以下有期徒刑；致人死亡或者以特别残忍手段致人重伤造成严重残疾的，处十年以上有期徒刑、无期徒刑或者死刑。本法另有规定的，依照规定。"

六、未成年人对犯罪如何进行自我防范

未成年人对犯罪的自我防范是指个人为减少被害可能性，进行自我保护而采取的各种措施和方法。主要包括以下几个方面：①未成年人应当遵守国家法律、法规及社会公共规范；②树立自尊、自律、自强的意识；③增强辨别和自我保护的能力；④加强未成年人用法律维护自身合法权益的意识。

七、在校女生如何保护自己

答：一是平时尽量少和社会不良青年及校内有不良倾向的学生接触。二是注意端正自己的行为举止。三是外出时尽量结伴而行。四是遇到情况要巧妙周旋，会自我保护。五是拒绝陌生人的好意。

八、自然人犯罪与年龄的关系是怎样的

根据《中华人民共和国刑法》第 17 条规定：

已满十六周岁的人犯罪，应当负刑事责任。

已满十四周岁不满十六周岁的人，犯故意杀人、故意伤害致人重伤或者死亡、强奸、抢劫、贩卖毒品、放火、爆炸、投毒罪的，应当负刑事责任。

已满十四周岁不满十八周岁的人犯罪，应当从轻或者减轻处罚。

因不满十六周岁不予刑事处罚的，责令他的家长或者监护人加以管教；在必要的时候，也可以由政府收容教养。

九、什么是法律援助

法律援助，是国家对某些经济困难和特殊案件的当事人给予减免费用或者义务提供法律帮助的一项法律制度。凡是具有中华人民共和国国籍，因维护合法权益需要律师，公证员和基层法律工作者以及其他法律专业人员提供法律帮助或需要减免诉讼费用，其经济收入低于当地政府确定的最低收入水平的公民为法律援助的对象。

"文明上网，健康发展"主题班会课文案

一、班会背景

目前网络已经成为人类生活、学习必不可少的工具，但是对于未成年的学生来说，网络的负面影响不可小觑。许多学生把大量时间花在上网、打游戏上，甚至沉迷网络，出现了逃学、斗殴、偷盗等问题。《中学生日常行为规范》中规定，遵守网络道德和安全规定，不浏览、不制作、不传播不良信息，慎交网友。以此为主题，结合中学生实际来进一步讨论：中学生上网是利大于弊还是弊大于利？从中让学生切身体会到文明上网的重要性，提高学生辨别是非的能力。

二、班会目的

(1)引导学生客观认识网络对每个人发展的影响，增强网络安全意识。

(2)引导学生明辨是非，对网络资源正确地加以取舍应用，取其精华，去其糟粕。

(3)引导学生文明使用网络，培养自身良好的自控能力，自觉构筑抵制不良信息冲击的"防火墙"。

三、班会流程

第一环节：小测试，导入新课(5分钟)

设计意图：用小测试的方式引出课堂内容，能提高学生兴趣，启发学生的主动参与意识，为本节课做好铺垫。

测测你对网络上瘾没有？

(1)全神贯注于网络或线上活动，并且在下线后仍继续想着上网的情形。

(2)觉得需要花更多的时间在线上才能获得满足。

(3)多次努力想控制或停止使用网络，但总是失败。

(4)当企图减少或停止使用网络时，会觉得沮丧、心情低落、易发脾气。

(5)花费在网络上的时间总比预期的要长。

(6)为了上网，宁愿冒着破坏重要的人际关系、损失工作或教育机会的风险。

(7)会向家人、朋友或他人说谎。

(8)上网是为了逃避问题或释放一些感觉，诸如无助、罪恶或焦虑、沮丧。

只要有5项以上的回答为"是"，即说明上网成瘾。你中招了吗？

教师引导：随着社会的发展，科技的进步，电脑已走进千家万户。在互联网高速发展的今天，我们的生活已经越来越离不开网络。据最新资料显示，截至2015年6月，我国网民规模达6.68亿，互联网普及率为48.8％。请同学们来讨论下，我们该如何认识网络，并健康有效地利用网络呢？

第二环节：讨论网络在生活中的利与弊(15分钟)

设计意图：学生在辩论中正确认识网络，学会明辨是非，对网络资源正确地加以取舍应用。

教师提问：丰富多彩网络世界为我们的生活和学习提供了前所未有的便利条件，可同时也给我们带来了许多问题和困惑。目前，有些学生迷上了网络，严重影响了正常学习，那么，你认为网络在生活、学习中到底是利大还是弊大呢？

小组讨论：学生根据自己选择的观点，分成正反两方各抒己见。

利大：获取更多信息；拓展受教育的空间；增加与外界交流机会；发展自己个性；网上购物方便。

弊大：电子海洛因，网络聊天、网络游戏成瘾；不健康网站，垃圾文化危害大；荒废学业，影响身体健康。

教师小结：通过同学们的讨论，我们明白网络是把"双刃剑"，既有好的一面，也有不健康的一面。那么青少年在使用网络时，为什么会出现许多负面的影响呢？让我们参考下面的案例进行思考。

第三环节：观看案例并深入分析不健康使用网络的弊端(10分钟)

设计意图：深入分析网络带来的危害，让学生增强上网的文明意识和安全意识。

出示网络带来危害的故事，请同学们阅读，讨论说感受。

(1)一个12岁的小孩因上网欠上机费20元，被网吧老板扣押自行车而不敢回家，最后饥寒交迫，投水而亡。

(2) 2002年6月16日，北京海淀区"蓝极速"网吧发生大火，造成24人死亡，十多人受伤的惨剧。其中大部分受害者是在读学生。

(3) 2002年11月26日，安康一少年连续27小时上网，结果因疲劳猝死。

(4)四川省自贡市自流井区13岁的小兰，沉溺上网玩游戏，2005年12月的一天，因多次向奶奶要钱遭到拒绝后，一时激动，用枕头将84岁的奶奶活活捂死。

(5) 2002年4月17日，江西南昌一名17岁的高三学生余斌，连续逃课上网2个月，在玩网络游戏时，因紧张激动在网吧猝死。

教师小结：青少年上网通常都以娱乐为主，且自制能力较差，网络给其带来不可忽视的弊端：摧残身体，荒废学业；因上网诱发犯罪；网上交友不慎，骗身又骗财。我相信，同学们的内心已经和我一样震撼了。我们一起再来看一组数据。

(1)据最新统计，我国网民超过一亿，其中青少年网民占 80%，青少年上网大多以玩游戏和聊天为主，网络成瘾、网络受骗、网络犯罪等问题日益突出。

(2)我国网络成瘾的青少年高达 250 万人，14～24 岁是网瘾最高发的时期，占整个网瘾青少年的 90%。

(3)因为上网，全国的青少年犯罪率以每年 10% 的速度增长。

(4)济南在押的 1500 名少年犯中，70% 是"网瘾"造成的，北京更是有 90% 的青少年犯罪案与"网瘾"有关。

同学们，这一个个触目惊心的数字，就像一阵阵警钟在我们耳边敲响了。你们知道国家有关网吧的一些规定吗？

提示：《互联网上网服务营业场所管理条例》第二十一条互联网上网服务营业场所经营单位不得接纳未成年人进入营业场所。

第四环节：文明上网，健康发展(8 分钟)

设计意图：增强上网的文明意识和安全意识。

教师提问：面对网络伸出的"黑手"，我们该如何对待网络呢？怎样培养自己健康的上网习惯？

(1)客观地认识网络。认识到网络的正反两面性，明确上网的目的是学习，寻找你需要的资料和内容。

(2)培养自己参加其他活动的兴趣。多参加喜欢的运动或其他活动，培养自己广泛的兴趣和爱好。

(3)控制自己上网的时间。对自己的上网时间有明确的要求，做一个有自控能力的人，养成良好的生活习惯。

教师引导：接下来我们一起学习全国青少年网络文明公约。

(1)要善于上网学习，不浏览不良信息。

(2)要诚实友好交流，不侮辱欺诈他人。

(3)要增强自护意识，不随意约会网友。

(4)要维护网络安全，不破坏网络秩序。

(5)要有益身心健康，不沉溺虚拟时空。

第五环节："文明上网，从我做起"签名活动(7分钟)

设计意图：在学习全国青少年网络文明公约的基础上，制定个人上网文明公约，指导学生形成健康的上网习惯。

(1)上网要得到家长或老师的允许。

(2)要善于网上学习，不浏览不良信息。

(3)要遵守网络道德，不破坏网络秩序。

(4)要有益身心健康，不沉溺于游戏。

下面，请同学在文明公约上郑重签下自己的名字。"文明上网，健康发展"。播放《明天会更好》

教师总结：同学们，我们要把网络作为帮助我们健康发展的助力器，从网上获取健康的、进步的、积极向上的有利信息，而不能使我们自己沦为网络的奴隶，让它掏空我们心灵，将我们推向深渊。老师希望大家对网络要保持敏锐的洞察力和是非分辨能力，给自己树立一道坚不可摧的防护墙，让网络为我们的学习和生活服务、添彩。

四、班会反思

本节班会课的主要目是帮助学生认识网络的利与弊，引导学生健康上网，制定网络公约，互相监督，养成健康上网的好习惯。通过案例的分析让学生的心灵感到震撼，充分感受到一些上网行为带来的危害。在实践中要采用以学生的主体课堂活动为主，引导学生主动改变不良认知，形成持久的规范，健康成长。

"社会实践,历练心智"主题班会课文案

一、班会背景

时代带来了新的挑战和机遇。社会实践作为培养学生创业能力和实践能力的主要途径,有助于帮助学生树立科学发展观、人生观和价值观。临近假期,作为专业二年级的学生已经具备了开展社会实践活动的能力基础,支持和鼓励学生利用假期进行有意义的社会实践,有助于发挥学生的主观能动性、发展学生的创造性、提升学生的综合能力。

二、班会目的

(1)让学生更好地规划假期生活,让学生了解社会实践的意义。

(2)让学生在社会实践中磨炼心智,学会适应,学会汲取正能量。

(3)指导学生利用社会实践,参与服务社会,服务他人的有意义的活动,提高学生的社会责任感,培养学生的奉献精神。

三、班会流程

第一环节:学生讲述实践经历及感受(20分钟)

设计意图:通过学生讲述亲身经历和感受,引导他们认识开展社会实

践的重要性。

同学们，长期以来，社会实践活动都是我们中职学生完善自我，提高社会适应能力的一个重要途径。在社会实践中我们要与人合作、交流、组织协调许多我们在学校里不可能遇到的工作，这不仅提高了我们自身的专业能力，而且培养了我们独立自主的意识。这个假期是我们走上工作岗位前的最后一个假期，老师希望大家让这个假期成为我们未来实习工作的基石，让这个假期过得意义非凡！今天让我们一起来探讨一下——"最后一个假期我们该做什么？"

小组讨论：分组讨论，结合以往同学们假期的实践经历，推选有代表的同学谈谈自己的经历和感受。

教师针对每个学生的发言进行适当点评。

教师小结：同学们在假期实践中都有不同的收获，老师为大家感到骄傲。但是，老师也发现，大家还是比较钟情于打假期工，赚点零花钱。所以，为了让大家开阔眼界，在假期实践中有更大的收获。下面，让我们一起来了解社会实践活动的真正价值。

第二环节：社会实践知多少(20 分钟)

设计意图：让学生深入了解社会实践的重要意义，提升学生对社会实践的认识，突破局限性找到更多可以提升个人综合素养的社会实践活动。

教师引导：首先，大家要了解中职学生社会实践是指在校学生利用假期(主要指暑假)及课余时间，深入到工厂、农村、街道、部队、医院等进行考察、了解社会、并利用所学专业知识为经济建设和社会发展服务的实践活动。其次，社会实践重在服务社会，服务他人，开阔视野，提高自身素质，为今后的就业做好准备。所以，我们不能把假期实践单纯地理解为打工挣钱。让我们广开思路，想一想还有哪些社会实践内容，值得我们去探究？

小组讨论：分组讨论，代表发言。社会实践是中职生树立规矩意识、规范化意识建立职业操守的机会。

教师总结：

(1)参与文化辅导活动或者是法律宣传与咨询活动。

(2)参与社会调查活动。

(3)参与献爱心活动。

(4)参与专业技能实践活动。

(5)参与青年志愿者活动。

所以，我们在选择社会实践活动时，不要只是去挣钱，而是要选择能够让自己充分发挥特长、提升自己能力的工作。目前，在企业的招聘中，有过志愿者经历的人一半都会被企业留下，尽管有时候这些人的能力并不能完全让用人单位满意。原因是什么呢？是因为这些人有奉献精神，更确切地说企业看中的是志愿者的社会责任意识。有过志愿者经历的人往往责任意识更强。那种帮助别人又得到他人真诚的感谢，这样的过程是一个快乐而又幸福的体验，是自身价值感得到充分满足的体验。同学们，真正成功的社会实践是让你成为一个心怀感恩，乐于奉献，具有强烈社会责任感的青年人。

第三环节：说明社会实践报告写作方法(5分钟)

设计意图：完善社会实践活动的流程，指导学生在进行社会实践总结的过程中，不断学习、思考和提高自身能力。

教师引导：同学们，假期实践的最后一个任务是请大家把自己的假期实践经历以社会实践报告的形式呈现出来。

社会实践活动开展情况报告，针对项目要求做到，主题鲜明，层次清晰，一般要求不少于1000字，提倡生动活泼，图文并茂。页面设置采用A4纸张，页边距上、下各2.5厘米，左、右各2厘米；题目字体为黑体三号，正文为宋体小四号，固定值22磅。

教师总结：

社会实践是迈入社会的过渡期，利用假期及业余时间来参加一些社会实践工作，有利于我们从思想上融入社会，而积极投入社会实践活动，更是当代学生增长见识，锻炼成长，提高素质的有效途径。作为中职院校的学生，我们更加应该结合自身专业特点，注重理论和实践的相结合、校园文化和企业文化的相融合，积极参与社会实践，缩短学生进入企业角色的转变期，成为现代制造业高素质的应用型人才！

四、班会反思

以往，在学生的心目中社会实践只是单纯的打工、挣钱。本节班会让学生了解社会实践的内涵、意义，也让他们能够选择更有意义的活动来充实自己，为正式上岗积累经验，汲取正能量。课内可以采取更多形式，引导学生参与青年志愿者活动，帮助学生树立正确的价值观，提升学生的社会责任感。

"爱家乡，谈环保"主题班会课文案

一、班会背景

目前，全球气候变暖，环境不断遭受破坏，整个社会非常关注环境质量，我们每个人都向往生活在优美的环境中。但部分同学没有良好的生活习惯，环保意识淡薄，保护环境的自觉性不够，所以班会课围绕热爱家乡教育，与学生探讨环保问题，引导学生热爱家乡，保护环境，践行环保理念。

二、班会目的

(1)了解家乡、歌颂家乡，激发学生勤奋学习，为家乡建设贡献力量的情感。

(2)唤起学生对环境恶化的关注，培养学生的环保意识，激发学生的环保热情。

(3)学会在点滴小事中，爱护环境，热爱家乡，为家乡的绿色崛起做贡献。

三、班会流程

第一环节：我爱我的家乡(5分钟)

设计意图：播放张家口的宣传片，激发学生对家乡的热爱之情，培养学生热爱家乡的美好感情。

教师引导：诗中说："独在异乡为异客，每逢佳节倍思亲。"同学们，也许只有离开家乡，我们才会感受到家乡的温暖，才会体会到家乡的美丽。2015年7月31日，是值得我们中国人骄傲的日子，也是值得我们张家口人自豪的日子，在那一刻我们为祖国的繁荣昌盛而骄傲，为家乡的蓝天白云而自豪。同学们，如果让你向客人介绍我们的家乡，你会怎么说？

第二环节：家乡美(10分钟)

设计意图：在同学们的介绍中，提高大家对家乡历史文化的了解，在家乡发展的优势中，了解生态保护的重要性。

小组讨论：将班级按不同地区进行分组，寻找、讨论代表家乡美的人或事，以向客人介绍的方式展现给大家。

教师小结：在大家的发言中，老师听到了美人、美食和美景，大家知道吗？我们张家口市有国家级自然保护区3个、国家级森林公园1处、省级森林公园16处、省级风景名胜区1个。有国家级文物保护单位27个、省级文物保护单位101个、全国十大考古新发现3处，是河北省文物大市之一。到2015年，张家口全市森林覆盖率达37%，在成功创建全省首个"国家森林城市"的同时，全市空气质量一直保持长江以北城市最好水平，也成为京郊著名的"氧吧"。良好的生态环境是张家口旅游的巨大优势。

第三环节：保护环境，建设家乡(20分钟)

设计意图：通过图片、视频展示目前家乡以及世界存在的环境问题，引发学生对环境恶化的思考，激发学生的社会责任感，引导学生成为环保队伍中的一员。

1. 影像展示

展示：央视环保公益广告或者街道垃圾成堆，污水排放，土地沙化的照片等。

教师引导：同学们，地球的资源不是取之不尽，用之不竭的！在我们征服自然，向自然界不断索取的同时，地球也向我们敲响了警钟，自然灾害不断袭来：气候变暖、土地沙化、森林锐减、物种灭绝、垃圾成山、水污染、臭氧层破坏……同学们，保护我们生存的家园，是我们每个人义不容辞的责任，大家愿意为家乡，为环境，为我们人类的健康发展做贡献吗？

2. 小组讨论

请同学们认真思考，互相讨论，列举出环保的行为。

(1)节水为荣——随时关上水龙头，别让水白流。

(2)监护水源——保护水源就是保护自己的生命。

(3)一水多用——不浪费资源，让水重复使用。

(4)阻止滴漏——检查维修水龙头。

(5)慎用清洁剂——尽量用肥皂，减少水污染。

(6)关心大气质量——别忘了你时刻都在呼吸。

(7)随手关灯——省一度电，少一份污染。

(8)少用电器——为减缓地球温暖化出一把力。

(9)减用空调——降低能源消耗。

(10)支持绿色照明——人人都用节能灯。

(11)利用可再生资源——别等到能源耗竭的那一天。

(12)做"公交族"——以乘坐公共交通车为荣。

(13)当"自行车英雄"——保护大气，始于足下。

(14)减少尾气排放——开车人的责任。

(15)用无铅汽油——开车人的选择。

(16)使用再生纸——减少森林砍伐。

(17)替代贺年卡——减轻地球负担。

(18)节粮新时尚——让节俭变成荣耀。

(19)控制噪声污染——让我们互相监督。

(20)维护安宁环境——让我们从自己做起。

(21)认"环境标志"——选购绿色食品。

(22)用无氟制品——保护臭氧层。

(23)选无磷洗衣粉——保护江河湖泊。

(24)买环保电池——防止汞镉污染。

(25)选绿色包装——减少垃圾灾难。

(26)认绿色食品标志——保障自身健康。

(27)买无公害食品——维护生态环境。

(28)少用一次性制品——节约地球资源。

(29)自备购物袋——少用塑料袋。

(30)自备餐盒——减少白色污染。

(31)少用一次性筷子——别让森林变木屑。

(32)旧物巧利用——让有限的资源延长寿命。

(33)交流捐赠多余物品——闲置浪费,捐赠光荣。

(34)回收废塑料——开发"第二油田"。

(35)回收废电池——防止悲剧重演。

(36)回收废纸——再造林木资源。

(37)回收生物垃圾——再生绿色肥料。

(38)推动垃圾分类回收——举手之劳战胜垃圾公害。

(39)拒食野生动物——改变不良的饮食习惯。

(40)拒用野生动植物制品——别让濒危生命死在你手里。

(41)不猎捕和饲养野生动物——保护脆弱的生物链。

(42)制止偷猎和买卖野生动物的行为——行使你神圣的权利。

(43)做动物的朋友——善待生命,与万物共存。

(44)不买珍稀木材用具——别摧毁热带雨林。

(45)植树护林——与荒漠做斗争。

(46)领养树——做绿林卫士。

(47)回收各种废弃物——所有的垃圾都能变成资源。

第四环节：争做环保卫士(5分钟)

设计意图：制订爱家乡、保护环境的行动计划，通过班级活动引导学生开展长期有效的环保行动。

开展热爱家乡，保护环境的活动。

(1)活动主题：绿色行动，绿色梦想。

(2)活动要求：以43条环保行动为纲要，以组为单位，从自身做起，从点滴做起，培养自己良好的生活习惯，树立环保意识，践行环保理念。

(3)活动评比：每学期末评比出绿色行动优秀团队，绿色行动突出个人。

(4)各小组制定爱家乡，爱环保的实际行动计划，分头行动，从点点滴滴的行动做起，爱护家乡，爱护环境。

第五环节：争做环保卫士(5分钟)

设计意图：在环保公益广告的正面引导下，鼓励学生做环保事业的践行者。

影像展示：泰国环保公益广告。

结束语：家乡是我们温馨的小家，祖国是我们温暖的大家，地球是我们一切生命的家园，我们生命的美好离不开家园的孕育和保护。同学们，请主动把自己生活中产生的垃圾放进垃圾桶，请微笑地捡起我们身边的每一点垃圾，请用我们的行动感染更多的人投入到爱家乡、爱环境的行动之中，让我们的家园更加美好！

四、班 会 反 思

本节课通过爱家乡、爱环境教育，帮助学生树立环保意识，将环保理念融入自己建设家乡的点滴行动之中。课堂内容涉及家乡的发展历史和文化传统，所以实践中要提前安排学生收集关于家乡历史文化的资料，在课堂交流中，可以提升学生对家乡历史及传统文化的学习效果。

附件：

张家口除了拥有优越的地理位置和区位优势，还有着悠久的传统文化。张家口地域文化脱胎于晋、冀、蒙的交界地带，衍生在高寒干燥的塞外赵北之地。

从"千古文明开涿鹿"起始，历经古代国于七国之先称王、北魏孝文帝拓跋宏的"汉化"革新、元代"腹里"中都的繁盛、明朝宣府镇边关的建立、清北方陆路商埠的形成、民国察哈尔设省、抗战时期成为晋察冀边区首府等一系列的沧桑变迁，逐步成为燕赵文化中一个独特的分支。

张家口地域文化与燕赵文化既有共同性，又有差异性。明代以来得以发展，清末民初得以整合，形成了以燕赵文化为核心、山西民俗为重要内容、含有察哈尔蒙古游牧文化特点的张家口传统文化。在张家口市的涿鹿县，保存着5000年前黄帝、炎帝、蚩尤中华三祖战斗、生活的古遗迹。

张家口文化的特点，主要有以下几个方面：

一、慷慨悲歌与粗犷豪放相交融

张家口地域文化属于以燕赵文化和三晋文化为主，兼容蒙古等少数民族文化的多元文化复合。历史地理的条件决定了张家口地域文化具有兼容性的特色。张家口自古以来是兵家必争之地，是汉民族与北方游牧民族交往频繁的地方。生活在这里的汉族人，有相当一部分是与游牧族相互融合的后代，因而许多民俗都保留着游牧民族的痕迹。政权的更迭、战争的频繁又带来了大量流离失所的流民和从各地迁徙来的移民，自然也带来了各地的文化习俗，从而丰富了张家口传统文化的内涵。

二、具有浓厚时代气息和政治色彩

张家口在历史上有过声名显赫的繁盛时代，作为北方重镇、塞外商埠和京师锁钥的张家口曾目睹了无数次的朝代更替和社会变迁。

三、教化淳厚，质朴不矫饰

张家口一带山干水瘦，雨少高寒，与华北平原和中原以及江南比，是个贫穷的地方，但是勤劳、善良的张家口人民，用自己的双手和智慧耕耘着自己的土地，建设着自己的家乡，所以张家口有着丰富的文化底蕴。

1. 地域文化

张家口地域文化也可以说是山的文化、仁者文化。张家口市是一座塞外古城，具有悠久历史，历为北方各民族杂居之地。张家口市历史悠久，最早可上溯到远古传说时代。在张家口市的阳原"泥河湾遗址"，发掘出大量石器、哺乳类化石、鱼化石、爬行类化石和软体化石等，据专家考证距今有200～300万年。明清时期，张家口商贸兴盛。大境门外开设"马市"，由官方以布釜之类易蒙古鞑靼马匹、皮张，并渐渐发展成为蒙汉民族贸易交往的中心。那时摊铺栉比，商贾云集，来远堡外"穹庐千帐"，民族商业贸易十分兴盛。"百货之所灌输，商旅之所归途"，年进出口平均银高达15000万两。张家口的皮毛在国内外影响日益扩大，"天下皮裘，经此输入海内，四方皮市经此定价而后交易"，成了誉满中外的"皮都"。由于货优物美，享有盛誉，"口羔"，"口皮"驰名国际市场。一条中国人自己勘测、设计、施工的铁路——京张铁路。新中国的第一座水库——官厅水库，党和国家领导人刘少奇、周恩来、朱德、邓小平等同志先后视察了官厅水库。

2. 红色革命文化

新时代下的抗日时期革命文化如中国共产党创始人之一的李大钊召开西北农工兵代表大会旧址，大革命时期察哈尔农民协会旧址，察哈尔抗日同盟军纪念塔，周恩来、贺龙、聂荣臻、叶剑英等老一辈无产阶级革命家在张家口工作战斗过的晋察冀军区司令部旧址，以及察哈尔烈士陵园、苏蒙联军烈士纪念塔等。

3. 旅游文化

张家口市因历史久远，且在中国近代史上地位显著，有着很深的文化底蕴和革命传统，自然景观颇多，有独特的名胜古迹和旅游景点，是开发建设北京"后花园"的理想地域。传说中的涿鹿黄帝战蚩尤古战场和黄帝城、蚩尤寨；旧石器时代世界标准地层的阳原泥河湾盆地；著名长城关隘大境门；被誉为"第二黄鹤楼"的宣化清远楼、镇朔楼、拱极楼等古建筑；战国时期的蔚县"代王城"；国内罕见的宣化辽代壁画等。塞外明珠官厅湖、坝上草原度假村、翠云山滑雪场一派北国风光。被称为"塞外西湖"的官厅水库；巍峨峻峭的海陀山和"华北第一峰"——海拔2882米的蔚县小五台山；被康熙大帝誉为"关外第一泉"的赤城温泉和阳原、怀来温泉疗养区；涿鹿黄羊山森林公园、坝上中都草原、沽源金莲山庄、闪电河旅游度假区、怀来永定河"万米峡谷漂流"、崇礼旅游滑雪等。张北坝上草原位于张家口市张北县以北，曾经是清帝秋游巡猎的地方，这里空气纯净，污染极少，是一处保存完整的天然草原。草原生态系统完整，有"沙平草远望不尽""风吹白草天无际""深草卧羊马"之咏。

4. 地方特产文化

张家口地处长城以北，饮食也接近东北和内蒙古口味，熏肉、口蘑是到张家口必定要品尝的美食，在坝上草原喝着马奶酒、吃着烤全羊，会让你误以为已置身辽阔的蒙古草原。张家口地方风味小吃"一窝丝""油炸糕""山药鱼""手把羊肉"等，会使人大饱口福。熏肉系塞外古镇怀安县柴沟堡镇的特产，它已有200多年的历史了。据传说，庚子年间慈禧太后与光绪皇帝西逃时，驻足柴沟堡，品尝熏肉，称其为精美的佳肴。还有口蘑、蕨菜、贡米、大杏扁、牛奶葡萄、龙眼葡萄、长城干红干白葡萄酒、柴沟堡熏肉、怀安豆腐皮、鹦哥绿豆、坝上莜麦、八棱海棠、张北马、宣化葡萄、口皮、口蘑、张家口马鞍、发菜等等。

5. 文化特色

汉文化中的晋、京、冀文化通过张库大道交汇于此，既带有中原文化的鲜明特色，又不失独具一格的文化情调。来张家口，不得不听的是口梆子，不得不看的是二人台，不得不买的是蔚县剪纸（全国唯一的一种以阴刻为主的点彩剪纸）。河北梆子，山西梆子，京剧，相声等在张家口也有相当的发展和传承。

张家口文化所表现的人文精神就是那种仁者不忧、勇者不惧，重德操、讲信义、正直大度、古道热肠的阳刚之气。

"应聘面试知多少"主题班会课文案

一、班会背景

作为一名中职生不仅要学好知识，而且要明白如何在一次次面试中抓住机遇，让自己顺利走向工作岗位。如今就业形势不容乐观：毕业生多如牛毛、竞争激烈；求职人员眼高手低；用人机构挑三拣四；金融危机，全球经济低迷；各国失业率增加；许多大公司裁员。而择业之后就是建立自己的事业了！每个成功的人都有自己的事业，谁都不想为别人打工一辈子，当然，能做到这一步的人确实寥寥无几，不过只要不放弃自己最初的梦想，只要去拼搏奋斗，都会成功的。

二、班会目的

(1)了解成功面试应聘者自身应该具备的条件和素质。

(2)学习面试技巧，提高求职能力。

(3)提高学生对职业能力的认识，引导学生在学习和生活中注重积累，提高自身的综合能力。

三、班 会 流 程

第一环节：浅谈就业形势(5 分钟)

设计意图：用当前中职生居高不下的就业数据，增强学生自信，鼓励学生抓住机遇，不断完善自己。

前瞻产业研究院发布的《2013—2017 年中国中等职业教育行业发展模式与投资前景分析报告》分析认为，在本科生、研究生找工作困难的情况下，中专学生的就业情况却有了越来越好的发展势头，绝大多数中等职业学校毕业生的就业率都能达到 95％以上，医、工类中等职业学校学生的就业形势更好些，毕业生的就业率甚至能达到 100％。随着中等职业教育学生就业率的提高，未来我国中等职业教育发展前景会越来越好。

同学们，面对机遇我们要从知识和技能上完善自己，也要掌握一些必要的面试技巧，在面试中展现最好的自己。

第二环节：面试中展现最好的自己(10 分钟)

设计意图：通过案例分析的方式，帮助学生树立正确的价值观，在面试交谈中表现最好的自己。

案例：在上海某单位组织的一次面试中，主考官先后向两位毕业生提出了同样的问题："我们单位是全国数一数二的大集团公司，下面有很多子公司，凡被录用的人员都要到基层去锻炼，基层条件比较艰苦，请问你们是否有思想准备？"

毕业生 A 说："吃苦对我来说不成问题，因为我从小在农村长大，父亲早逝，母亲年迈，我很乐意到基层去，只有在基层摸爬滚打才能积累丰富的工作经验，为今后发展打下基础。"

毕业生 B 则回答："到基层去锻炼我认为很有必要，我会尽一切努力克服困难，好好工作，但作为年轻人总希望有发展的机会，不知贵公司安排我们下去的时间多长？还有可能上来吗？"

教师提问：同学们大家能判断最后的结果是什么吗？能谈谈你的理

由吗?

学生回答:结果前一学生被录用,后一学生被淘汰。毕业生 B 表现的不够踏实。

……

教师小结:在面试过程中,回答问题的技巧非常重要。对有些问题的回答,表面上看来合情合理,无可厚非,但却令考官反感。这是因为:考官并不在乎你回答内容的多少,而在于考察你对问题本身的态度,进而了解你对职业的态度,最终判断出你的人生价值观。显然,这一案例中,毕业生 A 对下基层态度端正、诚恳,令主考官欣赏;而毕业生 B 思想上明显有顾虑,尽管是人之常情,但这种场合下他的回答显然不合时宜。

第三环节:体验面试中,我能行(20 分钟)

设计意图:通过模拟面试,引导学生在实践中分析、掌握面试的技巧,提高自己的求职能力。

1. 模拟应聘活动

活动规则:请学生扮演应聘人员,参加招聘单位举行的面试活动。(根据专业不同,设置不同形式的面试现场,重点在引导学生了解面试的要求、合理回答面试官的问题。)

资料准备:教师准备并介绍招聘单位和招聘条件。

活动要求:4 名学生 2 人一组,分别应聘 2 个不同的岗位。其他学生对面试的同学进行打分,并对面试官提出的问题以及应聘者的回答进行讨论。

评 分 表

外在条件 每项 10 分	要求	得分	内在条件 每项 10 分	要求	得分
身体外形	与岗位相匹配		沟通技巧	倾听、理解、表达	
仪表	庄重、整洁(没有过多修饰,发型利落大方)		专业知识	对专业知识和技术的专度、广度和深度	

(续表)

外在条件 每项 10 分	要求	得分	内在条件 每项 10 分	要求	得分
气质、风度	给人的第一印象		思路	清晰、语言简洁、有 逻辑性	
举止文明	坐、立、站、行		回答	有针对性	
态度	真诚、阳光、自信		反应	机敏但不能敏感	
总分：外在得分＋内在得分＝					

2. 讨论面试成功的技巧

教师引导：参与了刚才的面试活动，如果给你一次真正的面试机会，你应当在以下几个方面更好地展现自己。

(1)仪容仪表：在衣着方面虽不需特别讲究，但要注意整洁大方。男士衬衫要换洗干净，皮鞋要擦亮，力求表现出成熟、稳重、可信赖。女士不能穿过分前卫新潮的服装，化妆不宜过于浓艳，力求表现出热情、大方、有亲和力。总之，着装要协调统一，同所申请的职位相符。另外，还应保证面试前有充足的睡眠，保证面试时有良好的精神状态。

(2)举止仪态：注意克服自己习惯性的小动作，如抚弄头发、按笔帽、脚拍地或不由自主地触摸身体某部分等。

(3)交谈技巧：要准备好发言(自我介绍)，面试时镇定自若地说出来。注意倾听面试官的提问，如果没有理解或听清楚可以有礼貌地要求重复一下，不要盲目回答，造成文不对题；回答要求有顺序，简明扼要，突出重点。

(4)面部表情和说话语调：面试时应看着面试官，但不要瞪视，因为这样显得太有进攻性。不要不停地环视房间，会显得缺乏自信或对所谈话题缺乏兴趣。语调得体，语速适中。

3. 教师小结

总结刚才面试活动中被录取的同学的成功之处。对面试活动及技巧做评价和强调。

第四环节：拓展面试知识(10 分钟)

设计意图：通过教师提出其他有关面试的问题，引导学生在今后的学习和生活中重视对应聘面试知识和技巧的学习，不断提高自己的职业能力。

教师引导：在面试中非常关键的内容就是面试官通过与你交流而产生的对你的评价，比如，面试官会问到"你想过你在岗位上会遇到什么困难吗？你有应对策略的考虑吗?""你的职业规划什么?"等，所以，同学们，本节课并不能解决你在面试中的所有问题，如果你想在面试中展现最好的自己，你要做好以下 3 点：

(1)要不断从学习、阅读和实践中完善自己，只有内在思想是丰满的人才能表现出优雅的气质和谈吐。

(2)要关心就业单位的信息，包括用人要求，单位情况以及政策法规等等，俗话说知己知彼百战百胜。马上我们就要进入社会，大家要主动、多渠道的了解就业信息，为自己的选择和判断打好基础。

(3)在专业技术的学习和练习中，要端正态度，吃苦耐劳。作为专业技术人员，如果专业水平不高，很难取得企业的信赖。

结束语：同学们，应聘面试是一个面对面交流的活动。在交谈中不仅可以根据你的谈吐对你的人生观、价值观进行判断，而且还可以观察到你的气质、品位、修养等，所以应聘是对你综合能力的全面考验。作为职业学校的学生，我们要抓住一切可以提高综合能力的机会，不断完善自我，争取在应聘中展现最好的自己。

四、班会反思

本节班会课重点帮助学生掌握面试技巧，提高学生的就业能力。在实践中教师要提前了解本专业每年面试的单位、岗位和要求，做好充分的准备，在模拟面试活动中力求突出专业特点。

附件：

一、面试中我们应该准备些什么

（1）准备必备物品，做好硬件准备。面试前，应把文凭、身份证、报名照、钢笔、证明文件等带齐，以供考官查看。最好带上公司、企业的原始招聘广告，重温该企业的背景情况，重温应聘职位及该岗位的具体要求。

（2）查找交通路线，以免面试迟到。

（3）准备面试时的着装和个人修饰。

（4）做好面试前的心理准备和知识巩固。面试者需尝试大声说出你在学校专业教育、技能训练以及曾参加的实习或者工作中所学得的相关技能，以及为什么你是该应聘职位的最佳人选的理由，必要时可将要点记录在一张索引卡片上。同时需要将所应聘岗位及自己所学专业的主要知识点浏览一下，做好所储备知识的必要巩固。

（5）提前到达面试地点，观察并适应面试氛围。面试者需确保面试前 10 分钟到达面试地点等候面试。在等候中注意观察该公司、企业的办公室气氛。如果大家都穿牛仔服装并用随意的口气打招呼，你就应该知道自己在面试时不必太刻板。

二、面试的技巧

1. 面试中的形体语言

（1）握手：这是你与面试官的初次见面。如果他伸出手，却握到一只软弱无力、湿乎乎的手，这肯定不是好的开端。握手应该坚实有力，但不要太使劲，而且手应当是干燥、温暖的。如果你刚刚赶到面试现场，用凉水冲冲手，使自己保持冷静。如果手心发凉，就用热水捂一下。

（2）坐姿：站如松，坐如钟，面试时也应该如此。要表现出精力和热忱，松懈的姿势会让人感到你疲惫不堪或漫不经心。面试前可照照镜子，甚至拍段录像审视一下自己。

（3）眼神：面试时应看着面试官，但不要瞪视，因为这样显得太有进攻性。不要不停地环视房间，会显得缺乏自信或对所谈话题缺乏兴趣。

（4）手势：说话时做些手势是很自然的，可手势太多也会分散人的注意力。避免说话时摸你的嘴。平时打电话时，可以在镜子前看看自己，因为你在面试中很可能使用同样的手势。

(5)仪态：没什么比抚弄头发、按笔帽、脚拍地，或不由自主地触摸身体某部分更糟糕了。要准备好发言，面试时镇定自若地说出来。

2. 面试中的语言交流

(1)发音清晰：发音清晰，咬字准确，对一般人来说不是十分困难。有些人由于发音器官的缺陷，个别音素发音不准，如果严重影响人们理解，或影响讲话整体质量的，应少用或不用含有这个音素的字或词。当然，如果有法矫正的应该努力矫正，不采用消极的方法。

(2)语调得体：无论是哪一种语言对于各种句式都有语调规范。有些同样的句子，用不同的语调处理，可表达不同的感情，收到不同的效果。若有人说："我刚丢了一份工作。"使用同样的反问句："是吗?"作答，可以表达吃惊、烦恼、怀疑、嘲讽等各种意思。有研究说，使用上扬语调易对听者造成悬念，提高他的兴趣，但若持续时间过长会引起疲劳。而降调表现说话人果敢决断，有时显示他的主观武断。得体的语调应该是起伏而不夸张，自然而不做作，富于感情变化的抑扬顿挫总比生冷平板的语调感人。

(3)声音自然：用真嗓门说话，音调不高不低，不失自我，不仅听来真切自然，而且有利于缓解紧张情绪。

(4)音量适中：音量以保持听者能听清为宜。适当放低声音总比高嗓门顺耳有礼。喃喃低语是没有自信的表现，而嗓门大亮，既骚扰环境，又有咄咄逼人之势。

(5)语速适宜：适宜的语速并不是从头到尾一成不变的速度和节奏。要根据内容的重要性、难易度及对方注意力情况调节语速和节奏。说话节奏适宜地减缓比急迫的机关枪式的节奏更容易使人接受。

3. 交流中的姿态

(1)手：这个部位最易出毛病。如双手总是不安稳，忙个不停，做些玩弄领带、挖鼻孔。

(2)脚：神经质般不住晃动、前伸、翘起等，不仅人为地制造紧张气氛，而且显得心不在焉，相当不礼貌。

(3)背：哈着腰，弓着背，似一个刘罗锅，考官如何对你有信心?

(4)眼：或惊慌失措，或躲躲闪闪，该正视时却目光游移不定，予人缺乏自信或者隐藏不可告人秘密的印象，极易使考官反感；另外，若死盯着考官的话，又难免给人压迫感，甚至感受到你的攻击性，招来不满。

(5)脸：或呆滞死板，或冷漠无生气等，如此表情怎能打动人？需快快改掉。一张活泼动人的脸很重要。

(6)行：其动作有的手足无措，慌里慌张，明显缺乏自信，有的反应迟钝，不知所措，不仅会自贬身价，而且容易被考官看扁。

三、面试中常见的问题

问题一："请你自我介绍一下。"

思路：这是面试的必考题目；介绍内容要与个人简历相一致；表述方式上尽量口语化；要切中要害，不谈无关、无用的内容；条理要清晰，层次要分明；事先最好以文字的形式写好背熟。

问题二："谈谈你的家庭情况。"

思路：家庭情况对于了解应聘者的性格、观念、心态等有一定的作用，这是招聘单位问该问题的主要原因；简单地罗列家庭人口；宜强调温馨和睦的家庭氛围；宜强调父母对自己教育的重视；宜强调各位家庭成员的良好状况；宜强调家庭成员对自己工作的支持；宜强调自己对家庭的责任感。

问题三："你为什么选择我们公司？"

思路：面试官试图从中了解你求职的动机、愿望以及对此项工作的态度；建议从行业、企业和岗位这三个角度来回答；参考答案——"我十分看好贵公司所在的行业，我认为贵公司十分重视人才，而且这项工作很适合我，相信自己一定能做好。"

问题四："对这项工作，你有哪些可预见的困难？"

思路：不宜直接说出具体的困难，否则可能令对方怀疑应聘者不行；可以尝试迂回战术，说出应聘者对困难所持有的态度——"工作中出现一些困难是正常的，也是难免的，但是只要有坚忍不拔的毅力、良好的合作精神以及事前周密而充分的准备，任何困难都是可以克服的。"

问题五："如果我录用你，你将怎样开展工作。"

思路：如果应聘者对于应聘的职位缺乏足够的了解，最好不要直接说出自己开展工作的具体办法；可以尝试采用迂回战术来回答，如"首先听取领导的指示和要求，然后就有关情况进行了解和熟悉，接下来制订一份近期的工作计划并报领导批准，最后根据计划开展工作。"

问题六："我们为什么要聘用你？"

思路：这是测试你的沉静与自信。给一个简短、有礼貌的回答："我相信能做好我要做的事情""我相信自己，我想得到这份工作"。

问题七："你是应届毕业生，缺乏经验，如何能胜任这项工作？"

思路：如果招聘单位对应届毕业生的应聘者提出这个问题，说明招聘单位并不真正在乎"经验"，关键看应聘者怎样回答；对这个问题的回答最好要体现出应聘者的诚恳、机智、果敢及敬业；如"作为应届毕业生，在工作经验方面的确会有所欠缺，因此在读书期间我一直利用各种机会在这个行业里做兼职。我也发现，实际工作远比书本知识丰富、复杂。但我有较强的责任心、适应能力和学习能力，而且比较勤奋，所以在兼职中均能圆满完成各项工作，从中获取的经验也令我受益匪浅。请贵公司放心，学校所学及兼职的工作经验使我一定能胜任这个职位。"

问题八："我们为什么要录用你？"

思路：应聘者最好站在招聘单位的角度来回答；招聘单位一般会录用这样的应聘者：基本符合条件、对这份工作感兴趣、有足够的信心，如"我符合贵公司的招聘条件，凭我目前掌握的技能、高度的责任感和良好的适应能力及学习能力，完全能胜任这份工作。我十分希望能为贵公司服务，如果贵公司给我这个机会，我相信一定能成为贵公司的栋梁！"

问题九："薪酬问题的回答？"

思路：在面试过程中，应聘者不应主动谈论薪酬待遇的问题。如果面试官询问对薪酬的想法，不能"就薪酬谈薪酬"，首先自己要有心理价位，然后说明自己对于薪酬的看法，并借机询问公司提供的薪酬范围。如"我相信贵公司会根据我的体现价值给予相应的报酬，我也会努力地做好我的工作！"

问题十："你还有什么问题吗？"

思路：你必须回答"当然"。你要通过你的发问，了解更多关于这家公司、这次面试、这份工作的信息。假如你笑笑说"没有"（心里想着终于结束了，长长吐了口气），那才是犯了一个大错误。这往往被理解为你对该公司、对这份工作没有太深厚的兴趣。

"心有尺规，入行不乱"主题班会课文案

一、班会背景

中职生进入社会时，年龄小，心理不够成熟加之缺乏社会经验。在走上就业岗位后，常常在遵守职业道德和行为规范等方面显露出了与主流社会价值观不太相符的行为模式，例如，跳槽不断、不能受气挨批评、缺乏敬业精神等，这也使得他们在就业、创业的过程中屡遭挫败。所以，要使他们顺利地走上工作岗位，并开创一番事业，成为合格的建设者和劳动者，就必须引导他们充分认识到遵守职业道德规范对自身发展的重要性，并学会在校园生活中和实习活动中自觉磨炼自己，提高自我约束力，养成与现代社会相适应的职业行为模式。

二、班会目的

(1)了解关于职业道德规范的内涵，认识遵守职业道德规范的重要意义。

(2)体验遵守职业道德规范对自己、对行业、对他人的重要性。

(3)提高与现代社会相适应的职业道德规范意识。

三、班 会 流 程

第一环节：问题导入——认识规则的重要性(10分钟)

设计意图：通过小活动，使学生亲身体验规则的作用。

教师提问：为什么两次通过通道有时间差？给你的启发是什么？

活动步骤：

(1)将同学分成两组，两组学生分别站到通道的两端。

(2)老师吹响口哨宣布游戏开始，两组学生分别以两三人并排的形式跑过通道，哪组先到终点哪组获胜，并记下两组都顺利穿过通道所需的时间。

(3)老师吹响口哨再次开始游戏，这一次要求两组学生均按照"靠右行"的规则跑过通道，哪一组先到终点哪一组获胜，并记下两组都顺利穿过通道所需的时间。

(4)计时学生报告前后两次所用的时间。

教师小结：活动因为有了规则才变得简单，才井然有序，避免了冲撞，保护了成员的安全。在职场中也一样，每一种职业都有从业者要遵守的职业规范，只有严格要求自己，遵守职业道德规范，职业生涯才能步步顺利。

第二环节：无规无范必烦恼(10分钟)

设计意图：了解职业道德规范，联系生活经历体会从业人员在各行业中不遵守职业规范的后果。

1. 关于职业道德规范

现代社会分工越来越细，职业越来越多。由于职业分工，人们对社会承担的职责不同，服务对象不同，活动条件也不同。为了保证职业活动正常进行，各行各业形成了一些特殊的要求，也就形成了各种职业道德规范和准则，比如，遵守单位制度，待客文明礼貌，交往诚实守信，合作团结互助等。

教师提问：结合职业生涯规划课所学内容，谈谈你对自己所学专业的职业道德规范的认识。

教师小结：职业道德规范是所有从业人员在职业活动中都应该遵循的行为准则与规范，不仅是从业人员在职业活动中的行为要求，而且是本行业对社会所承担的道德责任和义务。它规定人们"应该"做什么、"不应该"做什么以及"应该"怎么做。

2. 不以规矩，不成方圆

小组讨论：你在生活中是否遇到过某些服务行业的员工不遵守职业规范，不讲职业道德，给你或周围的亲人带来损害或者烦恼的事？当时你的感受是什么？

全班分享典型事例。

教师小结：只有遵守职业道德规范，才能有利于促进社会精神文明和物质文明建设，推动经济发展，促进社会各界人士的和谐相处。而"无规无范"必定给人们带来无穷的烦恼和损害。

第三环节：心存"尺规"（20 分钟）

设计意图：通过活动、案例、故事、情境体验，让学生在意识到职业道德规范重要性的同时，自觉提高约束力。

1. 时光列车："垮塌的世界"

活动流程：用报数的方法将学生分组，每组 5～7 人，围坐成一个圈。每个小组从教师手里抽取一个事先准备好的签。要求组内学生按照签上写的职业名称（服务员、教师、医生、律师、安检员、乘务员、导游员等）进入自由想象，想象进入一个新的时空，在这里这个职业的从业人员没有任何规范束缚，大家都在按自己的想法和意愿去做一些事情……（要求大家尽可能地大胆自由想象，并在组内互相交流）

讨论结束后，每个小组选出一位代表汇报本小组的想象和讨论结果。

全班分享：教师随机请学生分享听完这些想象中的事件的感受。

教师点评：通过刚才同学们的大胆想象，我们感受到，假如整个社会都没有了职业道德规范和从业规则，那么必定是混乱不堪的，充满了不确定性，人们生活在这样的社会里，就会感到恐慌和不安全。

2. 实事报道："黑心棉"事件

寒冬来临，街上行人穿的衣服越来越厚，个体户李老板店里的棉被已供不应求。于是，李老板即以每床"棉被"18 元的价格定购了 100 床用香烟头和带着血迹的脏棉花做的"黑心棉被"，随后以 80 元的价格全部卖给了在附近工厂工作的打工者。谁知，员工盖了此被，浑身发痒，皮肤红肿发炎，于是到工商局投诉。工商局经过调查，证实李老板店里的"棉被"都属伪劣商品，依据《深圳经济特区严厉打击生产、销售假冒伪劣商品违法行为条例》第四十条的规定，对李老板做出了处罚，没收其所有的伪劣棉被，没收其违法所得，并处以相当于伪劣棉被总值 3 倍的罚款。

学生分享感受。

教师点评：生活中存在很多不遵守职业道德规范的人，损人利己，投机取巧，乘人之危，不但影响了社会公共秩序，还损害了自己的职业发展。所以，我们作为即将踏入社会的学生，应该提高职业道德意识，牢记职业道德规范，更重要的是，要付诸行动，当然，行动的力量来自于自己的内心。

3. 情景体验：我的自制力

将 6 人小组拆分为 3 人小组，分别演练两个情境。其中两人扮演情境中的朋友进行"拒绝诱惑"的演练，另一个做观察员。然后交换角色继续演练，使每一位同学都能扮演到 3 个不同的角色。

(1)你和小卢一起长大，是形影不离的好朋友，毕业后两人在同一个单位从事客房服务工作。有一天小卢告诉你，她在一次打扫客房的过程中捡到了客人的一百块人民币，但是客人一直没有察觉，于是她就据为己有。后来她又说，其实每次捡到客人遗留的东西并不一定都要上交……

当你听到这些的时候，你会怎么做？

(2)你和小刘是很要好的同学，毕业后分别在两家公司做营销员。最近你的单位正在为了一个大客户夜以继日地策划营销方案，下班后小刘找到你，一直哭诉自己在工作上的困境和生活上的难处，想要向你打听一些你们公司营销方案的进展情况，这个信息对他很重要，说不定他会因此得到提升……

这时，你会如何去做？

第四环节：心存尺规助成功(5分钟)

设计意图：让学生进一步明确自觉遵守职业道德规范对于事业成功的重要作用。

故事分享：心理学家曾做过这样一个实验：把一群四五岁的孩子集中在一间屋子里，并告诉这些孩子，每个人的桌子上放着1颗很好吃的糖果，如果现在要吃，每人只能得到这1颗糖果，并离开这个屋子；如果等他办完事情回来再吃，可以得到10颗糖果作为奖励。结果，等心理学家关上门后，孩子们的表现各不相同。有的孩子迫不及待地拿起糖就吃，有的孩子能抵御诱惑，想尽一切办法转移自己的注意力，一直等着心理学家回来，得到了10颗糖果。

心理学家通过多年的跟踪研究发现，屋子里能够克制自己欲望、坚持到最后的那些孩子，在长大后的生活中更稳重可靠，更能快速地适应环境，人际关系也更加融洽。而那些克制力差的孩子，长大后则显得固执、孤僻，易受挫折，遇到压力易退缩。这个实验说明了自我控制能力对一个人的长远影响。

教师总结：同学们，我们马上就要走上工作岗位，唯有"心存尺规"，才能"行为不乱"，心理学家威廉·詹姆斯说过："播下一种行为，你将收获一种习惯；播下一种习惯，你将收获一种性格；播下一种性格，你将收获一种命运。"那就让我们从现在开始严格要求自己的一言一行，力争做一个守规范的学生、守规范的公民、守规范的从业者！

四、班会反思

这次课通过学生活动、案例分析、故事分享和情景体验等形式，使学生亲身感受到规范的重要性，初步训练学生的自我约束力，提高了学生对职业道德规范的认识。教师在活动中需要注意以下几个方面：一是将有关职业规范的内涵及其重要性的介绍压缩到最低限度，尽可能通过具体事例来引导学生体验和感悟；二是模拟情景的训练要防止走过场，要认真组织和分工，并注意及时交换角色，以便使每一位学生都能在某些具有诱惑性的情境中尝试如何恪守职业规范。

"迈好成人第一步"主题班会课文案

一、班会背景

责任感反映着一个人的精神境界和思想品德,是刻苦学习、努力攀登的强大动力,是不懈奋斗、追求卓越,将才学奉献给社会的重要保证。四月为我校成人教育月,学校组织系列成人教育活动,引导同学们从小我变大我,从自然的我变成社会的我,让学生明白从成人开始不仅要对自己负责,而且要对社会、对国家、对人类负责。本节班会课旨在引导学生面对责任,感受责任,继而学会承担责任。

二、班会目的

(1)结合学校成人教育主题活动和梁启超的《少年中国说》,培养学生的责任意识。

(2)通过实例分析,强化学生的社会责任感。

(3)将责任落实到行动之中,做一个懂感恩、有责任、有梦想的人。

三、班会流程

第一环节:感受成长、顿悟责任(15分钟)

设计意图:播放学校成人礼活动照片,让学生感受自己的成长。朗读

《少年中国说》，让学生顿悟责任。

1. 分享成人礼活动照片

教师提问：请分享一下你们当时的心情？（激动、感恩、信心、梦想、责任）

教师小结：孩子们，今天请允许我最后一次这样称呼你们。看着我们一起经历过的校园生活，是不是很有感慨？我们都惊叹时间的飞逝，转眼间在学校已经生活了两年。就在刚才，你们戴上成人帽、走上红毯、跨过成人门，俨然成为一个大人。再回首，18 个春夏秋冬，6000 多个日出日落，是祖国的稳定发展让你们可以安心读书，是父母和老师十几年含辛茹苦的养育，使你们一天天变得高大、魁梧、亭亭玉立、血气方刚，逐渐地成为一个独立的人、健全的人。孩子们，十八岁是对懵懂幼稚的道别，十八岁是与成熟稳健的相约，十八岁不只是时间的概念而更是人生走向成熟的标志。十八岁不只是意味着可以独立自主而更是意味着我们要像父母一样，担负起家庭、社会赋予我们的责任。

2. 分享《少年中国说》

播放《少年中国说》视频，并全体朗诵。

教师提问：请同学分享一下在诵读时候的心情。

教师小结：老师和大家一样，在《少年中国说》的诵读声中心潮澎湃，特别激动。感受到我们青年人就是祖国发展的希望，是我们祖国的明天。请问大家感受到自己身上的责任和压力了吗？那我们的责任具体是什么？中国古训——"修身、齐家、治国、平天下"恰好贴切地概括了我们所应该承担的责任。

第二环节：增强意识，明确责任(20 分钟)

设计意图：通过案例分析，引导学生思考责任对自己、他人、社会和国家发展的重要性，提升学生的社会责任感。

1. 李天一事件

2013 年，因打人被劳教的李天一，"出来"还不到半年再次犯案。一时间，最为爆炸性的新闻"李双江之子涉嫌轮奸被拘"使李天一成为焦点人物。他4岁学钢琴，8岁习书法，10岁加入中国少年冰球队，受名师调教，曾多次在钢琴、书法、冰球比赛中摘金夺银。光环的另一面，却是优越家庭中父母对其个性张扬的放纵，这是责任感缺失带来的牢狱之灾。

教师引导：同学们，悲剧的不是一蹴而就的。在李天一的成长过程中，父母面对其出现的问题一再袒护，用金钱和社会地位代替他逃避责任，最后却把孩子推进了监狱。

2. 小故事——《责任与命运同行》

责任与每个人的命运息息相关：每个人都背负着一个沉重的十字架（责任），在缓慢而艰难地朝着目的地前进。途中，有一个人忽然停了下来。他心想：这个十字架实在是太沉重了，就这样背着它，得走到何年何月啊。于是，他做出了一个决定：将十字架砍掉一块。砍掉之后走起来，的确是轻松了很多，他的步伐也不由得加快了。于是，就这样走啊走，又走了很久。他又想：虽然刚才已经将十字架砍掉了一块，但它还是太重了。为了能够更快更轻松的前行，他决定将十字架再砍掉一大块。这样一来，他一下子感到轻松了许多！于是，他毫不费力地就走到了队伍的最前面。大家看：当其他人都在负重奋力前行时，他却是边走边轻松地哼着歌！走着走着，前边忽然出现了一个又深又宽的沟壑！沟上没有桥，周围也没有路。该怎么办呢？后面的人都慢慢地赶上来了，他们用自己背负的十字架搭在沟上，做成桥，从容不迫地跨越了沟壑。他也想如法炮制，只可惜他的十字架之前已经被砍掉了长长的一大截，根本无法做成桥帮助他跨越沟壑！于是，当其他人都在朝着目标继续前进时，他却只能停在原地，垂头丧气，追悔莫及……

教师引导：这则故事给你怎样的启示？是的，承担我们的责任，有时候会感觉太沉重，但正是这种压力才能使我们保持清醒的头脑，不去触碰道德底线，学会承担责任，在人生的关键时刻，保障我们的安全。相反，责任感的缺失，最终会让我们坠入万丈深渊。作为成人，我们的责任是什么？

3. 分组讨论

四组分别写出什么是家庭责任、学校责任、社会责任和国家责任。

第一组：家庭责任就是孝顺父母，承担家务，将来能赡养父母。

带二组：……

教师小结：同学们说得特别好，责任就是担当，担当我们应该做的事情，担当我们做错的事情！担当是种美德，是我们立足社会的根本。

4. 社会正能量——理解责任(视频)

(1)岗位责任：吴斌，最美司机。在危机时刻坚守岗位，保护了乘客安全，牺牲了自己的性命。

(2)家庭责任：陈斌强，最美孝子。"绑着"妈妈去教书，学习他担当家庭重任，不向困难低头的坚韧精神。

(3) 社会责任：普通农妇。守护"炕头课堂"14 载。带着 39 个残疾孩子，在自家小院创办了一所"特教学校"。

教师小结：吴斌虽然只是一个平凡的司机，但他在生命的最后一刻仍不忘自己的责任，用超乎寻常的冷静和勇气，保障了全体乘客的生命安全，用生命诠释了立足岗位、尽职尽责的奉献精神。陈斌强用自身朴实的行为，给他的学生，也给整个社会上了极为生动的一课。陈斌强的孝心，是对父母、对家庭的责任感的体现，是中华民族朴素而真挚的人性之美。高淑珍用执著而朴素的情感，撑起了一个特殊的家，书写了一份份感动，这种明大义、献大爱，勇于担当的责任心，值得我们每个人学习！同学们，如果我们每个人都能主动但当起对家庭、对职业、对社会的责任，相信我们的祖国会更繁荣、社会会更和谐，每个人会更幸福。

第三环节：面对未来，践行责任(10 分钟)

设计意图：通过制作责任墙，集体承诺签名等形式，鼓励学生担当责任、践行责任，努力在平凡的岗位上追求不凡的人生价值。

1. 分组讨论

作为高二年级的学生，我们马上要走上实习岗位，在岗位上我们该承担哪些责任?

体现:爱岗敬业。

(1)扎实的专业技能。

(2)勤勉敬业的工作态度。

(3)和谐的团队协作信念。

教师引导:目前,我们已经是准职业人了,了解岗位责任是我们进入职场的必备条件。请大家把握现在,从心理、知识和技术等方面做好充足准备,为今后的顶岗实习打好基础。

2. 制作顶岗实习责任墙(播放背景音乐《相信自己》)

请大家把我们对自己、对家庭、对岗位、对社会、对国家的所要承担的责任,概括为5个最能体现自身价值的词汇,制成自己的责任名片。我们把它贴在我们班级的责任墙上,希望大家牢记心中,不忘责任!

结束语:同学们,大家走出校园,走进社会,走上工作岗位,肩上的担子会越来越重。但是,请大家不要害怕,相信未来的美好,相信我们会比父辈做得更好,会把我们的祖国建设得更加繁荣昌盛!老师也坚信你们会是一代杰出的公民,会把自己的梦想融入祖国的建设之中,会以服务他人为乐,会以奉献社会为荣!

四、班会反思

本节班会课会使学生对责任有比较深刻的认识和理解,使用大量的案例,让学生在分析中辨别是非、感受责任、践行责任。案例使用较多,在实践中可根据时间和班级情况适当删减。如果时间允许,案例分析可尽量让学生自主讨论,达成共识。

附件:

1.《少年中国说》视频。

2.《责任与命运同行》漫画。

3.《最美司机——吴斌》视频。

4. "最美孝子"陈斌强"绑着"妈妈去教书视频。

5. 守护"炕头课堂"14 载视频。

6. 背景音乐《相信自己》。

7. 责任墙设计。（各班自行设计）

"了解岗位，准备起航"主题班会课文案

一、班会背景

学生临近实习，大家既有对未来充满期待的兴奋，也有对即将进入社会，面对陌生环境的担忧。有的学生只关心岗位薪酬，有的学生只关心工作的作息时间，大家都忽略了对实习和就业具体任务的认识和规划，忽视了对实习岗位的正确定位。

二、班会目的

(1)了解职业理想与目标，培养职业意识。

(2)学会客观、准确的评价自我。对比岗位要求，确定实习的任务。

(3)纠正不合理的实习认识，树立正确的就业观。

三、班会流程

第一环节：确定职业发展目标，为成才注入动力(15分钟)

设计意图：在案例分析中，了解职业理想和职业目标的不同特点，初步具备建立合理的职业理想与目标的意识。

1. 案例分析，思考职业发展目标的重要因素

被称为"中国紧凑型杂交玉米之父"的李登海出生在新中国成立前夕。三年自然灾害期间吃树皮、玉米穗轴的亲身经历，使他从小就树立了利用科学种田增加粮食产量，解决温饱问题，改变家乡落后面貌的职业理想。

1972 年，李登海看到一份材料：美国农民华莱士将春玉米亩产提升到 2500 斤。这对他震动很大，而在当时，我国玉米亩产才二三百斤。当时李登海就下定决心把高产玉米育种作为自己的职业目标，要开创中国玉米高产量道路，赶超世界先进水平。

为尽快育出自己的玉米高产良种，他离别家乡亲人，一个人万里迢迢来到海南岛，搞起了玉米加代育种。在海南一个叫荔枝沟的偏僻小寨，李登海住一间背靠大山没有门板的小茅屋，穿一条成天汗津津的短裤，吃自己架火烧煮的画疙瘩，纵然潮湿、高温、蚊叮虫咬、瘴病煎熬，他仍潜心育种，矢志不渝。

1973 年，李登海的夏播玉米亩产达到 1240 斤。

2005 年，李登海以超级玉米新品种"登海超试 1 号"，再次创造出世界夏玉米高产纪录，亩产达到了 2804 斤。

李登海在育种科研、玉米高产栽培和种业体制创新领域亲历亲行 30 多年，培育出 20 多个优质高产玉米新品种，在全国累计推广 10 亿亩，增产粮食 800 多亿公斤，实现经济效益 1000 亿元。创造出亩产过吨粮食的世界夏玉米最高纪录，科技成果荣获国家科技进步一等奖。

2005 年，李登海创办的山东登海种业股份有限公司在深圳证券交易所成功上市，其每股收益和每股净资产在 2004 年和 2005 年上半年均排在 1370 家上市公司前十位。

(1)李登海的职业理想是什么？

(2)他的职业目标是什么？

(3)他在追求自己的职业目标中，最初的条件是怎样的？用了多长时间实现了自己的职业理想？

思考以上三个问题，你对职业目标有什么样的理解？（合理、明确、

循序渐进、不怕困难和时间的积累)

教师小结：理想是我们奋斗一生的追求，但是实现理想的第一步是把它制定成切实可行的目标，就像李登海一样，怀揣着"解决温饱问题，改变家乡落后面貌"的职业理想，把高产玉米育种栽培作为自己的职业目标，并朝着这个目标，一步一步提高玉米亩产，不懈努力，最后不仅自己成为"中国紧凑型杂交玉米之父"，而且通过优质高产玉米新品种的全国推广，实现了解决全国人民温饱的职业理想。同学们，大家对自己的职业理想和目标有想法了吗，那就让我们从第一步走起吧！

第二环节：查找与岗位之间的差距，确定实习任务(20 分钟)

设计意图：通过课前对未来理想岗位的调查，分析出岗位对人才的要求。对比岗位的要求，分析自身的差距，规划自己实习需要不断完善的方面。

活动：分组讨论，在对自身自评的基础上，结合他人建议，填写以下表格：

类型	岗位要求	自身情况	完善方法	完成时限
岗位知识要求				
岗位技能要求				
岗位能力一				
岗位能力二				
岗位能力三				

展示：请学生代表展示自己的表格内容，教师做引导和鼓励性点评。

教师小结：理想是指引我们一生不懈追求的动力源，要实现理想还需要我们从个人实际出发，制定当前的策略、近期目标、中期目标和长远目标。我们还要学会在不断克服困难中，一点点进步，学会为失败的自己鼓劲，为进步的自己加压，相信未来，相信自己。

第三环节：摒弃不合理就业观，积极上岗(10 分钟)

设计意图：通过认识上岗前不良的思想和现象，让学生树立信心，建立积极、合理的实习观念，迈好就业的第一步。

找问题：大家看看以下现象，思考一下我们的身上有没有这些想法或问题。

(1)期望值居高，不想从基层做起。

(2)怕自己干不好，不敢主动向用人单位推销自己，不敢主动参与就业竞争。

(3)既要顾及工作性质、发展前景，又要考虑地理位置、经济收入、福利条件等因素，左右为难，选择困难。

(4)对学校管理、教学质量、就业推荐制度不满；对现行的国家就业政策不满；对家庭成员、家庭状况不满；对周围同学不满(如嫉妒)；对社会分配不公问题不满等。消极悲观情绪重。

(5)过分看重初次就业对一生的重要性，往往不自觉地加大自己的心理压力，精神过于紧张，一旦遭受挫折，就会导致就业焦虑。

(6)在择业时，"大多数人选择哪里自己就选择哪里；大多数人往哪里挤，自己就往哪里挤。"他认为，大多数人钟情的工作一定是好工作，大多数人选择的一定没错。

(7)有一些人在求职择业中存在攀比心理，产生"我不能比别人差"，"我不能不如人"，"过去我一切顺利，现在我依然会顺利"的想法。

(8)在企业招聘时，说不上三句话就问"能给多少钱，工资多少，奖金多少，福利多少"。

教师引导：同学们，面对即将到来的实习，我们多少有点紧张和彷徨，这是正常的。但是过于偏激的想法是有害的。上述种种不良就业心理状态的存在，已经严重影响了我们的就业前景，阻碍我们对单位选择的客观性，所以，大家要树立"先就业、后择业、再创业""不求对口先就业，先求生存后发展"的思想，用新观念去指导就业实习。

教师建议：下面结合多年来学生实习的成功经验，为大家提出以下四点建议。

1. 正视自我

常言道："知人为聪，知己为明；知人不易，知己更难！"人最难的是认识自己。实习之前，我们要尽可能全面认识自己（能力、特长、习惯、性格和气质类型）、认识社会。首先应该客观寻找自身优势。我们与大学生相比，工作态度踏实，动手能力强，对用人单位的薪酬要求不高；与高中生相比，我们有较强的动手能力，较强的专业水平与实际操作能力，社会交往能力和团队精神好。其次，要正确认识自身条件，了解自己可以做什么，适合做什么，充分认识自己的能力、素质与心理特点，不夸大缺点，也不抹杀自己的长处，实事求是地做出自己的职业定位。第三，树立就业自信心。自信心是一个人事业成功的源泉，美国著名教育家马斯洛说："事实上，我们绝大多数人，一定有可能比现实中的自己更伟大些，只是我们缺乏一种不懈努力的自信。"

2. 正确定位

目前的社会就业形势是我国劳动力过剩→就业岗位紧张→就业压力大，面对如此激烈的就业竞争，作为中职毕业生，要抢抓机遇，有岗位则上，无岗位要挤，不要等待观望，坐失良机，要有在岗位上学习、进步、锻炼、发展的意识，将自己正确定位为从事生产第一线的实用型人才，即"中初级劳动者"。把握角色转换：学校学生→参与社会竞争的独立个体→社会人。学会正视社会，学会自我调节，自我激励，具有市场经济条件下需要的市场意识、创业意识、开拓意识和求职能力、推销能力、合作能力，做好"不怕转岗、不怕改行、不怕失业"的心理和能力准备，尽快适应新的职业环境，建立良好的人际关系，勇于克服困难，经得起挫折、打击，在激烈的职业竞争中站稳脚跟。学会正视社会，学会自我调节，自我激励，具有市场经济条件下需要的市场意识、创业意识、开拓意识和求职能力、推销能力、合作能力，尽快适应新的职业环境，建立良好的人际关系，勇于克服困难，经得起挫折、打击，在激烈的职业竞争中站稳脚跟。

3. 更新观念

作为中职学生既要看到我国就业的严峻形势，同时也应看到我国就业的结构性矛盾。一个社会正常的人才需求应是正金字塔形，基层是数以亿计的高素质劳动者，中间是数以千万计的专门人才，上面是一大批拔尖的创新人才。基层和中层的劳动者大都来自职校生，这就为职校生的就业提供了广阔的前景。另外，随着我国科技水平的不断提高，社会急需一批高素质的技术工人。近年来，各地高薪招聘紧缺技术人才就是一个明证。所以，我们要改变好高骛远、不切实际的就业观念，树立脚踏实地从基层做起的职业理念，选择适合自己、有利于自身发展的职业，哪怕辛苦一些，薪酬少一点，条件差一点，地方远一点也在所不惜。要有先站稳脚跟，充实和打造自己，再展翅飞翔，谋划未来的战略目光。

4. 调整心态

改革开放以来，传统的就业心理受到冲击，"端铁饭碗，拿铁工资，坐铁交椅"已变得不太可能，人们都面临着择业、就业、失业、再就业的问题，因此具有健康成熟的就业心理，保持奋发向上的心态，克服浮躁情绪，避免速成心理，养成务实作风是职校生应该倡导的心态。切莫"大事做不了，小事不想做"，"自己不努力，事事怨他人"，瞻前顾后，互相攀比，心存侥幸，坐失良机。为此，建议大家要进行职前"心理充电"，做好心理调试。"心理充电"最大的好处是，能让我们尽早了解自己，找工作时能沉稳应对，使自己明白在当前就业严峻的形势下，想轻而易举地找到满意的工作是不现实的，必须有良好的心态，有"好事多磨"的耐心，有不等不靠不抱怨的思想，以积极的态度投入到市场经济的大潮中去，在竞争中磨砺，在奋斗中成熟。

结束语：同学们，实习作为我们迈向社会的第一步，固然很重要。但是，在选择岗位、面对新环境的困惑和压力时，我们的思想认识和心理准备更重要。请大家放平心态，积极面对，自信出发，相信未来是充满希望的。

四、班会反思

本节课最后关于实习前的建议，表述比较细致，详尽。授课教师可以根据本班的实际情况，有重点地进行讲解或删减。

"挥洒青春，展示自我"主题班会课文案

一、班会背景

临近期中考试，面对理论测试、技能考核的压力，有的同学出现了情绪低落、退缩懈怠、没有信心等问题。教师以此为契机，召开班会引导学生树立自信，鼓励学生们在期中考试中勇敢地展示自己，取得优异成绩。

二、班会目的

(1)让学生了解自信心在学习、生活中的重要作用，引导学生建立自信，迎接挑战。

(2)学会对自己的能力有一个正确的认识和客观的评价。

(3)使学生掌握树立自信心的方法，不断调整自己，树立自信。

三、班会流程

第一环节：创设情境引入论题(10分钟)

设计意图：用问题导入，激发学生主动参与的热情，引出这节班会课的主题内容。

自信大调查：

(1)早读或上课回答问题声音很小。

(2)上课不敢正视老师，不敢举手回答老师的提问。

(3)做作业时，遇到困难马上去问同学或老师。

(4)你认为你的学习不如别人是因为你的脑筋笨。

(5)家长或同学说你笨时，你会默默地接受。

(6)学习上遇到困难不愿求助于同学或老师。

(7)很少关心别人，与他人关系疏远。

(8)在某件事上你一意孤行，不听别人劝告。

(9)学习上不按要求做，你自己搞一套。

(10)过度防卫，有明显的嫉妒心。

以上前 5 题表现出学生自信程度，后 5 题表现的是学生不能正确认识自信心，产生过激行为。如学生前 5 题均填"是"，则说明没有自信心，有自卑心理，3 个填"是"说明自信心不足。后 5 题均填"是"说明很自负，3 个填"是"说明缺乏对自信心的正确认识。

教师小结：同学们，这只是一个小游戏，不能作为评判我们自信或是自负的最终结果，但是我们可以在游戏的氛围中轻松思考自信。

第二环节：自信的力量(5 分钟)

设计意图：引导学生认识自信心对学习成功的重要影响。

"荣誉班"的故事

美籍华裔物理学家钱致榕读中学时，社会风气很坏，影响到校风，很多学生考试作弊，不求上进。一位有经验的老师，从 300 名中学生中抽出 60 名组成"荣誉班"，钱致榕就是其中之一。老师告诉大家，荣誉班的同学都是有发展前途的学生。因此大家都非常高兴，一改松散的毛病，对自己的前途充满信心，学习上认真自觉，勤奋努力，成绩越来越好。结果，奇迹出现了，这个班的大多数学生后来成了有成就的人，有的甚至成了著名科学家。钱致榕返回国后见到了那位老师才知道，当时荣誉班的学生是他抽签决定的，没有专门挑选。

教师引导：从这个故事中我们可以看出学生的自信心对学习成功是多么重要，要想做个自信的人，我们就一定要相信自己，不断鼓励自己。

第三环节：什么是真正的自信(20分钟)

设计意图：通过小游戏引导学生全面认识自我，在尊重实际情况和不懈努力的基础上建立自信心，同时也学会避免出现自大、自负的倾向。

1. 小游戏：我是什么样子

(1)以组为单位，请大家在便笺纸上，写出本组其他同学身上最值得你学习的一个优点。

(2)要求分别写在一张便笺纸上，便于下一步同学之间的交换。

(3)交给被评价人。

(4)请同学结合大家对自己的评价，谈谈自己对自信心的看法。

教师小结：在遇到困难的时候，没有自信的同学往往会不客观地评价自我，认为自己什么都比不上别人，这件事一定做不好。其实，我们每个人都有缺点也有优点，在遇到问题的时候，要学会积极行动，鼓励自己，相信困难可以使自己变得更加强大和自信。

2. 关于自负故事的分享

诸葛亮北伐中原，兵出祁山。魏明帝镇守长安，命司马懿为大都督出兵抵御诸葛亮。诸葛亮知道司马懿来，就料定司马懿必定会从街亭进军，就安排手下大将镇守街亭，马谡自告奋勇，要求前往。因为在此之前马谡曾屡次给诸葛亮出谋划策，并且都被诸葛亮采纳，且都有奇效，因此诸葛亮便放心让马谡前往。在马谡出发之前还多次叮咛，要他在当道扎寨安营，以防魏兵偷渡，而且还派大将王平同他前往镇守。因为街亭干系重大，诸葛亮不敢大意，又派遣魏延领兵镇守街亭之后，高翔镇守列柳城。就此诸葛亮才放心进军。马谡和王平到了街亭之后，马谡不听诸葛亮之言，自吹自己熟读兵书，执意要在山上安营，王平苦谏无果，只好分兵屯军于山下以为犄角。司马懿本来打算从街亭直袭蜀营，可是探子回报有军队镇守街亭，司马懿大惊！但是司马昭却说，要破街亭不难，因为蜀军是在山上安营扎寨，只要围困蜀军，蜀军必乱。当晚司马懿率大军围山，蜀军大败，幸好魏延高翔等拖延时间，又有诸葛亮巧施空城计，这才使得蜀军没有大规模损失。马谡回营，诸葛亮便挥泪斩马谡！

小组讨论：分组讨论，代表发言。怎样看待自信和自负。

教师小结：自信与自负仅一步之遥。自信的人身上充满着活力，对自己的能力有一个正确的判断和把握，不断给自己加油鼓劲；而自负的人对自己的能力估计得过高，在竞争中容易轻视对手，不把对手放在眼里，从而容易招致失败。自信的人看得到自己的缺点，并有信心克服它，成功的概率因此增大。自负的人看不到自己的缺点，更不用说去如何克服它了，成功的概率因此减小。

第四环节：建立自信(10 分钟)

设计意图：教给学生增强自信心的自我训练方法，帮助学生建立自信心。

1. 想你会成功，不要想你会失败

无论做什么事，你都满怀信心，认为自己会成功。在"会成功"思想的指导下，认真去做，成功就会接近。例如，中学生学习，就应经常想学习会成功，在此引导下，认真听讲，及时复习，认真做作业，抓好阶段复习和期末复习，以及毕业复习。在上课和复习时，开动脑筋思考，运用学习方法去组织和理解所学知识，这样的话你定会学习成功。

2. 不时提醒自己，你比你想象中的要好

你的智力并不比别人差，不要老觉得自己不如别人，低估自己的智力，高估他人的智力，这是才智借口症的一种表现，所谓才智借口症就是以自己不够聪明为借口，为失败找个理由，为退缩找个借口。事实上，人的脑子用得越多越勤，就越聪明，越灵敏，效率也就越高；反之，脑子用得越少，效率也就越低。学习成功的人是那些有自信心，勤奋好学，肯动脑子的人，你自己这样做也会成功，要相信自己也具备成功者的条件，一点都不比成功者差。

3. 树立大志

成功取决于自我抱负和期望。目标树立得小，所得的成就也就小，目标树立得大，所得的成就自然也就大，而且，有大抱负、小理想更容易实现。

小小的建议。

(1)如果你缺乏自信心，就要在开会、上大课、开座谈会时坐在前排，正视领导或老师，增强自信心。

(2)练习敢于正视对方眼睛说话，表示自己的坦诚和信心，这种练习，不但能增强你的信心，而且容易赢得对方的信任。

(3)抬头挺胸，将自己走路的速度加快 25％。

(4)养成主动与别人说话的习惯。

(5)养成开怀大笑的习惯。

教师总结：同学们，自信是成功的第一要素，我们要懂得保持自信，设定目标，付出真正的努力，充满希望地前行！期中考试在即，请你们告诉老师，你们准备好迎接挑战了吗？你们相信自己可以展现最好的自己吗？老师希望大家在拼搏的路上脚踏实地，展示自我，做一个成功的人。

四、班会反思

本节班会课以测试自信，认识自信，理解自信，学会自信为主要内容，引导学生树立自信，不怕困难，积极行动，努力做最好的自己。在第三个环节的设计上还不够全面，挖掘欠深刻，在今后需要不断完善。

"不忘师恩，为爱前行"主题班会课文案

一、班会背景

感恩教育一直以来是我校学生教育工作的重要内容。高二年级的第二个学期，学生进入实习前的冲刺阶段，对于学校安排的工作，教师给予的指导缺乏珍惜，甚至有一些学生认为这是理所当然，接受地理直气壮。针对这种认识，结合离校感恩教育，本班召开本次主题班会，引导学生懂得理解他人，懂得珍惜所有，懂得心怀感恩。

二、班会目的

(1)激发学生对教师的感激之情，培养学生尊师重道，心怀感恩的良好品质。

(2)让学生学会换位思考，学会理解他人、尊重他人。

(3)让学生懂得他人的给予不是"应该的"，要做一个珍惜自己所有，懂得感恩，能向社会和他人传播爱的人。

三、班会流程

第一环节：互动小游戏(10分钟)

设计意图：在以事猜人的游戏中，启发学生回忆和老师之间发生的故

事，唤醒学生对美好回忆的向往，引导学生走进爱的世界。

"猜猜我是谁"：每个学生用最简练的语言写一个和班主任之间发生过的小故事，引导老师通过故事说出写故事学生的名字。

要求：(1)限时 3 分钟，学生每人写小故事，让老师一听故事就知道是谁。

(2)由班长任意从中抽出一个故事宣读，班主任猜猜是哪个学生。

(3)根据时间选择一定数量的故事。

教师小结：在我们的一生中，有一些事情看起来不起眼，但是每每想起总会让我们倍感温暖；有一些人慢慢地我们会记不起他的名字，但是他们却在成长的过程中牵过我们的手。如果我们能把别人曾经给予我们的温暖，也无私地送给他们或传递给更多的人，那世界将会更美好。

第二环节：假如我是老师(15 分钟)

设计意图：通过小品表演的形式，让学生扮演教师，体会教师的工作，用换位思考的办法消除曾经对老师的误会。

情景1：因为小东在厕所吸烟被德育处发现，并因此扣除了班级、级部的常规分数，而且就是这1分之差，专业部失去了当月的流动红旗。

情景2：小阳是跑校生，经常迟到，而且每次都认错态度特别好，都有理由，但是就是改不了迟到的毛病。

情景3：小强放假回家理了一个新发型，回到学校后，老师却说不合格，要求必须按学校的要求重新理发，小强不服，和老师发生了冲突。

……

学生发表体验后的感受。

教师小结：其实，有时候我们的怨恨是因为只会站在自己的角度上考虑问题，总认为老师是针对自己，却忽略了事情的对错。换一个角度，会发现事情的真相原不是我们想的那样。

第三环节：名人故事(10 分钟)

设计意图：通过分享关于名人的感恩故事，引导学生正确理解感恩，崇尚感恩，心怀感恩。

程门立雪

远在北宋时期，福建将东县有个叫杨时的进士，他特别喜好钻研学问，到处寻师访友，曾就学于洛阳著名学者程颢门下。程颢死后，又将杨时推荐到其弟程颐门下，在洛阳伊川所建的伊川书院中求学。杨时那是已经四十多岁，学问也相当高，但他仍谦虚谨慎，不骄不躁，尊师敬友，深得程颐的喜爱，被程颐视为得意门生，得其真传。杨时同一起学习的游酢(zuò)向程颐请求学问，却不巧赶上老师正在屋中打盹儿。杨时便劝告游酢不要惊醒老师，于是两人静立门口，等老师醒来。一会儿，天飘起鹅毛大雪，越下越急，杨时和游酢却还立在雪中，游酢实在冻得受不了了，几次想叫醒程颐，都被杨时阻拦了。直到程颐一觉醒来，才赫然发现门外的两个雪人！从此，程颐深受感动，更加尽心尽力教杨时，杨时不负众望，终于学到了老师的全部学问。之后，杨时回到南方传播程氏理学，且形成独家学派，世称"龟山先生"。

鲁迅尊师

鲁迅12岁时进绍兴三味书屋，在寿镜吾先生身边学习了四年多。寿先生是当地有名的宿儒，品德高尚，学问渊博，对学生要求很严。鲁迅对启蒙老师寿先生也十分敬重。有一次，鲁迅因事迟到，寿先生批评了他。鲁迅深知老师的批评正是对他的爱护，从此对自己要求更加严格，并在课桌上刻了一个"早"字，随时提醒自己。后来鲁迅无论求学南京，还是留学日本，或入京工作，只要回乡便不忘去看望寿先生。

教师提问：听完名人的故事，谈谈你对感恩的理解。

教师小结：同学们，我们每一个人一生都离不开老师的教育，不管我们最喜欢某一个老师，还是最讨厌某一个老师，我们都不得不承认，是他们给予我们知识，是他们在青春年少时指引我们前行，他们永远和父母一样希望我们可以成人成才！

第四环节：老师讲故事(10分钟)

设计意图：通过老师讲故事的形式，让每一个孩子感受到师长对大家无私的爱，让学生更深刻地理解师爱的伟大。

教师故事会：教师讲述和该班学生之间发生的故事，展示自己的教育理念和教育智慧，让学生感受教师在教育学生中的良苦用心。

结束语：同学们，感恩是一种美德，它会让我们心存善念，成为一个品德高尚的人。感恩是一种磨砺，它可以成就卓越的自我。记得，垂垂暮年的康熙回顾自己的光辉岁月，不由得慷慨感叹：如果没有鳌拜、吴三桂、噶尔丹等人，自己就不能成就这番辉煌业绩。感恩更是一种人类文明的传承，正如世纪老人巴金所说："我是春蚕，吃的桑叶，就要吐丝。"春蚕付出了，也获得了。同学们，你们是祖国未来的开创者，是世界未来的希望，你们应该感恩祖辈的努力，也应该传承祖辈的文化，请大家心怀感恩，勇敢前行！

四、班会反思

本节班会课以感悟师恩为线，引导学生把小爱变大爱，在成长中学会心存感恩。班会课中需要通过老师和学生之间的故事，让学生理解教师，所以教师需要充分的课前准备，以简练生动的语言表达和学生之间的教育故事，在讲述中引导学生理解他人，懂得感恩。

"实习，我准备好了"主题班会课文案

一、班会背景

顶岗实习是专业教学计划的重要组成部分，是校内教学向校外的延伸。进入实习季，学生非常关注职场信息，希望得到更多提高求职、实习水平等方面的帮助。召开本次主题班会，能提高学生对顶岗实习的认识，从而客观面对实习中可能出现的问题。

二、班会目的

(1)学会调整心态，客观认识实习工作，在实习中树立团队合作意识。

(2)了解顶岗实习过程中的常见问题，树立积极主动解决问题的工作意识。

(3)帮助学生做好实习前心理上及能力上的准备工作。

三、班会流程

第一环节：团队游戏(15分钟)

设计意图：通过互动游戏让大家体会到职场合作的重要性，使大家明白在工作中我们要相信自己，更要相信团队，激励同学们的团队斗志，培养团队协作意识。

游戏：穿越扫地雷阵。

参加人数：2人1组，共4组。

游戏道具：60个矿泉水瓶、4条蒙眼布。

游戏规则：

(1)在班级中间空出一块空地，不规则摆满矿泉水瓶。

(2)给每对搭档发一块蒙眼布，每对搭档中有一个人要被蒙上眼睛。

(3)被蒙上了眼睛的队员在同伴的牵引下，走到地雷阵的起点处，挨着起点站好。他的同伴后退到他身后1米处。

(4)致游戏开场白，开场白如下：几天前，你和你的同伴不幸被捕，被一起关在一间牢房里。黎明前，你的同伴侥幸逃了出去。可糟糕的是，他非常不熟悉牢房外面的情况。这是一个没有月亮的夜晚，外面一片漆黑，伸手不见五指。为了逃离危险，你的同伴必须穿过一个地雷阵。你很清楚地雷阵的布局和每个地雷的位置。可是你的同伴不知道，你需要以喊话的方式，在他穿越的时候为他指引方向。如果你的同伴在穿越的过程中碰到了地雷阵中的其他人，他必须静止30秒后方可移动。如果他不小心碰了"地雷"，那么一切就都结束了，你们小组将被淘汰出局。天很快就要亮了，你的同伴必须尽快穿过地雷阵。一旦天亮，哨兵就会发现地雷阵中的人，并开枪将他们击毙。赶快开始行动吧！祝你们好运！

讨论：

(1)请问各位在通过地雷阵的时候有什么感觉？

(2)平时你在跟其他人互动时是否需要刚才所讲的想法？

(3)若再有一次机会，你们还可以加强些什么？

体验分享：

(1)信任与密切。

(2)沟通与理解。

教师小结：这次团队游戏不仅给同学们带来了无穷的乐趣、信心和勇气，也一定让大家有了一些思考。在体验中，每个游戏都离不开队友之间的支持和信任，离不开集体的智慧和力量。通过游戏，大家应该明白我们是集体的一分子，我们每个人的成功都是团队默契合作的结果。请大家记住这次经历，在今后的工作中一定要融入团队，在团队中担当责任。

第二环节：职场问题应对策略(20 分钟)

设计意图：通过情景辨析和情景剧表演的体验和分析，指导学生正确认识在实习中出现的问题，学会以积极主动的态度解决困难。

1. 情景辨析

企业把 3 个实习生编为一个小组，指定一个老员工为师傅。这天企业工作任务特别忙，师傅忙着赶任务，顾不上给实习生做辅导。

(1)实习生小王看着师傅忙得不可开交，一直悄悄地站在一边。

(2)实习生小李得到师傅的允许，开始协作师傅完成工作任务。

(3)实习生小张看到师傅顾不上教自己，就在一边玩手机。

小组讨论：如果你是这组实习生，你会是哪一个？你认为在实习中我们和指导的师傅应该是什么样的关系？(每组代表发言)

教师小结：实习生进入职场有双重身份，既是职场新人也是实习学生。在工作中要主动向师傅求教，要尊重师傅，做到虚心好问。作为实习生，大家要手勤、腿勤、嘴勤、眼勤和脑勤。用心完成每一项实习任务，把每一次经历都作为是对自己能力的锻炼和提升。

2. 情景剧表演《我的实习生活》(根据不同专业进行设计)

故事梗概：两名同学到岗位实习，刚到单位都很兴奋，实习开始很快乐，然而时间一长，他们发现同事不像同学那样的热情与真诚，自己所从事的岗位也与原先的设想有很大差距，工作辛苦而枯燥；起居饮食更是不适应；不巧工作中又和主管领导有了一点小误会……

小组讨论：请大家讨论实习中可能遇到的困难？

(1)就业心理落差。

(2)人际交往障碍。

(3)畏难思想。

(4)法律意识淡薄。

小组讨论：顶岗实习过程中，面对这些问题，我们该做如何的应对，如何准备呢？请大家整理解决办法并回答。

(1)就业心理落差：先就业再择业；适应；本着干一行爱一行的心理；多与老师家长联系获得鼓励和指导；与毕业生交流做好心理准备。

(2)人际交往障碍：真诚、诚恳；主动与人交流；从现在起加强人际沟通能力的训练。

(3)畏难思想：多与老师、家长、同学沟通；尝试解决困难；戒骄戒躁，不断磨炼。

(4)法律意识淡薄：提前学习法律知识，合理解决不按时发放工资，随意拖延工作时间等问题。

第三环节：榜样的力量(5分钟)

设计意图：通过优秀毕业生案例的宣讲及分析，引导学生从身边的事例中，理解"有志者事竟成"的真谛，提高适应社会、融入社会的意识和能力，树立职校学生也能成才的信心和决心。

介绍本专业优秀毕业生实习经历与收获。(教师讲述或视频播放)

教师小结：××同学的经历告诉给了我们，成功需要能力与机遇，在机遇还没有到来之前，我们必须脚踏实地学习和工作，不断丰富自己的从业经验，提高竞争优势。所谓"机遇是给有准备的人的"。

第四环节：教师寄语(5分钟)(不同专业自行设计)

设计意图：通过班主任寄语，帮助学生明白现在的就业形势，做好实习前的准备工作。

教师寄语主要从以下几方面强调：

(1) 安全第一放首位；

(2) 扎实的专业技能；

(3) 勤勉敬业的工作态度；

(4) 和谐的团队协作信念；

(5) 正确地认清就业形势；

(6) 正确地自我认识与定位。

结束语：同学们，两年的在校生活转瞬即逝，你们已经面临顶岗实习。顶岗实习是你们走入社会的第一步，是对大家身体的锻炼、意志的磨炼和经验的历练，要想使你们的人生精彩，要全身心投入。相信只要你们具有高昂的激情，闲庭信步，定会柳暗花明、海阔天空。

四、班会反思

本节课围绕"实习，我准备好了"这一主题进行设计，通过学生自主参与体验、优秀毕业生宣讲、情境表演、讨论分析等形式，使学生能够客观看待顶岗实习中遇到的困难，并积极努力去克服困难，为今后的实习工作做好心理准备，打下坚实基础。课堂设计活动较多，旨在启发学生主动参与、积极思考，但是在实践中要考虑时间问题，可以适当删减。

"让职教精神在企业中闪光"主题班会课文案

一、班会背景

中职学生要想立足职场，其职业素养起着关键性的作用。目前，学生面临实习，需要在爱岗敬业、与人合作、吃苦耐劳等方面不断强化，在完善职业素养的同时，为今后的职业发展打下坚实基础。

二、班会目的

(1) 让学生理解职教中心精神在学校发展中的重要作用，认识到积极的精神对人生发展的重要性。

(2) 通过学习人物事迹，提高学生对职业精神的理解。

(3) 让学生牢记职教中心精神，鼓励学生干一行，爱一行，立足本职工作，为社会做贡献。

三、班会流程

第一环节：回顾职教中心精神(15分钟)

设计意图：用学校精神点燃学生的自豪感和使命感，让学生明白积极的精神不仅可以成就团队的发展，而且可以成就自己的成功。

学校精神：团结凝聚、拼搏进取、敬业奉献、争创一流。

教师提问：你从学校精神中想到了什么？

分组讨论：学生分组讨论，代表发言。

教师小结：这就是刻在几代职教中心人身上，激励大家不断前行的精神。也是这种精神在全国三流的小城市中建设了一座全国一流的中职学校，成就了无数个名师和优秀毕业生。同学们，这就是职业精神的力量，它可以成就自我、成就团队，成就我们所从事的职业，成就国家发展，成就社会进步。

第二环节：向平凡岗位上的英雄学习(25 分钟)

设计意图：分享职场先锋的典型事迹，让学生认识乐业、敬业和勤业对人生发展的重要作用。

教师提问：通过学习李素丽的事迹，请大家认真思考乐业、敬业和勤业的含义及意义。

李素丽，一个曾经的高考落榜生。她从一名北京市公交汽车的售票员干起，如今成长为北京公交集团服务协作处副处长。她在平凡的岗位上，把"全心全意为人民服务"作为自己的座右铭，真诚、热情地为乘客服务，被誉为"老人的拐杖，盲人的眼睛，外地人的向导，病人的护士，群众的贴心人"。也曾多次获"全国三八红旗手""全国劳动模范"等荣誉称号。

李素丽是公共汽车司机的女儿。上高中时，李素丽的梦想是当播音员。高考时，李素丽按照自己的意愿报考了北京广播学院。但是她以 12 分之差没能考上大学。落榜后的李素丽，到公交 60 路汽车当了售票员。在父亲的教育下，在周围同事的感染和帮助下，她渐渐地爱上了售票员工作。

公共汽车是一个流动的小社会，车上什么样的乘客都有。特别是在早晚上下班高峰期间，车厢拥挤、嘈杂，有时还会发生矛盾和口角。李素丽往往几句话就能化解一个个矛盾。对待一些不讲理的乘客，李素丽也是以礼待人，以情感人。一次，有个小伙子上了车就往干干净净的地板上吐了一口痰。李素丽轻声提醒他不要随地吐痰。不想气呼呼的小伙子又吐了一口。这时，李素丽没有再说话，走过去，掏出纸把地板上的痰迹擦干净。在全车人的注视下，小伙子脸红了，下车时连连道歉。

1999 年 12 月 10 日，李素丽与 23 名姐妹组建起"北京公交李素丽服务热线"，在北京市首次为百姓出行、换乘车提供 24 小时的交通信息。从三尺票台到信息平台，从售票员到"李素丽热线"的负责人，李素丽接受了新的挑战。她认识到，办好热线必须依靠知识做支点。于是，近 40 岁的李素丽重新拿起了书本。2000 年，李素丽走进北京交通大学攻读信息工程专业。在考入北京交通大学之前两个月里，李素丽每天夜里都是学习到两三点才睡觉。因为底子薄、年纪大，有些人学一遍就会的，她得学上十遍。苦学最终有了结果，她以 454 分考取了北方交大的电子工程专业。在李素丽的带动下，十几名热线工作人员全部走进社会成人大专班，学习心理学、社会学、电脑、英语等专业，有的还学习法语。李素丽和她的姐妹们最大的困难就是学好英语。为了迎接北京奥运会，她们制定了接线员岗位英语 30 句，自学了北京人英语 300 句，后来又根据工作需要编写出 50 句、80 句。用英语来解答乘客提出的问题，已成为她们工作的一部分。

"公交李素丽服务热线"开通后，经常有人找李素丽，不光是因为工作上的事，很多时候是思想上碰到了麻烦，解不开疙瘩。曾经有一个七十多岁的老太太打电话来问装修上哪家建材城最好，如何选择装修材料。李素丽平时就注意留心各种信息，于是向老太太介绍了自己和同事家里装修的经验和一些注意事项，让老太太十分满意。有一次，已经是深夜了，热线接到一个女乘客的电话。女乘客边哭边说自己和丈夫打架了。原因是这位女乘客的母亲三天两头到她家来住，但丈夫认为老人应该住在自己儿子家，并为这事又摔碗又砸盆。这位女乘客非要找李素丽说话，热线把电话转到李素丽家中后，李素丽劝解了半天，又让丈夫王立华去做女乘客丈夫的工作，通过几次电话交往，这对夫妻的关系不但和好了，老岳母也得到了精心的照顾。还有一次，一位乘客打来电话，说自己刚 30 岁就患了乳腺癌，做了切除手术和化疗，头发都没了。于是想不开，想找李素丽聊聊。李素丽耐心地跟她聊起了生命的意义，说了很多安慰的话，还两次去她家看望，终于帮她树立了生活的信心。

李素丽在十米车厢中创造了举国瞩目的业绩，她把对本职工作的无比热爱和一腔热情全部倾注到工作岗位上，成为飘扬在全国公交行业的一面旗帜。

小组讨论：分组讨论，代表发言。

教师小结：敬业即责任心，是对学业或工作专心致志。勤业即态度，是我们对事业勤奋的作风。乐业即趣味，不仅乐意去做某件事，而且从中领悟出趣味来。同学们，在未来的职场中，表面上看起来，我们在为企业工作、在付出。实际上我们是在实践中不断提升自己的能力，实现我们的人生价值。当你在一个企业中奉献了你的全部价值时，那么你也一定是这个企业最宝贵的财富。

第三环节：牢记誓言，争做优秀职业人(5 分钟)

设计意图：通过共唱校歌、激情宣誓等形式，让学生牢记职教精神，把敬业、勤业和乐业作为自己的职业操守。

合唱校歌：这支歌陪伴了我们两年时光，我想今后无论身在何处，只要这熟悉的旋律一响起，你就一定会想起自己的故乡、母校、老师和同学，会感受到职教精神给你的力量。

激情宣誓：校训——日新日上，追求卓越。

教师总结：看到大家热切的眼神，老师知道大家准备好了。请大家把"团结凝聚，拼搏进取，敬业奉献，争创一流"这 16 个字装进自己的行囊，落实到今后的工作中，成为一名优秀的职业人。老师也坚信，大家一定能在平凡的岗位上做出不平凡的事业！

四、班会反思

本节班会课设计了两个大的讨论环节。论题没有具体的范围，所以需要授课教师把握方向，要紧紧围绕"爱岗敬业"的职业精神去挖掘。另外，只设计了一个案例，旨在仔细剖析模范人物的成长历程，引导学生树立了从小事做起，从基层岗位做起的职业意识。